KB117323

메타 경험

메타 경험

지은이 **이상원**
펴낸이 **임상진**
펴낸곳 (주)넥서스

초판 1쇄 인쇄 2022년 5월 20일
초판 1쇄 발행 2022년 5월 27일

출판신고 1992년 4월 3일 제311-2002-2호
주소 10880 경기도 파주시 지목로 5 (신촌동)
전화 (02)330-5500 팩스 (02)330-5555

ISBN 979-11-6683-277-2 03320

가격은 뒤표지에 있습니다.
잘못 만들어진 책은 구입처에서 바꾸어 드립니다.

www.nexusbook.com

META

메타버스에서 인공지능과 공감하다

메타경험

EXPERIENCE

이상원 지음

넥서스BIZ

메타버스 시대,
컴퓨터를 경험하고 인공지능이 공감하다

메타버스 시대, 컴퓨터와 상호 작용 하며 우리의 경험이 쌓인다. 이 책은 공학, 사회 과학, 디자인의 융합 관점에서 우리의 경험을 바라보며 다양한 관점에서 이야기를 풀어낸다. 구체적으로, 컴퓨터와의 소통을 통한 '경험'이 시간과 장소의 제약을 더 벗어날 것이란 측면에서 '메타버스'를 강조한다. 이것이 이 책의 제목을《메타 경험》으로 정한 이유다.

우리는 컴퓨터와, 인공지능과 소통한다. 소통의 지속은 경험의 누적으로 이어진다. 우리의 경험은 새로운 가치를 만들어 낸다. 그 가치는 개인의 경험에 기댄 것일 수도 있고 사회가 은연중에 요구하는 것일 수도 있다. 사람들의 니즈는 기술의 발전으로 이어지고 새로운 시스템의 등장은 우리 삶의 방식을 바꾼다. 이렇게 순환되는 영향 관계 속에서 사람들이 추구하는 가치가 새롭게 형성되기도 한다. 다른 사람들과의 연결 속에 만족이라는 다소 실체가 모호한 목표를 좇으며 경험은 그 생태계를 끝없이 확장한다. 사람보다 더 사람다운 인공지능이 사람들과 함께하며 우리 사회를 만들어 나갈 날이 머지않았다. 메타버스는 이를 더욱 가속화할 것이다.

메타버스는 확장이자 혁신이다. 메타버스에 대한 전 세계적인 관심을 반영하듯 2022년 CES(Consumer Electronics Show, 소비자 전자 제품 박람회)에서도 메타버스가 핵심 키워드 중 하나로 떠올랐다. 2021년 출범한 '메타버스 얼라이언스'는 정부가 흐름을 이끌고 민간(제조, 서비스, 공공, 라이프, 커뮤니케이션, 미디어 등)이 주도하는 형태로, 콘텐츠-플랫폼-네트워크-디바이스(CPND) 기반 메타버스 협업 생태계 확산에 힘쓰고 있다. 또, 2022년 1월에는 '디지털 신대륙, 메타버스로 도약하는 대한민국'이라는 비전과 함께, 메타버스 플랫폼 개발, 인재 양성 및 저변 확대, 선도 기업 육성 및 인프라 확충, 사회와 함께하는 메타버스 구축 등을 핵심 내용으로 하는 메타버스 신산업 선도 전략이 발표되기도 했다.

하지만 아직 메타버스에 대해 합의된 정의는 없고 가야 할 길은 멀기만 하다. 이 책에서 정의 내리는 메타버스는, '현실과 상호 작용 하거나 현실을 확장하는, 시간과 공간을 초월한, 디지털 자아들이 모여 사회 · 경제 · 문화 활동을 하는, 실감과 3차원을 지향하는 가상의 세상'이다. 여러 요소들이 모여 메타버스라는 하나의 경험 공간을 만들고 있는 것이다. 그렇기에 지금의 메타버스 기술과 현상을 이해하는 것을 넘어, 메타버스가 추구하는 가치 속 우리 경험의 미래 모습을 그려 볼 필요가 있다.

최근 강조되는 사용자 경험은, 시스템을 사용하면서 나타나는 사람의 반응 과정, 상호 작용을 통해 얻은 결과, 그리고 그 과정에서 나타나는 감성을 종합적으로 다루는 사용자 중심적 사고이자 개발 전략이다. 사용자 경험 디자인은 맥락을 중시하며 기본적으로 사용성과 감성을 중요하게 고려한다. 일상적인 생활에서는, 학습 용이성, 사용자 오류 등으로 대변되는 사용성 이슈보다는 감정과 심미성 등을 내세우는 감성이 우선시되는 분위기다. 최근 우리 경험의 중심추는 객관적인 것에서 주관적인 것으로, 본질적인 것에서 비본질적인 것으로, 핵심적인 것에서 부가적인 것으로 이동하고 있다. 감정과 공감은 이 흐름의 핵심이다. 앞으로의 인공지능 시스템 개발은 특히 공감을 기본 가치로 해서 진행될 것이다.

무엇보다 사람이 중심이고 우선이다. 이는 메타버스 시대에도 여전히 유효할 것이다. 사람의 정보 처리, 의사 결정과 추론, 행동과 반응을 이해하고 반영하는 인공지능 시스템에 대한 고민이 깊다. 기본적으로, 컴퓨터와 상호작용 할 때 사람의 머릿속에서 일어나는 일들을 이해해야 한다. 인공지능 시스템은 개인의 경험과 이야기에 집중하고, 디지털과 아날로그의 융합을 고려하고, 때로는 재미와 즐거움을 추구해야 한다. 실제 사용 환경과 맥락을 중요하게 다루면서, 감정 측정의 어려움을 극복하기 위한 노력도 계속해야 한다.

이 책은 소통과 경험, 가치와 초월, 사용성과 감성, 마음과 공감, 정보와 행동, 맥락과 시스템을 세부 핵심 키워드와 가치로 내세운다. 여기에는 산업공학과 인간공학에서 출발해서 사용자 경험과 인간 중심 인공지능 연구를 수행한 저자의 경험이 밑바탕에 깔려 있다. 사용자 경험을 다루는 기존 책들이 번역서이거나 디자인 실무에 초점을 두는 경향이 있는데, 상대적으로 이 책은 융합을 지향하며, 인간-컴퓨터 상호 작용, 사용자 경험, 산업공학, 컴퓨터 사이언스, 커뮤니케이션, 경제·경영, 심리학, 디자인 등 여러 분야를 두루 다룬다. 또, 여러 사례와 자료, 일상생활에서의 개인적 경험 등을 소개하면서 쉽게 풀어내고자 했다. 메타버스 시대 우리의 경험에 대한 다양한 관점이 모이는 토론의 장으로서 이 책이 일조할 수 있기를 바라본다.

마지막으로, 이 책이 나오기까지 많은 도움을 주신 넥서스 출판사의 오정원 편집장님과 《경영을 넷플릭스하다》의 저자 이학연 교수님, 암호화폐와 NFT의 현재와 미래 모습에 대해 자문해 주신 유튜브 〈이기적인 투자뉴스〉의 이동익 님, 첫 독자로서 피드백을 주신 오동규 박사님과 ID Square 연구실 학생들, 미래 사회 모습에 대해 즐거운 토론을 함께해 주신 여러 교수님들과 산업 현장에 계신 분들, 그리고 항상 응원해 주며 대중적인 시각을 갖도록 도와준 가족들에게 깊은 감사의 마음을 전하고 싶다.

항상 힘이 되어 주는 사랑하는 나의 가족들, 많이 많이 고맙습니다.

〈 목차 〉

PART 1 시간과 공간을 초월해 컴퓨터와 소통하고 경험이 쌓이다

PART 2 사용성을 넘어 감성이 등장하고 공감이 핵심으로 떠오르다

PART 3

사람의 행동을 이해하고 맥락을 덧입혀 시스템을 바라보다

| PART |

1

META EXPERIENCE

시간과 공간을 **초월**해

컴퓨터와 **소통**하고
경험이 쌓이다

사람과 컴퓨터 사이의 소통 속에
경험이 만들어지다

사람과 컴퓨터 사이의 소통을 다루는 학문이 있다. 바로 인간-컴퓨터 상호 작용(HCI, Human-Computer Interaction)이다. 비교적 최근에 정립된 이 학문은 현재의 융합적 흐름과 그 맥이 가장 잘 들어맞는다. 사람, 컴퓨터, 그리고 둘 간의 관계, 이 세 가지를 가지고 설명할 수 없는 것이 있겠는가. 최근에는 인공지능 기술의 발전으로, 인간-인공지능 상호 작용(Human-AI Interaction)으로 확장되어 통용되기도 한다. 이러한 확장의 흐름 속에서 인간-컴퓨터 상호 작용을 보다 거시적이고 포괄적으로 다시 정의 내릴 필요가 있다. 즉 '사람들의 삶을 이해하는 더 똑똑한 기술의 적극적 활용, 그리고 이를 통해 생활의 패러다임을 바꾸는 인터랙션'이라고 정의할 수 있을 것이다.

H + C = I

사람들의 삶을 이해하는 + 똑똑한 기술의 적극적 활용
= 생활의 패러다임을 바꾸는 인터랙션

인간-컴퓨터 상호 작용: Human + Computer = Interaction

사람과 컴퓨터 사이의 소통은 컴퓨터 사이언스(computer science), 인간공학(human factors), 디자인(design), 심리학(psychology), 사회학(sociology), 언어학(linguistics), 인류학(anthropology) 등 다양한 관점에서 다루어질 수 있다. 소통의 핵심이 상호 작용(interaction)이라고 볼 때, 좀 더 상위 개념에서 인터랙션 디자인(interaction design)과 연결되기도 한다. 인터랙션 디자인은 사람들이 일상생활과 작업 현장에서 상호 작용이 요구되는 제품과 적절히 소통할 수 있도록 설계하는 것을 말한다.[1]

'디자인(design)'을 직역하면 '설계'가 된다. 그런데 디자인과 설계, 두 용어 간 뉘앙스는 살짝 다르다. 이는 영어와 한글 표현 사이의 미묘한 차이에 기인한다. 디자인은 비정형적인 창의적 결과물 혹은 그것을 만드는 과정으로 이해되는 경향이 있고, 설계는 체계적인 접근에 기댄, 조금은 공학적인 느낌을 주는 결과물 혹은 이에 도달하는 과정으로 생각되는 경우가 많다. 하지만 이러한 차이를 구분하는 것은 학문 간 경계가 무너진 현시점에 이르러 그 의미가 상당 부분 약해졌다고 할 수 있다. 용어가 주는 표면적 느낌에서 벗어나야 하는 것이다.

1980년대 이전, 사람과 컴퓨터 간 소통은 소프트웨어 공학(software engineering), 소프트웨어 심리학(software psychology), 컴퓨터 그래픽스(computer graphics) 관점에서 논의되었다. 컴퓨터 기술의 발전과 함께, 기술의 적용을 위한 방법론의 부재가 문제라고 생각했다. 관련 문제는 그래픽 사용자 인터페이스(GUI, Graphical User Interface, 컴퓨터 그래픽 혹은 관련 기능을 활용한 사용자 인터페이스)에서 도드라졌는데, 이에 대한 원리를 밝히기 위한 실증 과정으로 나타나기 시작했다.

이보다 일찍, 사람과 컴퓨터 간 소통을 체계적으로 다루기 전에는, 정해진 절차에 따라 작업을 수행하는 사용자 행동을 묘사하는 데에 초점을 맞추었다. 특히 사용성(usability)을 실험적으로 검증하는 데 집중했는데, 당시 사용성은 매우 간단한 개념으로 제한되었다. 작업 시간을 줄이고 실수를 최소화하는 데에 목적을 둔 것으로, 사실상 상당한 비용 지출에 비해 얻을 수 있는 정보의 수준은 매우 낮았다.

과거 산업 현장에서의 최대 관심사는 생산성이었다. 산업혁명으로 촉발된 대량 생산은 소규모 생산 체제에서 대규모 생산 체제로의 변화를 이끌었다. 사람들은 노동자로서의 기본적 의무를 부여받게 되었고, 소비자로서는 수동적 자세를 취할 수밖에 없었다. 하지만 이는 이내 심각한 부작용을 낳게 된다. 1936년 제작된 찰리 채플린(Charlie Chaplin) 주연의 〈모던 타임즈(Modern Times)〉를 보면, 사람은 생산 과정 속 하나의 부품, 즉 단

영화 〈모던 타임즈〉 포스터

순한 일을 실수 없이 정확하고 빠르게 처리해야 하는 존재로 치부된다. 단순 작업의 효율성만을 강조할 뿐, 거기에서 사람에 대한 배려와 존중을 찾기는 힘들다. 결국 그 강요 속에 주인공은 산업 현장의 톱니바퀴 속에 빨려들어가고, 나중에는 정신병원에 가는 상황에까지 몰린다. 자본주의가 자리잡던 시기에 사람에 대해 고찰한 블랙 코미디라는 느낌이다.

GUI가 강조되면서 디자인 측면에서 획기적 발전이 진행되었다. 1970년대 제록스 팔로알토 연구소(PARC, Xerox Palo Alto Research Center)에서의 마우스 연구는 그 시작이라 할 수 있다. 'WYSIWYG(What You See Is What You Get, 보는 것이 결과물이다)'의 개념에 충실하고자 했던 마우스 개발은 그 자체만으로 시사하는 바가 크다. 이는 컴퓨터 제품 개발과 사용에 있어 직관성과 자연스러움을 강조한 시초라 할 만하다.

이를 이어받아 1980년대로 넘어오면서, 사람과 컴퓨터 간 소통에 대한 보다 체계적인 접근이 확립되기 시작했다. 제품 개발은 반복적·순환적 과정을 거치게 마련인데, 이 과정에서 프로토타입을 어떻게 만들 것인지, 평가를 어떻게 할 것인지, 사용성을 어떻게 다룰 것인지 등과 관련된 지식들이 축적되었다. 관련 모델과 이론이 대거 정립되면서, 사용자 인터페이스

제록스 팔로알토 연구소

기술도 한층 더 발전하는 시기이기도 하다. 여전히 실험 기반 실증적 접근이 갖는 태생적 한계를 드러내기도 했지만, 사람과 컴퓨터 간 상호 작용을 디자인 및 개발 콘텍스트로 통합해 고민해야 한다는 인식이 보편화되기도 했다.

맥락에 대한 이해가 강조되는 흐름 속에 1990년대 여러 획기적 사건들이 일어난다. 정보 기술(IT, Information Technology)에 기반한 컴퓨팅에 대한 인식이 자리를 잡아 가고 이에 따라 조직 체계가 변화했다. 일상생활 속에 컴퓨터와 인터넷이 녹아들어 여러 모바일 디바이스의 출현으로 이어졌다. 그리고 이 모든 것의 중심에 1994년 'World Wide Web(WWW)'이 있었다! 2000년대 이후, 그리고 현재는 어떠한가? 당연히, 사용성만으로는 설명이 부족하다.

사람의 본질적 가치에 의미를 두기 시작한 지는 그리 오래되지 않았다. 사용자 경험(UX, User eXperience)이라는 용어를 한 번쯤 들어 보았을 것이다. 사용자 경험은 사람 본연의 상태(성향, 기대, 욕구, 동기, 기분 등), 설계된 시스템의 특징(복잡도, 목적, 사용성, 기능성 등), 상호 작용이 발생하는 맥락(혹은 환경, 예를 들어 조직적·사회적 환경, 행동의 의미, 행동의 목적 등)이 결부되어 나타나는 결과이다.[2] 이는 사람과 컴퓨터 사이의 소통과 관련한 행동과 반응 '과정', 상호 작용을 통해 얻게 되는 '결과', 태도·감정·기분과 연관된 '감성'을 포함한다. 사용자 경험은 제품 혹은 서비스와 소통하면서 느끼는 총체적 경험으로, 시간과 장소 등 맥락에 따라 변하기도 한다.

다른 측면에서 보면, 사용자 경험은 제품, 시스템, 서비스를 개발함에 있어 전사적이고(company-wide), 전 과정적으로(whole process) 접근하고자 하는 사용자 중심의 전략적 개념이다. 그렇기에 제품 디자인 과정은 그 자체만으로 중요한 의미를 가지며, 사용자 집단에게서 나타나는 모든 경험에 대한 이해를 추구한다. 이 용어가 보편적으로 사용된 지 기껏해야 20년 남짓이다. 더 이상 소비자로서 사람의 수동적 자세만 생각할 수 없다. 생산자, 개발자는 이를 잘 이해해야 한다. 생산성과 효율성만을 강조하는 시대는 지났다. 사용자 입장에서 '내가 좋으면 그만'이라는 생각이 자리 잡았고, 이는 매우 다양한 형태와 방향으로 나타나고 있다. 메타버스로 대변되는 시간과 공간을 초월한 세상이 도래하고 있다. 사람과 컴퓨터 간 경계는 더 허물어지면서 우리의 경험은 새로운 가치를 찾아 계속 확장될 것이다.

사용에 만족한다는 것과 좋은 경험이 지속된다는 것

마케팅(marketing)은 '조직이나 개인이 자신의 목적을 달성시키는 교환을 창출하고 유지할 수 있도록 시장을 정의하고 관리하는 과정'[3]으로 정의된다. 마케팅은 시장과 고객에 집중하는데, 특정 시장에서 고객의 니즈를 파악하고 이를 마케팅 기법으로 잘 다루어 최종적으로 고객 만족을 통한 이익을 실현하는 것을 목표로 한다. 마케팅 분야에서 종종 쓰이는 고객 경험(CX, Customer eXperience)이라는 용어 또한 고객, 서비스, 이윤을 향한 방향성을 가지고 있다. 고객 경험의 개념은 사용자 경험을 포함한다. 다만, 사용자 경험은 상호 작용 자체에 좀 더 초점을 두고 있고, 표면적으로는 서비스, 브랜딩, 이윤 추구와는 살짝 떨어져 있다는 느낌이다. 또 마케팅과 달리, 사용을 통한 상호 작용의 본질로 긍정적 경험의 '지속성'을 고려한다. 그리고 그 기저에 깔려 있는 것이 바로 사용자 만족

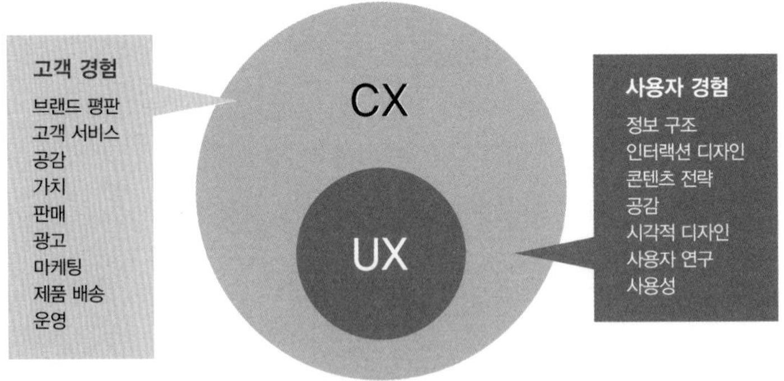

고객 경험과 사용자 경험

(user satisfaction)이다.

사용자 경험은 처음에 사용성의 의미를 확장하는 형태로 등장했고 이후 사용자와 시스템 사이의 상호 작용을 강조하는 중요 개념으로 자리 잡았다. 제품, 시스템, 서비스에 대한 예상·기대와 실제 사용에 기댄 전반적 인지와 반응, 그리고 상호 작용의 모든 면을 아우르는 경험으로 이해되기도 한다. 특정 사용자 그룹과 맥락적 요소들을 중요하게 다루어야 함은 당연하다. 사용자 경험의 주요 요소로 종종 사용성(usability), 심미성(aesthetics, 아름다움에 대한 주관적 평가), 사용자 가치(user value, 제품, 시스템, 서비스의 의미와 중요성에 대한 사람의 주관적 기준이자 판단)가 언급되는 것도 같은 이치다. 여러 사용 경험이 누적되고 환경적 요인들이 결합하면서 사람과 컴퓨터 간 관계는 다르게 형성되고 사용자 가치 또한 바뀐다.

높은 사용자 만족은 구매 후 행동(post-purchase behavior)이나 재구매 의사(intention to repurchase)에 긍정적인 영향을 주는데, 이는 특정 브랜드나 서비스에 대한 관심과 충성도를 높이는 것으로 이어진다. 또, 사용자 만족은 브랜드 평판, 가격 정책, 새로운 기술 도입 여부 등과 연결되기도 한다. 최근에는 재미와 같은 비본질적 사용자 가치가 중시되면서, 이것이 사

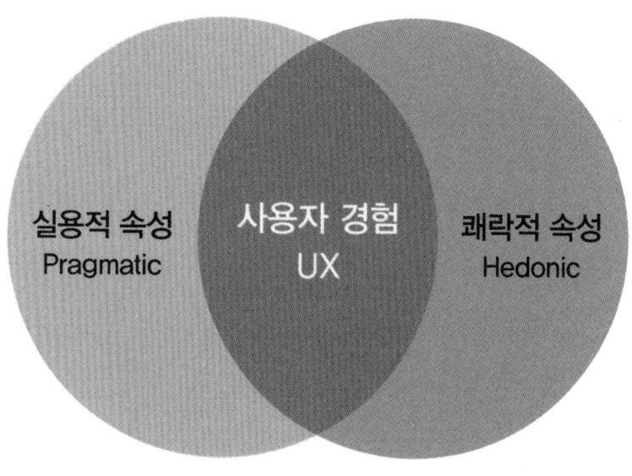

실용(Pragmatic)+쾌락(Hedonic)=사용자 경험(UX)

용자 만족에 미치는 영향도 점차 커지고 있다.

긍정적 사용자 경험은 높은 사용자 만족에서 시작한다. 그리고 높은 사용자 만족의 지속은 강건한 사용자 경험으로 나타난다. 앞서 언급했듯이, 사용성과 심미성은 사용자 만족의 주된 영향 요소다. 그렇다면 사용성, 심미성, 만족도 사이의 관계는 경험 누적에 따라 어떻게 달라질까? 사용 경험이 쌓이면서, 실용적인(pragmatic) 속성에 대한 사용자 인식은 안정적으로 유지되거나 향상되지만, 쾌락적인(hedonic) 속성에 대한 사용자 인식은 전반적으로 약해진다. 실용적인 속성에는 유용성(usefulness), 사용 용이성(ease of use), 기능성(functionality) 등이, 쾌락적인 속성에는 자극성(stimulation, 자극적이거나 흥미를 유발하는 디자인), 아름다움(beauty), 소통 정체성(communication identity, 상호 작용과 소통에 대한 주관적 의미 부여) 등이 포함된다. 시간 흐름에 따른 사람들의 인식은 익숙함(familiarity)과 비교(comparison)의 영향을 받는다. 사용에 익숙해지면서 쾌락적 요소보다 실용적 요소에 더 집중하게 되고, 다른 것과의 비교는 사람들의 머릿속 시스템 본연의 모습과 정체성을 희미하게 만든다.[4]

실용적, 쾌락적 속성이 아닌, 사용성과 심미성으로 좁혀서 봐도 이 같은 현상은 비슷하게 나타난다. 일반화하기에는 살짝 무리가 있지만, 대략 다음과 같은 특징을 보인다. 어떤 제품의 외형적 아름다움(심미성)은 사람들로 하여금 그 제품의 사용성이 좋다고 생각하게 만든다. 하지만 이 영향력은 사용 시간이 늘어나면서 점차 감소한다. 그래도 깨끗하고 정돈된 느낌과 관련한 아름다움은 시간 흐름에 상대적으로 영향을 덜 받는다. 깨끗하고 정돈된 디자인이 사용성과 직접적으로 관련되기도 하기 때문이다. 실제로 사용성과 관련한 디자인 특징이 사람들의 인식에 미치는 긍정적 영향은 좀 더 지속성을 보인다고 알려져 있다. 특이한 점은, 낮은 사용성의 부정적 영향이 제품 사용에 익숙해짐에 따라 이내 사라지기도 한다는 것이다.

요약하자면, 시간과 경험이 누적되면서 사용성과 같은 실용적 요소가 사용자 만족에 끼치는 긍정적 영향은 유지되는 측면이 있고, 부정적 영향은 약해지는 경향이 있다. 심미성과 같은 쾌락적 요소의 긍정적 영향도 어느 정도 유지되기는 하지만, 사용성과 연결된 심미성에 다소 국한되는 측면이 있다. 경험은 사람들로 하여금 보다 본질적인 것에 집중하게 한다. 사람 간 관계도 그렇지 않던가. 그 사람을 제대로 알려면 시간이 필요하고, 몇 번의 만남 속에 그 사람이 진국인지 진상인지 서서히 알게 된다. 외모와 스펙은 보조 재료일 뿐이다. 선두 기업들 간 기술의 차이는 없다고 한다. 하지만 그 속에도 차이는 분명히 존재한다. 이른바, 초격차의 세계다. 본질이 아닌 것들에 대한 의미가 커졌다 한들, 결국 장기 레이스에서 사람들이 집중하는 것은 기술의 초격차다.

하지만 위 이야기들은 어디까지나 대략적 흐름만을 말한다. 세부 내용에서 중요한 것은 사용 환경에 따른 사용자 가치와 맥락적 요소이다. 그것들에 따라 사용성, 심미성, 만족도 사이의 관계는 충분히 달라질 수 있다. 사용자 가치에 보다 집중하기 위한 한 방법이 사용자 프로파일링과 세분화(user profiling and segmentation)다. 복잡한 시장 속에서 일관되고 예측 가능한 특성을 보이는 사용자 그룹을 찾아내고 이를 이해하고 활용함으로써 사용자 니즈를 충족하고자 하는 것이다. 여기서 말하는 사용자 특성은 인구(통계)학적(demographic), 지리학적(geographic), 심리(묘사)적(psychographic), 행동적(behavioral) 요소들을 포함하는데, 특히 심리적, 행동적 요소는 개인의 가치, 이념, 의사 결정 패턴 등 주관적 측면을 강조한다. 많은 기업들이 검증된 설문 구조와 항목을 가지고 정기적으로 사용자 프로파일링과 자사 서비스에 대한 응답 데이터를 확보한다. 기업에게 이런 데이터는 고객들을 이해하고 비즈니스 전략을 수립하는 창구인 셈이다.

경험은 누적과 순환의 과정, 그리고 확장되는 경험 생태계

스마트폰 사용자들의 경험은 항상 똑같을까? 각자의 기억을 잠깐만 더듬어 봐도 아니라고 쉽게 답할 수 있다. 사용자 경험은 상황과 맥락에 따라 다르게 만들어진다. 카라파노스(Evangelos Karapanos)와 그의 동료들은 2009년 이 분야에서 가장 큰 학회인 카이(CHI)에서 사용 시간에 따른 사용자 경험 프레임워크를 제안했다.[5] 그들은 일상을 복기하는 방식을 활용했고, 총 482명을 대상으로 아이폰을 구매하기 한 달 전 기대와 구매 후 경험을 5주 동안 기록하도록 했다.

시간에 따른 사용자 경험 프레임워크의 출발점에는 예상(anticipation)과 기대(expectation)가 존재한다. 아이폰을 곧 구매할 것이란 예상은 실제 구매와 사용에 대한 기대로 바뀐다. 이 기대는 사용자 경험 전반에 영향을 준다. 사용자 경험은 (목표)지향(orientation)-결합(incorporation)-(정체)

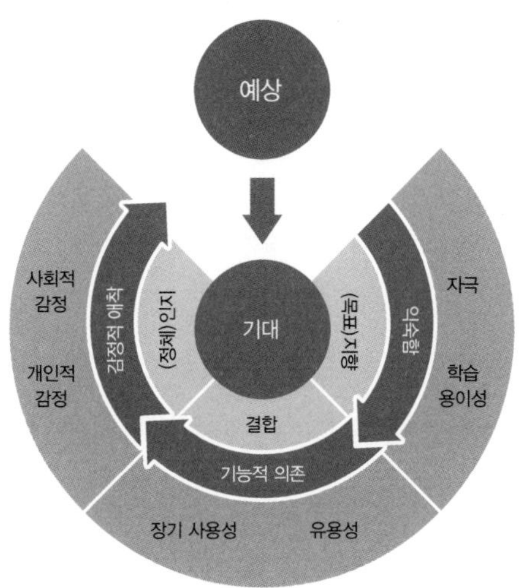

시간에 따른 사용자 경험 프레임워크[5]

인지(identification)라는 세 단계의 전이 과정을 보인다. 각각의 단계를 이끄는 요인은 익숙함(familiarity), 기능적 의존(functional dependency), 감정적 애착(emotional attachment)이다. 또한 이에 대한 사용자들의 판단 기준은 각각 자극(stimulation)과 학습 용이성(learnability), 유용성(usefulness)과 장기 사용성(long-term usability), 개인적 감정(personal emotion)과 사회적 감정(social emotion)이다.

좀 더 풀어서 설명해 보자. 사람들은 그 전에 경험해 보지 않았던 제품을 구매하고 사용하면서, 제품의 외형, 기능, 사용법에 익숙해지는 과정을 거친다. 제품 구매에 대한 기대가 그 제품을 사용하고자 하는 목적으로 이어진다. 이후 제품을 지속적으로 사용함으로써 기능적 특징들이 얼마나 쓸모가 있고 오래 쓸 만한 가치가 있는지를 판단한다. 누적되는 경험이 하나로 묶이는 과정이라고 할 수 있다. 시간은 계속 흐르고 경험이 더 쌓이면, 그 즈음 사람들은 그 제품을 감정적으로 애착하게 된다. 여기서 감정적 애착은 사용자 개인의 감정에 기인할 수도, 사회적으로 받아들여져 보편화된 감정과 연관될 수도 있다.

스마트폰을 처음 샀던 때를 기억하는가? 구매 전 어떤 기대를 가지고 있었는가? 위 실험에서처럼 아이폰이었다면 무엇을 기대했는가? 스마트폰이 막 대중화되기 시작할 때, 아이폰의 등장은 모바일 생태계의 혁명과도 같았다. 새로운 세상과의 조우, 단순하면서 세련된 외형, 사용하기 쉬운 직관적 설계, 그 신선함에 열광하지는 않았는가? 앱스토어 로그인 및 결제와 같이 다소 생소한 것들이 있기는 했지만 익숙해지는 데에 오랜 시간이 필요하지는 않았다. 여러 앱들을 설치하고, 정보를 찾고, 문자를 주고받고, 메일을 확인하고, 게임을 하고, 음악을 듣고, 사진을 찍는 등의 경험을 통해, 이내 일상생활 속 편리함을 느끼며 없어서는 안 될 생활필수품으로 인식했다. 시간의 누적 속에 아이폰에 더 빠져들었고, 아이폰을 가지고 있다는 자부심을 만끽하면서 마음속으로 내 곁의 친구나 도우미 같은 인격체로서 대우하기도 했다.

경험이 어느 단계에 있느냐에 따라 디자인 전략도 달라진다. 단계에 따라 집중해야 하는 디자인 요소가 달라지고, 긍정 경험인지 부정 경험인지에 따라서도 접근을 달리한다. 특정 제품에 대해 긍정적인 경험을 하게 되면 나중에 같은 브랜드 제품을 또 쓰려고 하고, 부정적인 경험을 하게 되면 다른 회사의 제품으로 갈아타고 싶은 마음이 생긴다. 제품에 대한 충성과 이탈은 이런 과정을 통해 일어난다. 시간 흐름의 영향을 덜 받는 강건하고(robust) 지속 가능한(sustainable) 사용자 경험에 대해 고민해야 한다.

사용자 경험은 누적의 과정이자 순환의 과정이다. 그 뿌리에는 기대가 있고, 그 기대는 이전 경험에 근거한다. 사용자 경험이라는 생물은 여러 맥락과 함께하는데, 이런 다양한 상황 속 경험은 보다 확장된 생태계를 구축하게 된다. 최근에는 전통적 관점에서의 제품의 고유 영역이 많이 희미해진 상태이다. 전에 경험하지 못한 새로운 제품이 등장하고, 다양한 형태와

손목시계(왼쪽)와 스마트워치(오른쪽)

기능이 우리의 삶에 파고든다.

손목시계를 한번 생각해 보자. 우리는 초등학생 때부터 손목시계를 차기 시작한다. 장난감 같은 손목시계, 스톱워치 기능으로 대표되는 디지털 손목시계, 성인이 되어서 멋을 챙기는 아날로그 손목시계, 결혼할 때 하는 예물 손목시계, 패션 포인트가 되기도 하는 명품 손목시계 등 우리는 다양한 시계를 착용한다. 이것은 '손목시계'에 대한 누적된 경험이다. 그런데 어느 날 스마트워치(smartwatch)가 등장했다. 손목시계이기는 한데, '스마트'라는 이름이 붙는 순간, 최첨단 IT 기기로 부르기에 별 거부감이 없다.

스마트워치는 시계인가, IT 기기인가? 사람들의 시계에 대한 경험과 IT 기기에 대한 경험이 충돌하거나 결합하는 지점이 여기서 생겨난다. 왼 손목에 전통적 손목시계를, 오른 손목에 스마트워치를 동시에 차는 일은 거의 없다. 혼재된 경험 속 하나의 선택이 요구되는 상황에서, 시계와 IT 기기의 교집합으로서의 스마트워치의 위치가 만들어진다. 앞으로 시장이 어떻게 펼쳐질지 지켜보는 건 흥미로운 일이 될 것이다. 전통과 IT가 결합되어 중간 지점에서 새로운 시장이 형성될 수도 있다. 주도권을 어느 쪽이 잡느냐는 사용자 입장에서 그리 중요하지 않다. 어쩌면 각자 해 오던 방향으로 더 뻗어 나가는 식으로 시장이 양극화될 수도 있겠다. 그런데 아직 그럴 기미가 딱히 보이지는 않는다.

경험의 충돌이라는 관점에서 보자면 전통적 아날로그 시계일수록, 하

하이브리드 손목시계: 태그호이어, 몽블랑

이엔드급 고급 수공예 시계일수록, 스마트워치에 대한 거부감이 크다. 국제고급시계박람회(SIHH, the Salon International de la Haute Horlogerie)에서 스마트워치는 아직 주인공이 아니다. 그래도 변화의 바람은 이미 시작되었고 당분간은 멈출 것 같지 않다. 애플(Apple)의 개발자 토니 퍼델(Tony Fadell)은 디지털 혁명이 결국 스위스 시계 산업에도 손을 뻗을 것이라고 호언한다. 태그호이어(TAG Heuer), 몽블랑(Montblanc) 같은 시계 회사는 이미 하이브리드 형태의 손목시계를 만들어 내고 있다. 시대의 요구와 흐름에 맞춰 필요한 것은 취하되, 자신들만의 고유한 것은 가능한 한 지키겠다는 의지도 엿보인다.

파텍 필립(Patek Philippe)이나 아이더블유시(IWC) 같은 시계계의 끝판왕들은 아직 이 혼재된 시장에 뛰어들 생각이 없어 보인다. 이런 하이엔드급 손목시계에 대한 사용자들의 기대와 경험은 손목시계의 관점으로만 바라봐서는 제대로 설명하기 어렵다. 사람들은 수억 원을 호가하는 이 손목시계를 자본주의 최상위 자리에 올려 둔다. 그리고 구매자는 이러한 정체성을 자신에게 그대로 덧입힌다. 이것이 가능하려면 희소가치와 고유 가치는 여전히 유지되어야 한다. 그래서 아직은 그런 시계에 '스마트'를 붙인다는 걸 상상하기가 쉽지 않다. 디지털 혁명이 어디까지 올라갈지, 전통은 어디에서 타협점을 찾을지 자못 궁금하다. 그 타협점에서 새로운 경험이 만들어질 것이다.

사람의 지능을 닮고자 하는 인공지능의 현재 모습

인공지능은 사전적으로, 컴퓨터 내 지능적인 행동에 대한 시뮬레이션을 다루는 컴퓨터 사이언스의 한 분야, 혹은 지능적인 인간 행동을 모방하는 기계의 능력을 의미한다.[6] 그렇다면 여기서 '지능적인'이 의미하는 것은 과연 무엇일까? 이에 대한 답을 찾기 위해, 우리는 먼저 인간 지능(human intelligence)이 어떻게 정의되는지 알아볼 필요가 있다. 지능은 새로운 혹은 진행 중인 상황을 배우거나 이해하거나 다루는 능력, 혹은 어떤 상황을 다루기 위해 지식을 적용하거나 (시험과 같이) 객관적 기준에 의해 측정될 수 있는 추상적으로 사고하는 능력을 말한다.[7]

다시 말하면, 인간 지능은 어떤 상황이나 일을 인지·사고하고 이와 관련해 지식을 얻거나 적용할 수 있는 능력을, 인공지능은 이러한 인간의 지능을 모방할 수 있는 기계 혹은 컴퓨터의 능력을 의미한다고 할 수 있다. 인

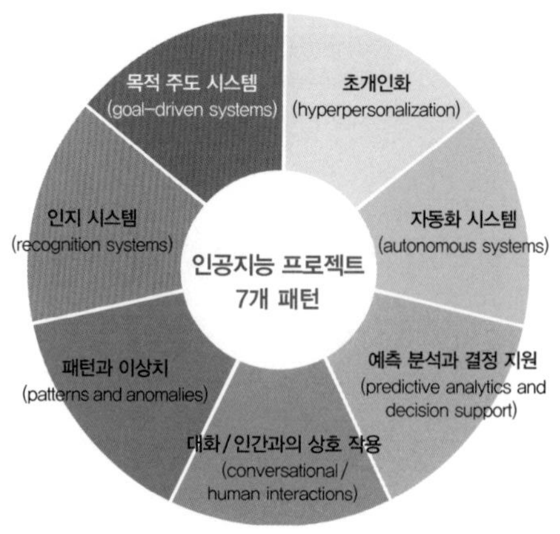

인공지능 프로젝트 7개 패턴[9]

공지능의 또 다른 정의는, 시각적 인식, 음성 인지, 의사 결정, 언어 번역과 같이 일반적으로 인간 지능을 필요로 하는 작업을 수행할 수 있는 컴퓨터 시스템의 이론과 개발이다.[8] 좀 더 구체적인 이 정의는 사람의 정보 처리 과정이 필요한 작업에 대해 언급하고 있는데, 시각적 인식, 음성 인지 등 현재 인공지능 시스템이 활발히 수행하는 일들이라는 점이 흥미롭다.

2019년 포브스(Forbes)는 인공지능을 활용한 다양한 프로젝트 사례를 검토해 7개의 패턴을 찾아냈다.[9] 인공지능을 활용하기 위해서는 정교한 규칙과 알고리즘을 찾는 것이 무엇보다 중요하다고 보았고, 실제 시스템 개발은 이 패턴들 중 하나 혹은 여러 개에 걸쳐 관련한다고 했다. 제시된 패턴은 다음과 같다.

- **초개인화**(hyperpersonalization)
  진정 하나의 사람으로 다루기
  사람들이 무엇을 좋아하고 원하는지 개개인의 특성에 맞춰 대응한다. 나와 비슷한 사람은 있어도 나와 똑같은 사람은 없다. 추천 시스템이 가야 할 길이 여기에 있다. 이미 넷플릭스(Netflix)나 스타벅스(Starbucks) 등 많은 기업들이 여기에 많은 힘을 쏟고 있다.

- **자동화 시스템**(autonomous systems)
  사람이 해야 하는 일 줄이기
  사람들의 작업 영역을 대체한다. 단순한 문서 작업일 수도 있고, 운전과 같이 다소 복잡한 작업일 수도 있다. 대체의 영역은 확장되고 속도는 빨라지고 있다. 무엇이 자동화된 시스템으로 대체되든 간에, 사람들은 주어진 일에 더 집중할 수 있고 다른 일을 찾아 할 수도 있다.

- **예측 분석과 결정 지원**(predictive analytics and decision support)
  미래를 예측하고 좋은 결정 하기
  과거로부터 배우고 미래를 내다본다. 사람이 과거에 어떤 행동을 했는지를 분석해 앞으로의 행동을 예측한다. 시간이 지나감에 따라 누적된 데이터는 더 좋은 학습을 가능케 하고, 이는 더 좋은 예측 결과로 이어진다. 최종적으로는 사람의 결정에 도움을 주게 된다.

- **대화 / 인간과의 상호 작용**(conversational / human interactions)
  사람처럼 대화하고 소통하기
  사람과 소통하듯 컴퓨터와 소통한다. 사람과 사람이 소통하는 방식처럼 사람과 컴퓨터 시스템이 상호 작용 하도록 하는 데 목적을 둔다. 보다 자연스럽고 편안한 소통을 위한 것으로 감정, 분위기, 의도 등 맥락적 요소에 대한 파악이 중요하다.

- **패턴과 이상치**(patterns and anomalies)
  패턴에서 벗어난 이상 신호 찾기
  학습을 통해 패턴을 찾고 이에 벗어난 것을 이상 신호로 감지한다. 데이터를 통해 패턴을 찾고, 어떤 입력값이 그 패턴에 들어맞는지 아닌지를 파악한다. 사기, 위험 등을 파악하거나 오타 수정 등 사람의 행동 실수를 방지하는 데에 활용된다.

- **인지 시스템**(recognition systems)
  세상의 객체와 자극 인지하기
  세상을 더 똑똑하게 인지한다. 이미지, 영상, 소리, 물건에 대한 인지 정확도를 높이는 것으로 얼굴, 동작, 문자 인식 등에 활용된다. 높은 인지 정확도는 사람과 컴퓨터 간 소통의 기본이다. 현재 중국 정부가 그 활용에 가장 적극적이다. 좋은 의미에서든 나쁜 의미에서든.

- **목적 주도 시스템**(goal-driven systems)
  (게임 · 퍼즐과 같은) 시스템에서 목적 달성하기
  효율적으로 목적을 달성하도록 한다. 바둑, 멀티 플레이어 게임, 전략 시뮬레이션 게임 등에서의 목적 달성에 의미를 둔다. 아직 그 활용도가 제한적이긴 하지만, 게임에 국한되지 않고 일상생활 속 최선의 해답을 찾기 위한 최적화 문제 등에도 적용될 수 있다.

사람은 컴퓨터처럼 생각하고, 컴퓨터는 사람과 비슷해지고 있다. 사람과 컴퓨터 간 경계는 무너진 지 오래이며, 둘 간의 소통 창구였던 인터페이스에 대한 정의도 매우 다양해지고 있다. 그 중심에 인공지능이 있다. 인간-인공지능 상호 작용을 위의 인공지능 패턴에 근거해서 이해할 필요가 있다.

혹자는 인공지능의 또 다른 겨울을 예견한다. 주관적, 비정형적 데이터에 기반한 정답이 없는 복잡한 현실 문제에 인공지능을 적용하는 데에 아직은 많은 장애물이 존재한다. 이와 관련한 성과 또한 아직 눈에 띄는 것이 별로 없다. 물론 부정적 시각만 있는 건 아니다. 구글 딥마인드(Google DeepMind)의 인공지능 시스템은 '스타크래프트 2'라는 실시간 전략 게임에서 승리를 챙겼고, 알파폴드(AlphaFold)는 극도로 복잡한 단백질 구조를 3차원으로 예측했다. 이는 맥락적 이해와 기초 과학과의 조우 측면에서 인공지능의 가능성을 더 확장시킨다. 이런 흐름에 맞추어, 사람의 사고 체계의 장점(경험 기반의 효율적·융통적·확장적 추론)을 인공지능에 덧입히려는 인지(적) 인공지능(Cognitive AI)이 전면에 등장하고 있다. 인공지능의 겨울을 이야기하기에는 아직 이르다. 인공지능에 대한 과도한 기대보다 점진적 활용과 스며듦을 생각할 때다. 인공지능을 활용하는 현실을 제대로 바라보는 데에만 한참의 시간이 요구될 것이다. 이는 컴퓨터를 프로그래밍하는 것이 아니라 사회 속에서 사람들을 이해하는 일이기 때문이다.

인공지능과의 공존 속에 등장하는 인간다움과 로봇다움

컴퓨팅 기술이 발전하면서 자연스럽게 등장한 용어가 자동화(automation)다. 그리고 그 대척점에 있는 개념이 인간 제어(human control)다. 한때는 자동화의 주체를 기계로 보고, 사람 대 기계의 대립 구도를 그리기도 했다. 사람은 자극에 대한 감지 범위와 인지 정확도에 분명한 한계를 보이지만, 적응과 융통을 바탕으로 다양한 상황 속에서도 적절한 결정과 행동을 할 수 있다. 반대로, 기계는 인간의 지각 범위를 벗어난 것들까지 감지할 수 있고 그 정확도 또한 매우 높으며 시간의 흐름과 별 상관없이 지속적 성능을 보인다. 하지만 다양한 맥락 속에서 대응하는 데는 한계가 있다. 예상치 못한 환경과 자극에 노출되었을 때 사람만큼의 융통성을 기대하기는 어렵다. 아직까지는 말이다.

종종 인간은 귀납적으로(inductively) 사고하고 기계는 연역적으로

(deductively) 처리한다고 말한다. 사람은 여러 관찰과 경험을 통해 배우고 이를 개념화해 상황에 적용한다. 반면, 기계는 특정 목적과 원리들에 기반해 프로그래밍된 행동들을 반복함으로써 보다 믿을 수 있는 결과에 도달하려고 한다. 그런데 현재는 컴퓨팅 기술이 인공지능으로 대변되는 시대다. 이 대칭적 이분법이 여전히 맞게 적용되는 부분도 있지만, 인공지능의 발전 흐름상으로는 더 이상 맞지 않다고 보는 게 타당하다. 사람이 관찰과 경험을 통해 배우는 것과 유사하게, 컴퓨터는 주어진 데이터에 기대어 학습한다. 컴퓨터의 사고를 연역적이라고 한정하기에는 무리가 따른다. 이제 인공지능은 다양한 맥락 속에서 유연함을 갖추며 사람만의 속성이라고 생각하는 부분에까지 들어오고 있다. 사람과 컴퓨터는 외형적으로나, 정신적으로나 서로를 닮아 가고 있다.

컴퓨터처럼 생각하는 사람, 사람처럼 생각하는 컴퓨터. 서로를 닮아 가는 둘의 공존과 상생은 미래 사회의 최대 화두가 될지도 모른다. 그리고 컴퓨팅 능력을 가진 기계, 바로 로봇에 대해 좀 더 생각해 보게 된다. 우선, 너무나도 유명한 로봇(공학)의 3원칙(Three Laws of Robotics)을 살펴보자.

- **제1원칙**
  로봇은 인간에 해를 가하거나 혹은 행동을 하지 않음으로써 인간에게 해가 가도록 해서는 안 된다.

- **제2원칙**
  로봇은 인간이 내리는 명령들에 복종해야만 하며, 단 이러한 명령들이 제1원칙에 위배될 때는 예외로 한다.

- **제3원칙**
  로봇은 자신의 존재를 보호해야만 하며, 단 그러한 보호가 제1 혹은 제2원칙에 위배될 때는 예외로 한다.

아이작 아시모프와 그의 단편 〈런어라운드〉

아이작 아시모프(Isaac Asimov)는 1942년 발표한 단편 〈런어라운드(Runaround)〉에서 이 3원칙을 처음 제시했다. 인공지능은커녕 컴퓨터도 보편적이지 않던 시기에, 이와 같은 생각을 정리했다는 것이 가히 놀랍다. 그의 또 다른 단편 소설 〈최후의 질문(The Last Question)〉(1956)을 보면, 그가 얼마나 시대를 앞서갔는지 소름이 돋지 않을 수 없다. 공상 과학, 신학, 철학 등을 한데 뒤섞은 이 소설에서 보인 그의 엄청난 선견을 꼭 한번 느껴 보시라. 입이 근질거려, 미안하지만 살짝 마지막 글귀를 말해 둔다. "'빛이 있으라!' 그러자 빛이 있었다." 공상 과학 소설의 마지막 문장이 이처럼 종교적이고 철학적일 수가!

로봇(공학)의 3원칙으로 다시 돌아와 보자. 《아이, 로봇(I, Robot)》(1950)이라는 소설은 이 3원칙을 제대로 다루며 이로 인해 발생하는 문제에 초점을 맞춘다. 우리에게는 윌 스미스(Will Smith) 주연의 2004년 동명의 SF 영화로 더 친숙하기도 하다. 영화의 전체적인 흐름은 원칙에 근거한, 사람을 위한 로봇의 행동에 집중한다. 그리고 그 속에서 주인공인 스푸너 형사의 성격을 보여 주는 하나의 사건이 줄거리의 기저에 깔려 있다.

스푸너 형사는 한 소녀와 함께, 자동차가 물에 빠지는 교통사고를 당한

영화 〈아이, 로봇〉 포스터

다. 로봇이 구하러 오지만, 둘 중 하나만 구할 수 있는 긴박한 상황. 이 선택의 상황에서 로봇은 생존 확률이 더 높다는 이유로 소녀를 구하지 않고 스푸너 형사를 구한다. 11% 대 45%. 로봇의 입장에서는 너무나도 합리적인 판단을 한 것이다. 그러나 스푸너 형사는 이 결정에 강하게 반발하며 로봇 자체를 불신하게 된다. 그래도 아이를 구했어야 했다는 것이다. 11% 확률은 낮지 않고, 사람이라면 당연히 아이부터 구했을 거라고.

이 절묘한(?) 수치 11과 45 사이에서 우리는 어떤 결정을 내리겠는가? 문제를 좀 바꾸어 보자. 0 대 100이면 어떻겠는가? 0이 정말로 0이고, 100이 정말로 100인지부터 따져야겠지만, 일단 이건 맞다고 생각하자. 이제 결정이 좀 쉬워졌는가? 그 쉬운 결정 속에 혹시 미세한 죄책감이나 불안감은 없는가? 15 대 85는? 60 대 90은? 이 수치들에 소녀와 스푸너 형사를 바꾸어 대입해 본다면? 스푸너 형사가 아니라 어떤 노인이라면? 혹은 정말로 증오하는 원수라면?

로봇의 이 '합리적' 판단 속에 우리는 생각하게 된다. 과연 인간에게 해가 가지 않는다는 말은 무엇을 의미하는가? 전쟁터에서의 로봇은 인간을 위한다고 할 수 있는가? 아이작 아시모프도 이런 논쟁을 의식했는지, 인간을 넘어 인류(humanity)라는 개념을 내세우며 3원칙에 앞선 0원칙을 발표한다.

- **제0원칙**
  로봇은 인류에게 해를 가하거나 혹은 행동을 하지 않음으로써 인류에게 해가 가도록 해서는 안 된다.

로봇(공학)의 3원칙 혹은 4원칙은 절대적인 게 아니다. 표준이나 규범 또한 아니다. 제안된 지도 80년이 지났다. 그럼에도 이 개념이 우리가 살고 있는 그리고 살아갈 인공지능 시대에 던지는 메시지는 결코 가볍지 않다. 그 의미의 연장선에서, 2017년 유럽위원회(European Commission)의 전자인간(electromagnetic personality)으로서의 로봇의 법적 지위 선언과 2020년 교황청의 AI 윤리를 위한 로마 콜(Rome Call for AI Ethics, www.romecall.org)을 이해할 필요가 있다. 우리는 이미 인공지능과의 공존을 준비하고 있다.

인공지능이 발전함에 따라 사람과 로봇의 경계는 더 허물어질 것이다.

AI 윤리를 위한 로마 콜(www.romecall.org)

누가 인간이고 무엇이 로봇인가, 그리고 이 둘을 구분 짓는 기준은 무엇인가? 어떤 기준이건 간에, 아직까지는 사람과 로봇의 구분이 명확해 보인다. 하지만 현재와 같은 구분이 언제까지 유효할까? 가까운 미래에 이 구분이 애매해진다면 그것은 무엇 때문일까? 사람처럼 생각하고 느끼는 컴퓨터, 컴퓨팅 디바이스에 연결되고 심지어 그것을 몸속에 이식하는 사람이 나타난다면, 분명한 기준을 찾는 건 더욱 어려워질 것이다. 질문을 좀 바꾸어 보자. 당신은 얼마나 인간다운가? 인간다움은 그 자체로 '선(善)'이어야 하는가? 인간다움과 로봇다움에 대한 적절한 설명이 인공지능의 발전과 함께 한다.

현실적 몽상가들이 바라보았던 미래는 바로 지금이다

아이작 아시모프와 함께, 아서 클라크(Arthur C. Clarke)와 로버트 하인라인(Robert A. Heinlein)은 공상 과학 소설계의 3대 거장으로 불린다. 개인적으로는, 이 두 거장을 시대를 앞서간 '현실적 몽상가들'로 칭하고 싶다. 그들이 이야기했던 것들이 당시에는 몽상에 가까워 보였겠지만 지금은 우리가 당장 마주하고 있는 현실 이야기 아니겠는가.

아서 클라크는 수학과 물리학에 능통했으며 소설가로도 명성이 높았다. 그는 우주에 대해 대단한 선견지명이 있었는데 1940년대에 이미 정지 궤도와 통신 위성 등을 구상하기도 했다. 또한 클라크의 3원칙(Clarke's Three Laws)를 제안하기도 했다.

• **제1원칙**

어떤 뛰어난 노년의 과학자가 무언가가 가능하다고 말한다면, 그는 거의 확실하게 옳다. 그러나 그가 무언가가 불가능하다고 말한다면, 그는 거의 틀리다.

• **제2원칙**

그 가능성의 한계를 발견하는 유일한 방법은 불가능의 영역으로 조금 더 나아가는 것이다.

• **제3원칙**

고도로 발달한 기술은 마법과 구분할 수 없다.

그는 상상 속 제안에만 머무르지 않았고, 생각을 과학 기술의 실제 개발과 구현으로 연결시켰고, 이론으로 정립하기도 했다. 그가 제시한 3원칙은 다른 누구도 아닌 바로 본인의 모습이었던 것이다. 불가능한 영역을 실재의 영역으로 끌어왔던 노년의 학자, 그가 바로 아서 클라크였다.

《2001: 스페이스 오디세이(2001: A Space Odyssey)》(1968)는 아서 클라크의 대표작이다. SF의 고전으로 일컬어지는 이 소설은, 스탠리 큐브릭(Stanley Kubrick)이 감독해 1968년 개봉한 동명의 영화로 더욱 유명하다. 스탠리 큐브릭의 작품들을 보면, 〈롤리타(Lolita)〉(1962), 〈닥터 스트레인지러브(Dr. Strangelove)〉(1964), 〈샤이닝(The Shining)〉(1980), 〈풀 메탈 재킷(Full Metal Jacket)〉(1987), 〈아이즈 와이드 셧(Eyes Wide Shut)〉(1999) 등 공상 과학, 로맨스, 공포, 전쟁, 미스터리 등 그 주제의 스펙트럼이 참 넓다는 것을 알 수 있다. 의미 있는 영화적 구상과 구조 속에 자연의 빛을 적절히 사용할 줄 알았던 그는 완벽한 미장센을 추구해 파격적 주제를 영상미로 녹여 내는 데에 매우 뛰어났다. 바로 이것이 후대의 많은 영화인들이 그를 추종하는 이유다.

영화 〈2001: 스페이스 오디세이〉도 대단한 영상미를 보여 준다. 아날로그 기술로 표현된 이 영상을 보고 있노라면 1960년대에 정말로 이게 가능했을까 하는 의구심마저 든다. 영화의 주된 이야기는 목성 탐사를 떠나

〈2001: 스페이스 오디세이〉 소설과 영화 포스터

는(실제로는 다른 목적이 있음을 모른 채!) 디스커버리호의 데이비드와 프랭크, 그리고 인공지능 컴퓨터 HAL 사이의 사건을 관통한다. 영화 도입부는 꽤나 인상적이다. 유인원이 도구를 사용하게 되고 누군가를 죽이고 정복하는 과정을 찬찬히 상징적으로 보여 준다. 이 초반부 장면의 마지막에 유인원이 자신의 도구이자 무기인 뼛조각을 하늘로 던지는데, 그 뼛조각은 자연스럽게 형태가 바뀌어 우주선으로 변하게 된다. 도구, 진화, 우주 탐사 등 많은 이야기를 함축적으로 보여 주고 싶었으리라. 그리고 이 짧은 시퀀스 속에서 점점 소리가 커지며 클래식 음악이 나온다. 바로 리하르트 슈트라우스(Richard Strauss)의 〈자라투스트라는 이렇게 말했다(Also sprach Zarathustra)〉이다. 프리드리히 니체(Friedrich Nietzsche)의 동명의 철학서를 바탕으로 한 이 교향시를 〈2001: 스페이스 오디세이〉 영화에 사용한 것은 다분히 의도적이었다. 실제, 스트라우스는 이 음악을 통해 인류의 기원과 발전을 종교, 과학, 철학 등 여러 관점에서 전하려 했다고 한다. 영화 초반 짧은 시간 동안 깊고 상징적인 이야기가 관객들과 만나고 있는 것이다.

HAL은 영화 사상 최고의 악당(?) 중 하나로 칭할 만하다. 영화 중간중간 등장하는 그의 빨간 눈동자 같은 렌즈가 주는 음산함이란 가히 최고라고 말하고 싶다. 빨간 불빛은 무서우리만치 조용한 우주 한복판에서 이렇게 말한다. "미안해요, 데이브. 난 그렇게 할 수 없을 것 같아요." 인간의 명령을 거부하는, 그러나 그것이 맞다고 판단하고 자신은 실수가 없다고 생각하는 HAL. 데이비드의 입장에선 정말 미치고 환장할 노릇이다. 그리고 스탠리 큐브릭이 만들어 낸 영상과 음향은 보는 이로 하여금 데이비드의 당황과 공포를 충분히 느끼게 해 준다. 특히, HAL의 목소리는 너무하다 싶을 정도로 차분하고 부드러운데, 이는 감정 없는 인공지능이 완벽에 가깝고자 할 때 우리가 느낄 수 있는 공포를 대변한다. 다시 말하지만, 영화는 1968년에 만들어졌고 우리는 지금 2020년대를 살아가고 있다!

SF의 또 다른 거장 중 한 명은 로버트 하인라인이다. 아이작 아시모프와 아서 클라크에 비해 상대적으로 논란이 될 만한 사회 이슈를 다루기도 했는데, 특히 군인으로서의 전문적 경력이 여러 작품에 녹아들었다는 평가를 받고 있다. 그의 대표작 중 하나인 《스타십 트루퍼스(Starship Troopers)》(1959)는 미래 사회의 전쟁과 정치(참정권) 이슈를 다루었으며, 외계 생물과의 전쟁을 배경으로 인간의 강화복(powered suit) 등의 흥미로운 개념을 선구적으로 제안하기도 했다.

이 원작은 1997년 폴 버호벤(Paul Verhoeven) 감독에 의해 동명의 영화로도 만들어졌는데, 영화는 다소 상업적이고 말초적인 부분에 치우친 감이 있다. 그의 대표 작품들에 〈로보캅(Robocop)〉(1987), 〈토탈 리콜(Total Recall)〉(1990), 〈원초적 본능(Basic Instinct)〉(1992) 등이 있는 걸 보면 뛰어난 재능과 상업적 수완이 절묘하게 녹아 있는 걸 느낄 수 있다. 하지만 〈스타십 트루퍼스〉에서는 그 능력이 다소 제한되었음을 느낀다. 네덜란드인인 폴 버호벤이 원작의 군국주의적, 전제주의적 사상에 상당한 거부감이 있었기 때문에 일부러 영화를 그리 만들었을 가능성이 제기되기도 했다. 좋게 말해, 의도적 풍자였던 셈이다.

영화 〈스타십 트루퍼스〉 포스터와 게임 〈스타크래프트〉 한 장면

1990년대 말 선풍적 인기를 끌었던 〈스타크래프트(Starcraft)〉라는 게임은 종종 〈스타십 트루퍼스〉와 연결된다. 하지만 항간에 떠돌았던 말처럼 스타크래프트를 영화화한 것은 아니었다. 물론 게임 속의 테란과 저그 간 전쟁이 영화 〈스타십 트루퍼스〉에서의 설정에 근간하기는 하지만, 딱 거기까지인 듯하다. 게임이 원작의 철학적, 논쟁적 이슈들을 깊게 다룰 필요는 없지 않겠는가? 그래도 게임사 블리자드(Blizzard)는 로버트 하인라인을 스텝롤 'Special Thanks'에 올려 두는 등 그 뿌리에 대한 존경 표시를 잊지 않았다.

아서 클라크와 로버트 하인라인이 그렸던 미래는 이제 우리가 살아가고 있는 현재다. 그들이 무엇을 생각했는지 현재의 시점에서 거꾸로 바라보는 건 아주 흥미로운 일이 될 것이다. 그들을 '현실적 몽상가들'로 말할 수 있는 건, 그들의 미래 지향적 사고가 학문적으로 뒷받침되었고 사회 맥락적 이해에 근거했기 때문이다. 우리는 인공지능을, 미래를 어떻게 바라보는가? 무엇을 예상하는가? 현실적 몽상가가 될 준비는 되어 있는가?

컴퓨터 발전과 함께
새로운 사용자 그룹이 나타나다

요즘, 사람들은 동영상으로 정보를 취득하고 문화를 소비한다. 국내에서 사람들의 유튜브(YouTube) 사용 시간이 카카오톡과 네이버를 넘어 1위를 차지한 지는 이미 오래다. 젊고 어린 세대일수록 확실히 유튜브를 통한 지식 습득에 익숙하다는 게 느껴진다. 종이사전과 매뉴얼에서 출발해 포털 사이트 등 인터넷 검색을 지나, 이제는 유튜브로 대변되는 동영상으로 지식을 얻는 시대다. 같은 시각 정보라도 영상이 글자보다 힘을 얻는다. 텍스트를 읽기조차 귀찮았던 것일까? 이것도 게으름이라면 게으름이다. 역설적이게도, 어떤 게으름은 또 다른 부지런함이나 새로움과 연결된다. 우리가 흔히 말하는 게으름은 물리적·신체적 게으름으로 제한되는 측면이 있다. 몸이 게으른 사람은 "이불 밖은 위험해!"를 속으로 외치며, 침대에서 일어나 한 번에 많은 일들을 하기 위해 최적의 동선과 최소의 활동량에 대해 고민한다. 게으른 몸은 부지런한 생각을 부추긴다. 그리고 그 속에서 새로움을 발견한다.

유튜브는 사용자들이 생산하고 소비하는 콘텐츠 플랫폼이다. 많은 사람들이 콘텐츠를 양산하고, 콘텐츠가 많아지니 더 많은 사람들이 찾는 구조다. 'how to' 영상 콘텐츠의 급증과 콘텐츠 크리에이터들의 양산은 유튜브의 진화로 이어진다. 정보 생산자와 소비자에 대한 구분이 무의미해진 상황에서, 콘텐츠는 양과 다양성 측면에서 확장을 거듭한다. 동영상 추천 알고리즘 또한 사람들을 붙잡는 요인이다. 뭐 하나 검색해 동영상을 보기 시작하면 줄줄이 관련 동영상이 나타나는 통에 두세 시간 지나는 건 일도 아니다. 내가 무엇을 검색했는지 잘도 기억해서 "이 영상 보는 건 어때?"라며 시도 때도 없이 유혹(?)의 손을 내민다. 유튜브는 정보 검색, 지식 습득, 문화 소비, 소셜 네트워킹 등 멀티 플랫폼으로 진화 중이다.

최근 우리 사회의 구조적 특징 중 도드라진 게 두 가지 있다. '나 혼자 산다' 그리고 '내 나이가 어때서'. 우선 '나 혼자 산다'는 1인 가구 전성시대를 나타낸다. 1인 가구는 전 연령대에서 꾸준히 증가하고 있고, 이 추세는 당분간 지속될 것으로 예상된다. 1인 가구를 좀 더 긍정적으로 바라보고 새로운 사용자 그룹으로 적극 고려해야 할 시점이다. 비율적으로 보면, 40대 이하 연령층이 절반 이상을 차지한다. 1인 가구는 개인의 가치와 소신을 우선시하는, 경제 및 문화 소비 주체의 라이프스타일을 대변한다.

미니멀리즘(minimalism, 최소주의 또는 최소한의 필요)을 표방하고 무겁지 않은 삶을 추구하는 그들의 모습은 곳곳에서 발견된다. 일단 혼자 살기 때문에 주거지 선택에 있어 자유롭다. 직장인의 경우, 근무지까지의 이동 거리와 주거 비용이 주거지 선택에 큰 영향을 준다. 또 식사, 쇼핑, 운동, 여행 등을 혼자 하는 것에 익숙하다. 남들에게 방해받지 않고 온전히 자신에게 집중하는 시간의 연속이다. 아이러니하게도 컴퓨팅 기술의 발전이 가져온 연결과 소통의 가치 아래, 그들은 의도적 단절과 고립을 선택한다. 이 흥미로운 부조화에 집중해 1인 가구의 니즈를 살펴보고 그에 맞춘 시스템을 개발할 필요가 있다. 사람들이 연결되는 네트워크 구조 속에 개인의 미니멀리즘들이 모여 또 다른 생태계를 만들고 새로운 가치를 만들어 낸다. 혼자 살지만, 혼자 '살아지는' 것은 거부한다.

'혼밥'이라는 말을 들어 보았는가? 혼자 밥 먹기라는 뜻이다. 우스갯소리로 항간에 떠도는 혼밥 레벨 테스트가 있다. 어디까지 해 보았고 어느 레벨까지 가능하겠는가? 제일 높은 레벨이 술집에서 술 혼자 마시기인데, 사실 이건 나이 든 사람에게는 생각보다 어렵지 않다. 짐작건대, 이 레벨 테스트는 20대에 의해 만들어졌을 가능성이 크다. 확실히 그들에게 술집과 술의 의미는 친구들과 함께 떠들고 즐기는 것이리라. 개인적으로는 고깃집, 횟집에서 혼자 먹기가 제일 어려울 것 같다. 삼겹살 2인분을 시켜서 불판에 구우면서 혼자 쌈을 싸 먹는다? 밝고 활기찬 고깃집 분위기는 혼자라는 고독과 별로 어울리지 않아 보인다.

1단계	편의점에서 밥 먹기
2단계	학생 식당에서 밥 먹기
3단계	패스트푸드점에서 세트 먹기
4단계	분식점에서 밥 먹기
5단계	중국집 등 일반 음식점에서 밥 먹기
6단계	맛집에서 밥 먹기
7단계	패밀리 레스토랑에서 밥 먹기
8단계	고깃집, 횟집에서 먹기
9단계	술집에서 술 혼자 마시기

혼자 밥 먹기 레벨 테스트

다음으로 생각할 것은 '내 나이가 어때서', 즉 고령화다. 우리나라는 전 세계에서 유례 없이 빠른 속도로 초고령화 사회에 진입하고 있다. 국내 제도적 측면에서 보면 고령자는 65세 이상인 자로 정의된다. 흔히 고령자는 개별적 정보를 세부적으로 처리하는 것보다 전체적인 이미지나 목적에 초점을 맞추고, 불확실한 것에 대해 거부감을 보인다. 또 추억을 회상하며 즐거움을 찾고, 쌓아 온 지혜를 전파하고 싶어 하며, 쉽게 고정관념에 사로잡혀 남을 판단하는 경향을 보인다.

고령자 유형은 수요 형태(선택형-창조형)과 활동성(수동적-능동적)이라는 두 차원으로 구분할 수 있다.[10] 이는 경제적 여유와 건강 정도에 따른 분류이다. 전통적으로 노인은 사회가 보살펴야 할 대상이라는 이미지가 강했다. 신체적, 인지적 능력의 저하와 건강 문제가 나타나는 유형은 케어 시니어나 갭 시니어다. 이 유형의 고령자가 정보 소외 계층이라는 인식 또한 강하다. 디지털 포비아(digital phobia, 첨단 컴퓨터 · 디지털 기술 사용에 대한 공포감)는 고령자의 행동 반경을 제한한다. '나훈아 콘서트 예매 전쟁'은 자식들의 효도 전쟁으로 불리며, 온라인으로 티켓을 구매해야 하는 현 시스템에

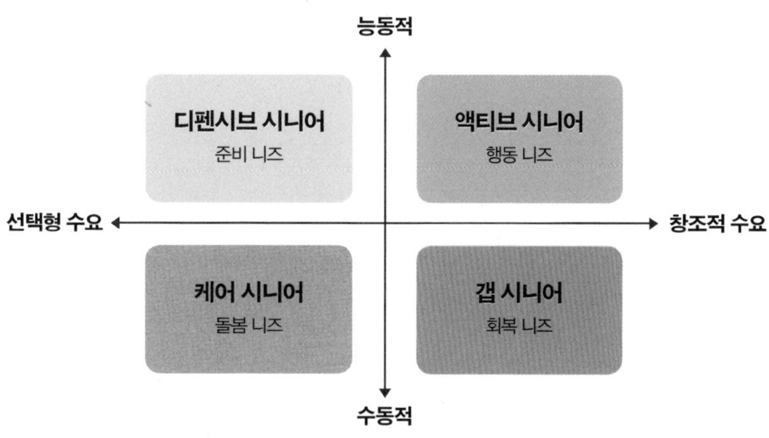

수요 형태와 활동성에 따른 고령자 유형 구분[10]

대한 고령자들의 불편함과 두려움을 잘 보여 준다.

하지만 이 흐름과 결을 달리해서 눈여겨봐야 할 유형이 있다. 바로 액티브 시니어다. 스마트 시니어라고도 불리는 이 고령자 그룹은 경제적으로 여유가 있고 건강 상태도 양호해 고부가가치 서비스와 문화 소비에 적극적이다. 수익이 기대되는 활발한 경제 활동을 보이기 때문에, 비즈니스적으로 중요한 위치를 차지하기도 한다. 이들의 또 다른 특징은 컴퓨터와 인터넷 사용에 익숙하다는 것이다. 1990년대 중후반 인터넷이 보급되기 시작한 지 약 25년이 지났다. 컴퓨터를 필수품으로 받아들이고 인터넷을 활용했던 그 당시 30~40대는 머지않아 고령자로 편입된다. 20년 안에 액티브 시니어 인구가 확실히 급증하게 될 것이다. 온라인 쇼핑 이용 실적에서도 이미 다른 세대들을 앞질렀고 그 이용 실적 증가율 또한 가파르다.

액티브 시니어를 대상으로 하는 제품과 서비스가 대거 등장하는 것은 당연한 흐름이다. 고령자의 신체적, 인지적 특징을 반영한 제품부터 건강(식품, 운동), 즐거움(여행, 문화 소비), 관리(재테크, 주거) 요소를 보다 적극적으로 고민하는 서비스까지 그 스펙트럼은 매우 넓다. 그렇다고 너무 대놓고 고령자만을 위한 제품이라는 티를 낼 필요는 없다. 피처폰이 대중적이었던 과거에, 고령자들을 타깃으로 한 '실버폰'이 출시된 적이 있었다. 고령화 시대를 대비한 기업 나름대로의 전략이었음은 분명하다. 큰 화면, 큰 버튼, 간단한 기능을 강조하고 상대적으로 저가로 책정되었지만, 당시 실버폰은 그리 큰 성공을 거두지 못했다. 고령 사용자에 대한 공감이 부족했던 탓이다. 그들은 노인이지만 노인이고 싶어하지 않는다. 외형상 실버폰임을 단박에 알아챌 수 있었던 제품을 쓰면서 '나는 노인이다.'라는 꼬리표를 달고 싶지는 않았던 것이다. 최근에 나오는 스마트폰 중에도 실버폰, 효도폰이 있지만 외형에서 다른 폰들과의 구별이 쉽지는 않다.

고령자가 가진 상대적 장점에 집중할 필요도 있다. 신체적 · 인지적 능력은 떨어지지만, 그들에게는 경험에서 우러나오는 지혜가 있다. 다행히(?) 그들은 그것을 공유하고 싶어 한다. 젊은 세대들이 말하는 꼰대 영역으로 넘어가는 것만 잘 다스릴 줄 안다면 세대 간 소통도 기대해 볼 만하다. 과하지 않은 선에서 고령자의 지혜를 제공하고 이를 다른 세대들과 공유하도록 하는 플랫폼 개발도 가능하다. 그런 시스템이야말로 컴퓨팅 기술이 가져다주는 사람들 간 경계의 허물어짐이 아닐까? 소통 속에 단절이 일어나는 요즘, 한 번쯤 생각해 볼 직하다.

어울릴 것 같지 않은 가치들이 섞여 생활 속에 녹아들다

세상 살기가 만만치 않다. 누구에게나 그렇기는 하지만, 실상은 그 힘듦이 모두에게 똑같이 작용하지는 않는 듯하다. 우리 각자가 세상을 바라보는 눈은 다르다. MZ세대로 대변되는 20~30대는 과거의 20~30대에 비해 의견을 표출하는 데에 주도적이고 독립적이다. "나 때는 말이야……."로 그들에게 말을 걸었다가는 꼰대 소리 듣기 딱 좋다. 부모세대보다 더 못 사는 세대가 등장하고 있다. 노력해도 안 될 것이라는 생각은 그들에게 확신에 찬 신념에 가깝다. 이전 세대의 노력과 그 결은 다르다. 그들이 이야기하는 것은 과정의 힘듦이 아니라 과정의 쓸모없음이다. 소위 '삼포 세대'는 연애·결혼·출산을 포기한 현재의 젊은이들을 말한다. 세상이 더 각박해지고 있다는 뜻일까? 세 가지 포기를 말하던 이 용어는 이제 집·경력·취미·외모 등 포기할 거리를 더 포함시키면서 'N포 세대'로 확장되고 있다.

사용자 경험 설계 시 중요한 첫 단추가 사용자 니즈 파악이다. 20~30대의 니즈는 가까운 미래를 준비하기 위한 바로미터다. 많은 것들을 포기한 그들이지만 니즈가 없는 건 아니다. 그런데 그들의 치열한 삶은 역설적이게도 '대충 살자'의 방식으로 이어진다. 이는 치열하고 각박한 경쟁 사회 속에서 끊임없이 도전을 요구받는 것에 대한 저항이다. 대충 산다는 것은 '빼기'다. 힘을 뺄 수도 있고, 무게를 덜어 낼 수도 있고, 강박에서 벗어날 수도 있다. 살아가는 데 꼭 의미가 있어야 되는 것은 아니니, 홀가분한 일상을 챙기고자 하는 욕구는 커져 간다. 나를 위한 삶을 찾아 나선 그들은 서서히 자신들의 생활에 만족하게 된다.

최근의 반려동물 문화도 이러한 측면에서 생각할 수 있다. 문제는 자신에게 너무 집중한 나머지, 반려동물에 대한 책임을 다하지 않는 모습이 종종 드러난다는 것이다. 유기견, 유기묘 문제가 사회적 이슈로 떠오른 지는 오래다. 경쟁에 지쳐 이제는 대충 살고자 하는 사람들이 반려동물과 함께 힐링의 시간을 즐길 수 있게 하고, 나머지 관리 부분은 기업이 맡으면 어떨까? "귀여움을 대여해 드립니다, 나머지는 저희가 전부 다 알아서 할게요." 윤리적 문제가 있을 수 있겠지만, 적어도 유기견, 유기묘가 생기는 것을 어느 정도 막을 수 있지 않을까 싶다. 이미 이와 비슷한 서비스들이 생겨나기 시작했다.

한국 사람은 '빨리'를 참 좋아한다. 한국은 일하는 시간에서도, 노는 시간에서도 항상 수위권이다. 정신없이 일하고 신나게 노는 것이다. 긍정적인 면이 많다고 하지만, 부정적인 면 역시 함께 다룰 필요가 있다. 컴퓨팅 기술의 발전은 이 '빨리'의 속도를 더 높인다. 그 속도 속에서 여유를 갖는다는 게 사치처럼 느껴지지만, 역설적이게도 느림과 지루함은 진정 의미 있는 삶을 추구하기 위한 밑바탕이 된다. 내가 중심이 되어 소비하지만 속

'예쁜 쓰레기'(왼쪽)와 마리몬드 제품(오른쪽)

도보다는 의미에 초점을 두는 것, 이것이 핵심이다.

'휘소가치'라는 말이 있다. 휘발성과 희소성을 갖춘 가치라는 뜻으로, 휘발성 있는 제품에 대한 즉흥적 구매라 할지라도 자신의 가치관과 소신에 맞는다면 기꺼이 받아들이는 소비 행태를 일컫는다. 사람들은 제품의 기능, 성능, 외형, 브랜드, 명성 등을 따지기 전에 내면의 목소리에 먼저 반응한다.

그렇다고 소비 패턴을 특정하지는 않는다. '예쁜 쓰레기'라는 말을 아는가? "예쁨으로 그 역할을 다했다."라는 말처럼, 딱히 쓸모가 있지는 않지만 마음을 정화해 주는 사소하지만 강력한 제품을 말한다. 다이소나 아트박스 같은 곳에 가면 이런 제품들을 쉽게 만날 수 있다. 사회적으로 의미가 있는 제품에 많은 관심을 두는 경우도 있다. 인권을 위한 행동을 지향하는 라이프스타일 브랜드인 마리몬드(Marymond)는 일본군 위안부 할머니들의 이야기를 플라워 패턴으로 풀어 그 의미를 담은 상품을 판매하는데, 많은 사람들이 그 의미에 집중하며 제품을 구입한다.

또, 사회적으로 물의를 일으킨 기업의 제품을 불매하는 것도 휘소가치에 따른 것으로 이해할 수 있다. 요컨대, 이러한 소비 행동들은 소유보다 구매와 경험 자체가 중요하다고 말한다. 그 속에는 정신적 · 심리적 만족 추구가 있다. 객관적인 것에서 주관적인 것으로, 본질적인 것에서 비본질적인 것으로, 핵심적인 것에서 부가적인 것으로의 이동이 진행 중이다. 그야말로 '쓸모없는 가치 있음'이다.

이러한 소비 패턴의 연장선에서 이해할 수 있는 것이 있다. 정의로운 예민함을 내세우는 '화이트 불편러'이다. 이들은 불편함을 토로하며 문제를 제기하는 것을 넘어, 옳지 못한 부분을 지적하는 것까지 나아간다. 개인 가치, 집단 가치, 사회 가치를 두루 고려하며 문제 해결의 가능성을 여러 측면에서 다양하고 깊게 논의한다. 소셜미디어(social media, 종종 소셜 네트워크 서비스(SNS, social network service)로 불림)는 여기에 더욱 힘을 실어 준다. 해시태그을 달며 공감대를 형성하는 것은 개인 가치를 집단 가치로 확장하는 과정이다. 그 확장 속에서 사회 문제 해결도 함께 이뤄지고는 한다.

요즘 사람들의 예민하고 까다로운 시각은 신기술, 신제품 개발에도 긍정적으로 작용한다. 크라우드펀딩(crowd funding)은 어떤 문제에 공감한 다수의 사람들이 문제 해결 가능성에 집중하고, 그 가능성을 토대로 제품 개발이나 비즈니스 런칭을 위해 자금을 모으는 행위 방식을 말한다. 크라우드펀딩은 소셜미디어나 중계 플랫폼을 통해 활성화된다. 이는 공감을 통

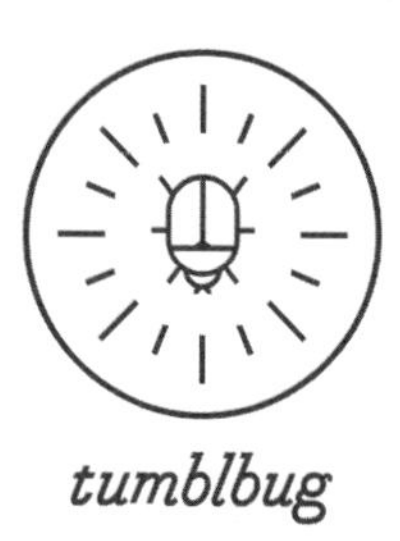

크라우드펀딩: 텀블벅과 와디즈

한 공유와 연결의 가치를 실현한다. 텀블벅(Tumblbug), 와디즈(Wadiz) 등은 대표적인 크라우드펀딩 플랫폼이다.

크라우드펀딩 과정은 일종의 참여 디자인(participatory design)이라고 할 수 있는데, 잠재 시장을 선제적으로 파악하고 고객 니즈를 미리 검증한다는 점에서 비즈니스적으로도 중요한 의미를 갖는다. 창의적 아이디어는 있지만 자본이 부족한 개인이나 기업에게 중요한 활로가 되기도 한다. 건강한 화장품, 조립이 쉽고 수납이 용이한 종이 가구, 간편한 종이 박스 공기청정기 등은 크라우드펀딩 플랫폼에서 일상의 불편을 해결하고자 하는 불편러들의 활약에 기반한다.

'대충 살기', '휘소가치', '예쁜 쓰레기', '화이트 불편러' 같은 말들 속에 사회가 있고 사람들의 마음이 있다. 사회에서 받은 스트레스 때문에 자신에게 집중하게 되고, 자신으로의 집중은 내면 세계의 치열함으로 연결되고, 내면 세계의 치열함은 다시 사회의 혁신으로 확장된다. 대충 살고자 함은 결코 혼자 편하게 살고자 함이 아니다. 빼기의 방식으로 그들은 더 적은 것에 온전히 집중할 수 있는 것이다. 사용자 경험 설계는 이를 도와줘야 한다. 무엇을 뺄지, 어떤 것에 집중할지 고민해야 한다. 그래야 사람들의 까다로운 마음을 움직일 수 있다. 우선 객관적인 것과 주관적인 것, 본질적인 것과 비본질적인 것, 핵심적인 것과 부가적인 것을 구분해 보자. 그 주관적이고 비본질적이고 부가적인 것들의 중심에 사람들의 마음과 가치가 있다.

META EXPERIENCE 트렌드

돌고 도는 유행 속에 현재의 새로운 디자인이 등장하다

흔히들 유행은 돌고 돈다고 한다. 유행의 속성을 가장 잘 나타내는 말일 것이다. 특히 패션 업계에서 더욱 그러하다. 그 예로 나팔바지를 들 수 있겠다. 70년대 유행했던 나팔바지는 90년대에 한 번, 그리고 2010년대를 거쳐 얼마 전까지 다시 유행했다.(요즘은 다시 통바지가 유행이다.) 우리가 그토록 촌스럽다고 하는 청 재킷에 청바지, 일명 '청청 패션'도 돌고 돌아 지금은 멋쟁이들의 패션으로 인식되기도 한다. 90년대 유행했던 하이 웨이스트(high waist, 일명 배바지)가 로라이즈(low-rise, 일명 골반바지)의 유행으로 잠시 주춤하다가 2000년 후반부터 지금까지 다시 인기를 끌고 있는 것 역시 반복의 역사라고 볼 수 있다.

주기는 고작해야 20년 남짓으로, 생각보다 그 도돌이표가 빨리 돌아온다는 느낌이다. 때로는 아주 똑같은 모습으로, 때로는 다른 요소와 결합되

나팔바지와 청청 패션

어 조금은 진화된 모습으로 돌아온다. 이 돌고 도는 유행의 특징에 대해 몇 가지 생각을 정리해 보았다.

- **유행의 방향성이 존재하고 특정 요소의 상태 변화가 있다.**
  하이 웨이스트와 로라이즈 사이에는 밑위가 길어지거나 짧아지는 방향성과 상태 변화가 있다. 변화는 시간의 흐름 속에 점진적으로 나타날 수도 있고, 갑작스럽게 일어날 수도 있다.

- **유행 관련 요소의 범위가 존재할 수 있다.**(그렇지 않은 경우가 더 많기는 하다.)
  밑위 길이에 대한 범위가 있다. 상한선은 한복 바지, 하한선은 새기 팬츠(saggy pants, 일명 똥싼 바지)다. 밑위가 목까지 올라오거나 발목까지 내려갈 일은 없다. 하지만 유행의 특정 기준에 대해 이렇게 범위를 설정할 수 있는 경우는 많지 않다.

- **유행의 지속에는 한계가 있고 주기가 형성된다.**
  밑위가 어떤 상태로 한동안 유지된 후 다른 방향으로 상태 변화가 진행된다. 범위가 존재하는 경우 그 사이를 오가는 반복 과정을 보일 수 있고, 그렇지 않은 경우에는 예전 상태로 돌아가는 현상이 나타나거나 전혀 새로운 것이 출현할 수 있다. 그 기저에는 사람들이 금세 싫증을 내고 익숙한 새로움을 추구하는 마음이 있다.

우리의 경험에도 트렌드가 존재한다. 컴퓨터는 한 사람을 위한 장치에서 여러 사람을 위한 장치로, 그리고 네트워크 속 소통의 매개체로 진화해 왔다. 또한 모바일 컴퓨팅 기술의 발전과 함께, 다자간 연결을 추구하고 때와 장소의 제약으로부터 자유로워지는 길을 택해 왔다. 이 흐름은 당분간 지속될 것으로 보인다. 그 추세선을 미래의 어느 시점으로 연장하면 거기에는 무엇이 존재할까? 트렌드의 과거 모습을 살펴보는 것은 미래를 위한 준비다.

트렌드는 주로 시각적 디자인(visual design)에 대한 사람들의 감성에 기인한다. 시각적 디자인은 기술의 발전에 따라 그 선택지가 정해지는 측면이 있다. 삼성(Samsung)의 갤럭시와 애플(Apple)의 아이폰은 언젠가부터 외형이 매우 유사해졌다. 갤럭시의 예전 디자인이 아이폰의 최신 디자인에서 발견되기도 하고, 아이폰의 예전 디자인이 갤럭시의 최신 디자인에서 보이기도 한다. 이는 디자인의 차별적 정체성을 넘어설 만큼, 스마트폰 외형에 대한 사람들의 마음이 하나로 수렴되고 있음을 보여 준다. 여기에는 스마트폰 외형에 변화를 줄 수 있는 요소가 제한되어 있다는 점도 한몫했다. 그렇기에 외형적 차별을 추구한 갤럭시 플립폰과 폴드폰의 등장은 혁신적이라 할 수 있다.

텔레비전에서 이러한 현상은 더 도드라지게 나타난다. 컴퓨터 기기의 발전으로 한때는 TV 시장의 위기가 예견되었다. 스마트폰이 보편화되던 시기에 이러한 예상은 어느 정도 맞는 듯 보였다. 때마침 '스마트'라는 이

소비자전자제품박람회: 초고화질·대화면 TV와 롤러블 TV

름이 TV에 붙기 시작했고, 컴퓨터 모니터와 스마트 TV 간 역할 나누기는 더 이상 무의미한 것으로 인식되었다. 하지만 TV는 여전히 독자적인 노선을 확고히 하고 있다. 매년 초 미국 라스베이거스(Las Vegas)에서 열리는 CES(Consumer Electronics Show, 소비자전자제품박람회)에서 TV는 당당히 하나의 트렌드를 차지한다. 회사마다 구체적 전략에는 차이가 있겠지만, 최근의 큰 흐름은 초고화질과 대화면으로 대변된다. 이제 TV 스크린 부분은 외형적으로 디자인할 요소가 많지 않다. 이미 충분히 얇고 베젤(bezel, TV 화면 주위의 테두리 부분)도 거의 사라진 상태다. TV 스탠드는 선택적 사양일 뿐 반드시 필요한 요소가 아니다. 외형의 차별화를 추구하는 게 쉽지 않은 상황에서, 최근의 롤러블(rollable) TV나 이동성이 강조된 TV가 보여 준 설계적 특이점은 의미하는 바가 크다.

생활 가전 중 하나인 냉장고의 디자인 변천은 꽤 흥미롭다. 요즘 젊은 세대들에게 익숙하지 않은 말이 하나 있다. 바로 '백색 가전'이다. 말 그대로 하얀색의 가전제품을 의미한다. 냉장고는 이 말에 가장 잘 맞아떨어지는 생활 가전이었다. 냉장고는 흰색이어야 한다는 고정관념은 기능성을 우선시하던 시대에 아주 당연하게 받아들여졌다. 약간의 변화가 감지되었던 때는 1990년대에 이르러서였다. 그마저도 흰색을 완전히 탈피한 것이 아니

냉장고 디자인 변화 흐름

라 간간이 색의 변화를 주는 정도였다. 2000년대에 들어서면서 획기적 변화가 있었는데, 그 대표적 사례가 소위 '앙드레 김 냉장고'다. 진한 붉은색 바탕과 화려한 금색 무늬의 휘황찬란한 디자인, 이는 생활 가전을 홈 인테리어의 한 부분으로 보고 가구가 아닌 예술품에 가깝다는 인식을 녹여 내려는 시도였다. 시대를 너무 앞서간 탓인지, 감성 포인트를 잘못 잡은 탓인지 앙드레 김 냉장고의 판매량은 그리 높지 않았다.

이보다 나중에 등장한 냉장고 모습에는 금속 재질의 전면부가 눈에 띈다. 적당히 빛을 반사하는 회색 톤의 고급스러운 메탈 소재는 사람들에게 냉장고 본연의 프로페셔널한 기능에 대한 감성을 제공한다. 차갑지만 기능적으로 훌륭하고, 그러면서도 자연스레 멋을 풍긴다. 당연히 이러한 디자인도 영원하지는 않다. 지금의 흐름이 더 강조되는 방향으로 갈 수도 있고, 백색 가전으로 진화적 회귀를 할 수도 있고, 개인화 맞춤형 가전으로 발전할 수도 있다. 엘지의 오브제(Objet) 냉장고와 삼성의 비스포크(BESPOKE)에는 이런 요소들이 한데 섞여 있는데, 둘의 외형이 언뜻 비슷해 보이기도 한다. 기업 입장에서는 사람들의 감성을 그대로 반영할 것인지, 특정 방향으로 이끌고 갈 것인지 항상 선택의 어려움이 있다.

다음으로 살펴볼 것은 마이크로소프트(Microsoft)의 윈도(Windows) 로고다. 1985년 윈도1.0에서부터 2015년 윈도10에 이르기까지, 어떤 변화

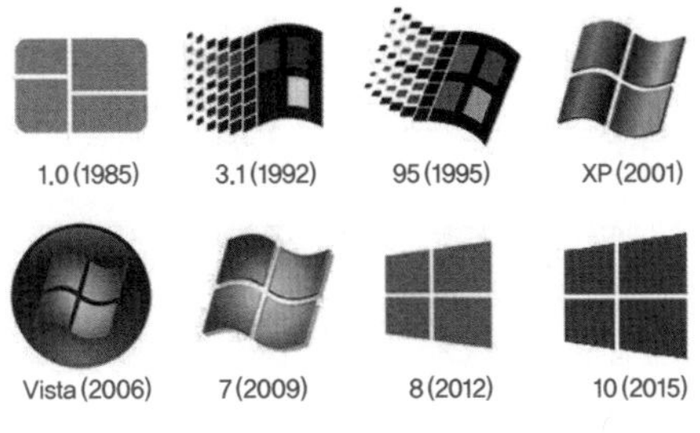

윈도 로고의 변화 흐름

가 느껴지는가? 윈도1.0을 제외하면, 전체적으로 색은 선명하고 화려한 것에서 차분하고 부드러운 것으로, 모양은 구체적이고 입체적인 것에서 단순하고 평면적으로 바뀌어 왔다. 애플의 심플한 아이콘이 인기를 끌던 시기에 윈도 로고도 이러한 트렌드를 일정 부분 따른 것으로 보이는데, 윈도8이나 윈도10 로고는 처음의 윈도1.0 로고와 유사하다는 게 꽤 흥미롭다. 의도하지는 않았겠지만, 윈도1.0 로고는 스마트폰에 익숙한 지금 세대에게는 중요도, 빈도수에 따른 블록 기반의 메뉴 디자인을 떠올리게 한다. 역시 유행은 돌고 도는 것일까? 그렇다면 언젠가 다시 선명한 색들로 이루어진 입체적 로고가 등장하지는 않을까?

아이콘 디자인을 이야기할 때 종종 등장하는 것이 스큐어모피즘(skeuomorphism)과 플랫 디자인(flat design)이다. 스큐어모피즘은 실재하는 도구의 형태를 그대로 모사하고자 하는 디자인 스타일을, 플랫 디자인은 장식적인 디자인 요소와 효과(예를 들어 그림자, 그라데이션 등과 같은 3차원 효과)를 제거한 미니멀한 디자인 스타일을 말한다. 스큐어모피즘은 현실 속 외형이

iOS 디자인: 스큐어모피즘(왼쪽)과 플랫 디자인(오른쪽)

나 속성을 그대로 표현한다는 점에서 익숙하지 않은 객체를 인지하고 조작하는 데에 유리한 측면이 있으나, 과도한 사실주의 혹은 장식주의적 디자인으로 인해 오히려 너무 많은 시각 정보를 제공해 인지 부담을 높인다는 문제를 보이기도 한다. 초기 애플의 iOS 디자인이 이 스큐어모피즘에 해당한다. 반면에 플랫 디자인은 적은 시각적 인지 부하와 함께, 인식의 용이성, 일관된 디자인, 적은 정보량에 기반한 소프트웨어 속도 향상 등의 장점을 갖지만, 지나친 단순화로 인해 객체 인지에 어려움을 야기하고 사람들의 주의를 환기하는 데 한계를 보이기도 한다. 앞서 말한 윈도8이나 윈도10이 이 플랫 디자인과 연결된다.

윈도 로고는 기본적으로 스큐어모피즘에서 플랫 디자인으로 바뀌어 왔다고 할 수 있다. 하지만 플랫 디자인의 한계가 분명히 존재하는 상황에서 이 트렌드의 지속성을 확신할 수는 없다. 현재의 모바일 환경에 발맞추어 진화적 변화가 요구되는 시점이다. 그래서 등장한 것이 플랫 2.0(Flat 2.0)과 같은 디자인 스타일이다. 이런 스타일들은 플랫 디자인의 한계를 극복하는 과정에서 스큐어모피즘 스타일과의 융합을 시도한다. 기본적인 요소

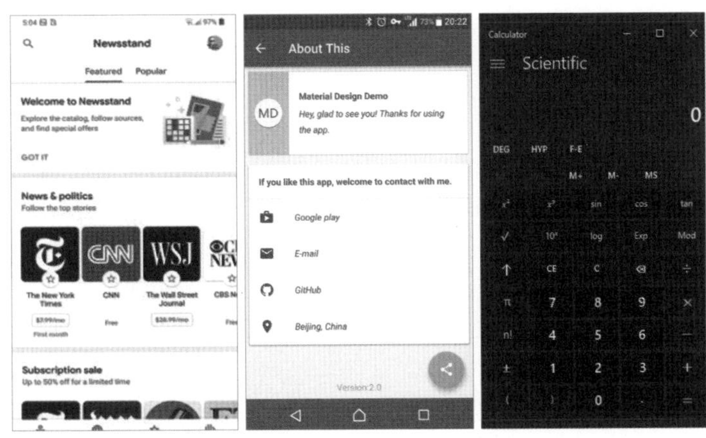

플랫 2.0 및 세미플랫: 구글 뉴스 앱과 페이 앱(머티리얼 디자인), 윈도 계산기 앱(플루언트 디자인)

마이크로소프트 오피스 아이콘 변화: 플랫 디자인(위)에서 세미플랫(아래)으로

들은 플랫하게 만들고 약간의 스큐어모픽한 요소(그림자, 그라데이션 등)를 활용하는 것이다. 구글의 머티리얼 디자인(Material Design), 애플의 최신 iOS와 MacOS 디자인, 마이크로소프트의 플루언트 디자인(Fluent Design) 등이 이에 해당한다. 마이크로소프트의 오피스 아이콘 스타일도 플랫 디자인에서 세미플랫(semi-flat)으로 바뀌었다.

그 밖에도 더 적극적으로 스큐어모피즘 특징을 강조한 뉴모피즘(new-morphism), 불투명한 유리판 느낌을 주는 글래스모피즘(glassmorphism) 등의 디자인 스타일이 등장하기도 했다. 하지만 이는 대세라기보다 일종의 디자인 실험에 가까워 보인다. 디자인 트렌드는 반복 속에서 진화를 거듭하고 있다.

META EXPERIENCE

연결

컴퓨터와 소통한다는 것은 사람과 사람이 연결된다는 것

우리는 어떤 기준을 가지고 정보를 활용하는가? 어떤 가치에 무게를 둘 것인가? 컴퓨팅 기술이 가져온 변화 중 하나가 연결(connection)이다. 생활의 필수품이 된 컴퓨팅 디바이스들을 살펴보자. 데스크톱, 노트북, 피처폰, 스마트폰, 웨어러블 디바이스 등으로 이어지는 개발 단상만 보더라도 사람과 컴퓨터 간 관계는 1대1에서 N대N으로 확장된다. 사람들 사이의 소통에 장소와 시간의 제약은 더 이상 문제가 되지 않는다. 이러한 관계의 본질은 연결을 통한 상호 작용이다. 사람과 사람, 사람과 사물 간 관계를 넘어 만물 인터넷(IoE, Internet of Everything)으로 대변되는 초연결 시대 속에, 이제는 사물과 사물 간 자연스러운 소통을 고민하게 된다. 이게 가능하려면 사람의 추론 과정을 닮고자 하는 강인공지능이 필수다.

지금의 컴퓨팅 기술은 혼자의 삶을 가능하게 했지만, 역설적으로 혼자만의 삶일 수 없음을 강조한다. 온라인 속 세상이 너무나도 익숙한 요즘, 그 중심에는 소셜미디어가 있다. 소셜미디어란 사람들 사이의 자유로운 의견 및 정보 공유를 가능하게 하는 온라인 플랫폼으로, 그 속에서 사람들은 상대방과의 소통을 통해 상호 관계를 구축한다. 스마트폰의 대중화와 더불어 소셜미디어는 사람들 간의 소통 기능을 강화했고, 유통되는 정보의 양과 다양성을 확보했으며, 과거의 어떤 매체보다도 신속하게 정보 전달을 하고 있다. 기본적으로 메타버스와 잘 연결된다고 할 수 있다. 매스미디어(mass media)와 대비해 소셜미디어는 다음과 같은 특징을 보인다.

- **접근성**(accessibility)
  매스미디어(혹은 대중매체)는 보통 국가 혹은 기업이 소유하는 형태를 취하지만, 소셜미디어는 적은 비용으로 혹은 비용 없이 누구나 이용할 수 있다.
- **유용성**(usability)
  매스미디어에서의 콘텐츠 생산은 기본적으로 전문화된 기술과 훈련을 요구하지만, 대부분의 소셜미디어는 그러한 기술이나 훈련 없이도 생산이 가능하다.
- **최신성**(recency)
  매스미디어로부터 시작된 커뮤니케이션 발생에는 며칠, 몇 주, 심지어 몇 달이 걸리기도 하지만, 소셜미디어는 거의 즉각적으로 반응할 수 있고 소셜미디어 사용자들만이 반응에 대한 지체 여부를 결정한다.
- **영속성**(permanence)
  매스미디어는 한번 제작되면 되돌리거나 변경하는 데 어려움이 따르지만, 소셜미디어는 사후 편집이나 코멘트를 통해 거의 즉각적으로 변경할 수 있다.

특히 소셜미디어는 양방향적 정보 전달 미디어로서 입지를 공고히 하고 있다. 일방향적 정보 전달 구조의 전통적 매스미디어를 탈피하는 흐름이다. 소비자인 사람들 사이의 직접 소통이 자발적으로 확산되는 구조 속

다양한 소셜미디어

에, 정보 전달의 확산과 파급은 더욱 강해진다. 그 힘은 온라인 공간뿐 아니라 현실 세계에도 직접적으로 반영된다. 사람과 사람을 연결한다는 기치하에 새로운 미디어 실험은 계속 진행 중이다. 소셜미디어는 초기에 텍스트를 업로드하는 수준에서 이미지, 음성, 영상 등을 업로드해 소통하는 매체로 진화했다. 모바일 방송, 360도 영상 업로드 및 재생, 영상 프로필 사진 등 더욱 다양한 기능이 탑재되고 있고, 메타버스 개발 흐름을 타고 가상현실 소셜 네트워크 서비스도 곧 보편화될 것으로 예상된다.

소셜미디어의 힘을 보여 준 상징적인 사건 한 가지를 살펴보자. 2009년 캐나다의 한 인디밴드 멤버인 데이브 캐롤(Dave Carroll)은 네브래스카로 돌아가던 길에 유나이티드 항공사(United Airlines)가 자신의 기타를 파손하고 손해 배상을 거부하는 경험을 하게 된다. 그는 이 불쾌한 경험을 유쾌한 노래로 만들어 항공사의 이해 못할 행태를 비꼬았다. 그 노래 제목이 〈United Breaks Guitars(유나이티드가 기타들을 부순다)〉이다.[11] 가사는 사건 일지처럼 보이며 후렴구에 그 주제를 확실히 드러낸다.

United, You broke my Taylor guitar. (유나이티드야, 너희들은 내 테일러 기타를 부셨어.)
United, Some big help you are. (유나이티드야, 너희들은 꽤 큰 도움이지.)
You broke it, you should fix it. (너희들은 그것을 망가뜨렸으니 고쳐야만 했어.)
You're liable, just admit it. (너희들은 책임져야 해, 그냥 인정해.)
I should've flown with someone else, or gone by car. (나는 다른 비행기를 탈 걸 그랬어. 아니면 차로 갈 걸 그랬어.)
Cause United breaks guitars. (왜냐하면 유나이티드는 기타들을 부수거든.)

데이브 캐롤의 노래 〈United Breaks Guitars〉

일종의 불매 운동 노래로, 당시 유튜브에 공개되면서 순식간에 1,000만 뷰를 찍었다.(2022년 1월 기준, 2,000만 뷰를 훌쩍 넘긴 상태) 당시 이 여파로 항공사 주식은 10% 하락했고 2,000억 원 가량의 손해가 발생했다. 데이브 캐롤은 성원에 힘입어 두 곡을 더 만들어 노래 트리오를 완성했다. 그리고 본업을 잠시 뒤로 제쳐 두고, 한동안 서비스와 개인 미디어의 역할에 대해 강연을 하러 다니곤 했다. 이는 지금까지도 개인이 소셜미디어를 활용해 거대 기업에 대항한 선구적 사건으로 회자되며, 일방향적 콘텐츠 생산-소비 구조에서 벗어난 대표 사례로 손꼽힌다. 개인 소셜미디어는 이미 그 힘을 보여 주고 있었다.

다자간 영상 통화는 이미 보편적 기술이다. 메신저 라인(LINE)은 2020년 음성 및 영상 그룹 통화 최대 참여 인원수를 기존 200명에서 500명으로 확대했다. 라이브 중계 영상 최대 참여 인원수도 500명으로 늘렸다. 페이스북(Facebook) 메신저는 최대 50명이 참여할 수 있는 그룹 영상 채팅 기능을 지원하고 있다. 기본적으로 4명의 이용자가 화면에 등장하며, 증강현실을 이용해 얼굴에 마스크를 씌우는 등의 특수 효과 적용도 가능하다. 이 모든 것들이 메타버스로 가는 길목에 있다.

소셜미디어의 영향이 커짐에 따라 모바일 개인 방송 서비스 또한 매우 대중화되었다. 교육부와 한국직업능력개발원이 함께 발표한 '2020 초중등 진로 교육 현황 조사'에 따르면, 크리에이터(일명 유튜버)가 우리나라 초등학생의 희망 직업 4위에 당당히 그 이름을 올리고 있다. 당분간 이 기세는 유지될 것으로 보이는데, 과학자(17위)는 이미 제친 지 오래고 프로게이머(5위), 요리사(7위)보다도 순위가 높다고 하니 그야말로 격세지감이다.

개인 방송을 위한 기능이 더욱 강화되고 있는 건 당연한 흐름이다. 트위터(Twitter)는 페리스코프(Periscope)를 통해 모바일 개인 방송이 가능하도록 지원하고 있고, 페이스북 라이브는 실시간 360도 동영상 방송 기능을 제공하고 있다. 페이스북의 경우, 오큘러스 고(Oculus Go)와 같은 단말기를 활용해 그 기능을 확대하고 있다. 유튜브(YouTube), 트위치TV(Twitch TV), 네이버 V앱(Naver V live), 아프리카TV(afreeca TV) 등의 미디어 플랫폼에서도 다양한 콘텐츠의 인터넷 방송이 이미 활발히 이루어지고 있다.

이런 흐름 속에서, 영상 채팅은 텍스트 채팅을 조금씩 대체해 나가고, 사람과 사람 간 관계 네트워크는 온·오프라인 가릴 것 없이 그 위세를 더욱

다자간 영상 통화: 라인과 페이스북

떨칠 것으로 보인다. 메타버스로 통칭되는 새로운 세상 속에서 개인의 행동은 다른 사람에게 전파되고 이내 집단적 정체성으로 드러난다. 온라인상에서의 집단 행동이 오프라인으로 확산되어 여러 형태로 확대 재생산되기도 한다. 때로는 전혀 예상치 못한 형태로 나타날 수도 있다. 우리 경험의 동적 속성은 그 연결의 의미를 이해하는 데서 출발해야 한다.

믿을 수 있는 인공지능을 위해 결과와 과정을 설명하다

2019년에 유럽위원회는 '신뢰할 만한 인공지능을 위한 윤리 지침(Ethics Guidelines for Trustworthy AI)'[12]을 발표했다. 지침은 사람 중심의 관점에서 인공지능에 대한 신뢰 구축의 필요성을 역설한다. 이 발표는 인공지능 코어 분야에서 상대적으로 미국, 중국에 뒤처진 유럽의 전략적 선택이었을 수도 있고, 역사적·문화적 배경에 기댄 인간 우선 기조에 따른 것일 수도 있다. 하지만 단순히 그러한 측면에만 머물지는 않는다. 지침은 의료, 교육, 소비자 응대 서비스 등의 분야에서 인공지능 알고리즘 문제에 대한 실용적 가이드라인의 성격을 지니며, 이에 대한 윤리, 인문, 사회, 문화적 접근의 중요성을 보여 주기 때문이다.

신뢰할 만한 인공지능 프레임워크(Framework for Trustworthy AI)[12]에 따르면, 신뢰할 만한 인공지능의 뿌리는 네 가지로 정리될 수 있다.

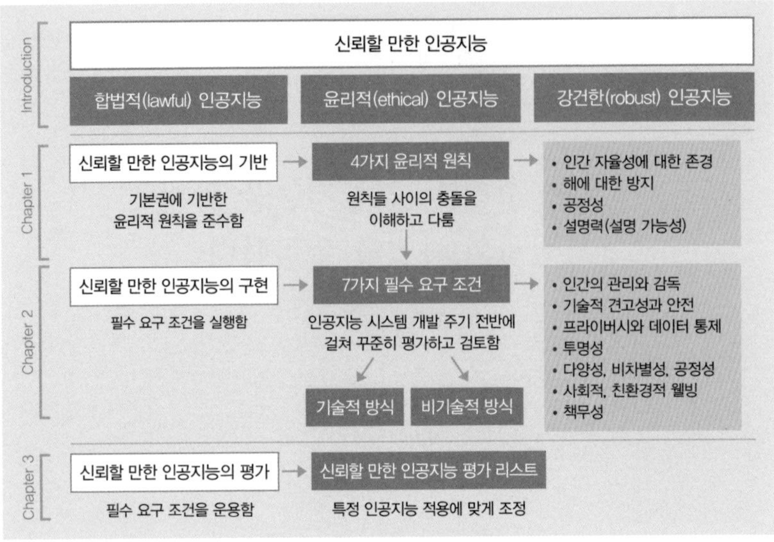

신뢰할 만한 인공지능 프레임워크[12]

- 인간 자율성에 대한 존경(respect for human autonomy)
- 해에 대한 방지(prevention of harm)
- 공정성(fairness)
- 설명력(설명 가능성)(explicability)

그리고 이를 바탕으로 신뢰할 만한 인공지능 구현을 위해 구체적으로 다음과 같은 내용을 고려해야 한다고 말한다. 바로 이것이 사회 문화적 맥락을 이해하는 미래 인공지능의 가치이자 방향성이라고 할 수 있다.

- 인간의 관리와 감독(human agency and oversight)
- 기술적 견고성과 안전(technical robustness and safety)
- 프라이버시와 데이터 통제(privacy and data governance)
- 투명성(transparency)
- 다양성, 비차별성, 공정성(diversity, non-discrimination and fairness)
- 사회적, 친환경적 웰빙(societal and environmental wellbeing)
- 책무성(accountability)

이와 관련한 연구 분야가 바로 설명 가능한 인공지능(XAI, eXplainable Artificial Intelligence)이다. 최근 주목할 만한 인공지능 기술 트렌드 중 하나이기도 한 이것은 높은 퍼포먼스를 유지하면서 '과정'에 대한 설명이 가능한 모델을 구축하는 머신러닝(Machine Learning) 기술을 일컫는다. 설명 가능하고(explainable) 증명할 수 있고(provable), 투명한(transparent) 인공지능은 우리 생활 속 기술에 대한 신뢰를 확립하는 데에 매우 중요하다. 기업들은 인공지능의 적용과 확산을 위해 실용적이고 당위적 측면에서 설명 가능한 인공지능을 생각할 것이고, 미래 사회에서는 이를 규범적 요구 사항으로 고려할 수도 있을 것이다.

설명 가능한 인공지능은 2017년 미국 방위고등연구계획국(DARPA, Defense Advanced Research Projects Agency)에 의해 주도적으로 다루어지기 시작했다. 데이비드 거닝(David Gunning)의 제안에 따르면, 설명 가능한 인공지능의 분야는 크게, ❶예측 과정에 대한 추적을 통해 딥러닝(Deep Learning) 과정을 이해할 수 있도록 도와주는 '설명 가능한 모델(explainable model)' 개발, ❷예측 결과에 대한 설명을 어떠한 방식으로 제

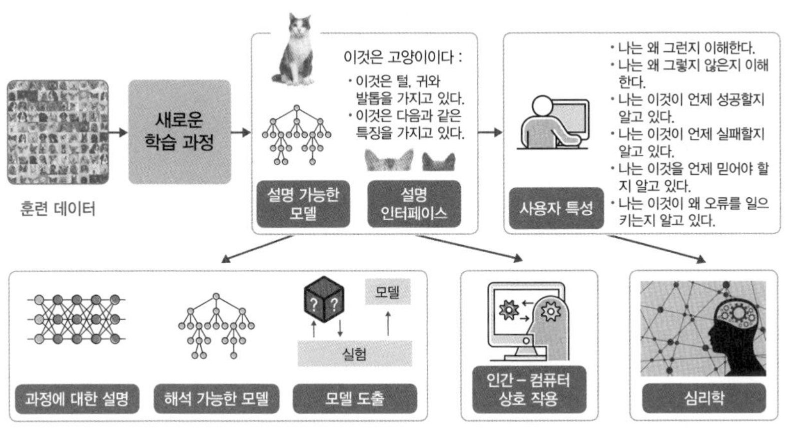

설명 가능한 인공지능 분야[13]

공할 것인지에 대한 '설명 인터페이스(explanation interface)' 개발, ❸ 인공지능과 소통하는 '사용자 특성(user characteristics)'에 대한 이해로 나뉠 수 있다.[13]

상대적 관점에서 보면 설명 가능한 모델 분야는 인공지능 코어에 좀 더 집중하고 있고, 설명 인터페이스 분야와 사용자 특성 분야는 사람과 인공지능 간의 상호 작용에 좀 더 연관되어 있다. 현재가 약인공지능의 시대고 인공지능의 저변 확대와 적극적 활용을 고민하는 시기라고 할 때, 설명 가능한 모델 분야 못지않게 설명 인터페이스 분야와 사용자 특성 분야 또한 중요하게 다루어져야 한다. 설명 인터페이스와 사용자 특성에 대한 대표 학문으로 각각 인간-컴퓨터 상호 작용과 심리학을 제시하고 있다는 것은 미래 인공지능이 나아가야 할 융합 방향성을 다시금 확신하게 한다.

앞으로 인공지능과의 관계는 점점 더 여느 사람과의 관계처럼 형성될 것이다. 인공지능 시스템과의 동반자 관계를 형성하기 위해서는 신뢰 확보가 필수적이다. 사람과 사람이 만나 서로 신뢰가 쌓이는 과정처럼, 사람과 인공지능 간의 신뢰 구축도 쌍방향이어야 함은 당연하다. 그 쌍방향 관계의 모습은 상황에 따라 다르게 나타나는데, 이 재단하기 어려운 맥락적 요소들을 인공지능 시스템이 어떻게 이해할 것인지가 화두로 떠오르고 있다. 아직은 사람에게는 당연한 가치와 상식 그리고 추론 과정을 인공지능한테 기대하기는 어려운 상황이다. 물에 빠진 사람을 이미지로 판별할 수는 있지만, 그 사람이 죽을 수 있으므로 구해야 한다는 것까지는 생각하지 못하는 것이다.

당분간은 약인공지능 시대겠지만, 결국에는 강인공지능으로 가게 될 것이다. 초거대 인공지능의 등장은 이 진입 속도를 더욱 올릴 것이다. 더 똑똑하고 더 사람다워지는 인공지능과의 관계는, 사람 입장에서 더 중요하게 다룰 필요가 있다. 영화 〈인터스텔라(Interstellar)〉(2014)에 등장하는 로

영화 〈인터스텔라〉 포스터

봇 타스(Tars)처럼 유머 수준을 맞춰 주는 기능은 유용할 것인가? 개개인의 유머 코드에 맞춰 농담할 줄 아는 로봇은 어떠한가? 또는 아이같이 실수를 하며 귀여움을 어필하는 로봇은 어떤가? 우리는 일부러(?) 멍청해진 인공지능을 어떻게 받아들일까? 타스는 자신이 맡은 책임을 다하는 뛰어난 능력을 가진 실용적 형태의 로봇이다. 그런데 말도 꽤 많고 유머도 던질 줄 안다는 면에서는 사람의 무언가를 무척 닮아 있다. 이 양립할 수 없을 것 같은 두 가지 속성의 공존이, 인공지능을 받아들이는 사람의 입장에서 많은 것들을 생각하게 한다.

당연하게도 기술보다 중요한 것이 사람이다. 결국 기술은 가치 중립적이라는 데 한 표를 던진다. 논의의 시작은 '어떻게 적용할 것인가?'다. 앞서 사람과 컴퓨터 간의 상호 작용을 '사람들의 삶을 이해하는 더 똑똑한 기술의 적극적 활용, 그리고 이를 통해 생활의 패러다임을 바꾸는 인터랙션'으로 재정의했다. 기술 발전은 사람들의 삶을 잘 이해하는 것에서부터 시작되고, 사람들은 그렇게 개발된 기술에 적응하고 또 그것을 활용하면서 각자 삶의 방식을 찾아간다. 서로 영향을 주는 관계 속에서 우리의 생활 패러다임이 만들어지는 것이다. 우리의 삶과 연결된 실용적 측면에서 사람과 인공지능의 소통이 정의되고 확장될 필요가 있다.

가상에서 느끼는 진짜,
시간과 공간을 초월한 메타버스

요즘 메타버스를 선제적으로 준비하고자 하는 노력이 곳곳에서 감지된다. 증강현실(AR, Augmated Reality)(포켓몬고), 라이프로깅(lifelogging)(페이스북, 인스타그램, 스마트 헬스케어), 거울 세계(mirror worlds)(배달의민족, 에어비앤비, 구글맵), 가상 세계(virtual worlds)(로블록스, 마인크래프트, 제페토) 등의 개념과 관련 시스템들은 메타버스의 가치와 가능성을 보여 주고 있다. 그렇다면 메타버스는 어떻게 정의될 수 있을까? 현재 메타버스는 가상, 현실, 상호 작용, 사회, 세상, 실재, 실감, 융합 등으로 설명되고 있지만 아직 합의된 정의는 없다. 이럴 때일수록 메타버스라는 용어에 집중할 필요가 있다. 메타버스는 가상·초월을 의미하는 'meta'와 세상을 의미하는 'universe'의 합성어다. 그래서 가상, 초월, 세상이라는 세 가지 관점에서 메타버스를 이해해 보려고 한다.

우선, '가상'을 살펴보자. 메타버스는 가상현실(VR, Virtual Reality)을 기반으로 한다. 가상현실은 컴퓨터로 구현된 가상의 환경 속 실재감(presence)에 대한 시뮬레이션, 혹은 이와 관련한 사람들의 경험을 말한다. 현재로서는 가상현실 분야가 게임이나 엔터테인먼트에 집중된 면이 있으나 소셜미디어, 헬스케어, 교육 등으로 그 적용 분야가 점차 확대되고 있다. 가상현실 내 경험은 몰입(immersion)과 재미(fun/playfulness) 요소를 중요하게 고려하는데, 이는 5G(5세대 이동 통신)를 활용하는 실감 콘텐츠 개발과 함께한다.

증강현실(AR, Augmented Reality), 혼합현실(MR, Mixed Reality)도 같은 맥락에서 이해할 수 있다. 증강현실은 컴퓨터에 의해 만들어진 정보를 실제 환경에서 사람들이 직간접적으로 지각할 수 있도록 하는 기술과 이에 대한 상호 작용 기반 경험을, 혼합현실은 가상현실과 증강현실의 장점을 취해 보다 다양한 지각 채널을 활용하는 실제와 가상 환경 속 상호 작용 기술과 경험을 말한다. 좀 더 최근에는 혼합현실을 확장한 개념으로 사람과 객체 간 상호 작용을 더욱 강조한 확장현실(XR, eXtended Reality)과 가상의

가상현실(VR)

완전히 인공적인 환경

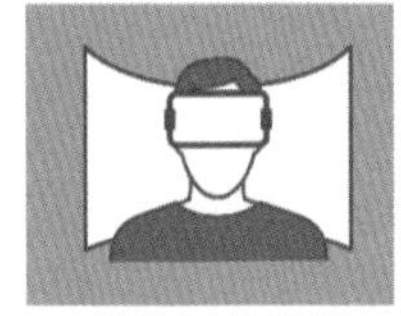

가상 환경에 완전 몰입

증강현실(AR)

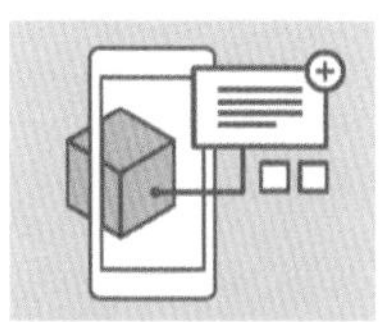

실제 환경에 씌워진 가상 객체

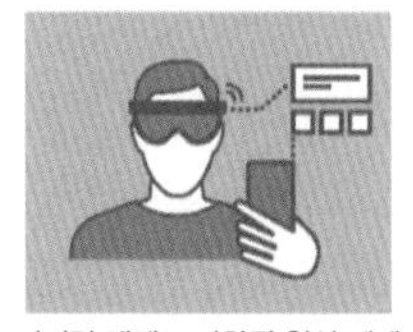

디지털 객체로 강화된 현실 세계

혼합현실(MR)

실제 환경과 결합된 가상 환경

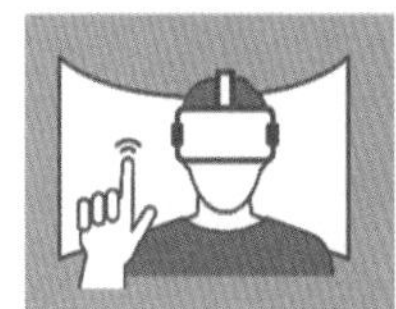

실제 환경과 가상 환경 둘 다와 상호 작용

가상현실, 증강현실, 혼합현실

인물·사건·환경까지 고려해 실제와 거의 유사한 가상 공간을 창출하는 대체현실(SR, Substitutional Reality)이 등장하기도 했다. 그리고 이러한 발전 흐름의 핵심에 메타버스가 있다.

가상현실 경험에서 가장 중요하게 고려되는 것은 실재감이다. 이는 사람들이 컴퓨터가 만들어 놓은 환경과 세상 속에 정말로 있다고 느끼는 것을 말한다. 사람들이 느끼는 실재감이 높아야 그 세상 속 여러 소통이 자연스러워지고 몰입으로 이어진다. 때문에, 실재감은 '거기에 있다고 느낀다.'를 넘어 '거기에 있다.'라고 이야기하는 수준으로 넘어와야 한다. 실재감을 높이기 위한 가상현실 내 객체 및 환경 요소에 대한 디자인은 그래서 중요하다. 실감형 기술의 역할이 강조되는 것이다. 그것은 비단 시각적인 것에만 머물지 않고 다른 지각 채널까지 고려하며, 심지어 개인의 심리적·감성적 영역까지 확대되기도 한다.

실재감 측면에서 가상현실 내에서의 거리감(sense of distance)은 사람들의 행동에 많은 영향을 미친다. 가상현실 속에서 자신을 중심으로 한 객체까지의 거리(egocentric distance)는 종종 과소평가된다고 한다. 가상현실에서 실제 의도한 거리보다 사람들이 짧게 느끼는 것이다. 이러한 과소평가는 시각적 단서를 적절히 제공함으로써 어느 정도 해결 가능하다. 시각적 단서는 두 종류로 나뉘는데 하나는 물체 자체의 속성과 관련된 것이고(모양, 크기, 색깔, 빛 등), 다른 하나는 사람의 행동과 연관된 것이다(방향성, 움직임 등). 한 연구[14] 결과에 따르면, 가상현실 속 거리에 대한 과소평가는 2m 이상인 경우 더 도드라지는데(2m 이내는 개인(personal) 거리, 2m에서 30m까지는 행동(action) 거리, 30m 이상은 풍경(vista) 거리), 이 문제는 사람의 행동과 관련한 시각 단서들을 적절히 설계함으로써 일정 부분 바로잡을 수 있다.

가상 환경에서 햅틱(haptic) 기술은 실감 콘텐츠 개발과 함께 그 중요성이 더욱 커진다. 햅틱 기술이란, 사용자가 어떤 행동을 했을 때 이에 대한 힘과 움직임을 촉각을 통한 느낌으로 구현하는 기술이다. 햅틱 기술의 발전은 가상 환경 속 우리의 경험을 더 풍부하게 해 준다. 가상현실 내 객체는 그야말로 가상의 물체다. 존재하는 것처럼 보일 뿐 기본적으로 만져지지 않는다. 우리는 가상의 물체를 가지고 어떤 행동을 하기도 하는데, 이때 아쉬운 점이 촉감, 무게감, 운동감 같은 것들의 부재다. 야구 배트를 휘두르는 경우, 아무런 장비 없이 허공에 붕 팔을 돌리는 것, 가벼운 플라스틱 작대기를 돌리는 것, 실제 야구 배트를 돌리는 것은 그 실감에 있어 확연한 차이를 보인다.

하지만 실제 물건을 그대로 구현해서 만질 수 있게 하지 않는 이상, 햅틱 기술에는 아직 한계가 존재한다. 그래서 생각할 수 있는 것이 햅틱 일루전(haptic illusion)이다. 햅틱 일루전은 가상현실에서 시각이나 청각 등 다른 감각 채널을 활용해 촉감을 느끼도록 하는 일종의 착각이다. 색, 재질감, 시각 패턴 등 시각적 단서와 주파수, 음길이, 리듬 등 청각적 단서를 통한 햅틱 일루전은 그 가능성이 실험 연구를 통해 이미 증명되었다.[15] 꼭 연구 결과가 아니더라도 우리는 이를 경험적으로 잘 알고 있다. 당장 스마트폰으로 알람 시간을 맞춰 보라. 한 칸씩 맞춰지며 돌아가는 형태와 딱딱거리는 소리에서 어떤 촉감이 느껴지지 않는가? 하지만 메타버스라는 거대한 가상현실을 이런 착각의 활용에만 기대어 바라볼 수는 없다. 메타버스가 가까이 와 있는 것처럼 보이지만 그리 가깝지 않게 느껴지는 이유가 바로 여기에 있다.

다음으로 살펴볼 것은 '초월'이다. 메타버스는 시간과 공간을 초월한, 그리고 현실을 확장한 개념으로 이해된다. 당연히 혼자만의 세상이 아니며, 연결과 소통이 기본으로 작용한다. 컴퓨터 매개 소통(CMC, computer-mediated communication) 측면에서 한번 생각해 보자. 컴퓨터가 매개가 되어 소통이 이루어지는 방식은 시간(같은 시간에 이루어지는지 vs. 다른 시간에 이루어지는지)과 장소(같은 장소에 있는지 vs. 다른 장소에 있는지)를 기준으로 나뉠 수 있다. 동시간·동공간 소통으로는 면대면(face-to-face) 대화나 실시간 오프라인 강의, 동시간·이공간 소통으로는 실시간 온라인 강의나 채팅, 이시간·동공간 소통으로는(각자의 시간에 맞춰 같은 장소에 이루어지는) 협력 시스템이나 공동 실습실, 이시간·이공간으로는 이메일, 온라인 게시판을 생각할 수 있다.

컴퓨팅 기술의 개발은 사람들을 더 긴밀하게 엮는 방향으로, 그리고 시간과 공간의 제약을 더 허무는 방향으로 진행되고 있다. 이 흐름과 가장 맥을 같이하는 것이 바로 메타버스다. 그렇다면 시간과 공간을 기준으로 구분한 컴퓨터 매개 소통 방식 중 메타버스는 어디에 속하는 것일까? 선뜻 어디 하나에 속한다고 말하기는 어렵다. 그래서 소통이 일어나는 장소를 기준으로 실제와 가상이라는 차원을 하나 더 생각해 봤다. 그런데 이것도 좀 모호하다. 메타버스는 실제와 아주 잘 연결된 가상으로, 둘을 구분하는 것 자체가 별 의미를 갖지 못한다.

메타버스에서 다른 사람과 꼭 실시간으로 소통할 필요는 없다. 소통이 이루어지는 장소는 현실 세계에서는 다른 장소일 가능성이 크지만, 메타버스 내에서는 같은 공간일 수 있다. 시간과 공간을 초월한 메타버스, 그 속에는 과거, 현재, 미래가 있고, 추억과 상상의 장소가 있다. 실제 현장에 있는 듯, 다른 사람의 삶을 이해하는 공감의 장이 될 수도 있다. 요즘 '부캐'가 유행인데, 현실을 벗어나 또 다른 나로 살아갈 수도 있다. 타임머신이나 공상과학을 경험하는 것 또한 머지않았다. 우주를 탐험하고 소설 속 미래 사회를 경험할 수도 있다. 과거 그 시절로 돌아가서 친구들과 당시의 아날로그 감성에 빠져드는 것도 가능할 것이다.

마지막으로 이해해야 하는 것은 '세상'이다. 세상이라는 용어를 썼을

땐 그만한 이유가 있다. 세상에는 내가 존재하고 다른 사람들이 존재하고 여러 객체와 시스템이 존재한다. 그 속에서 우리는 사회, 경제, 문화 활동을 한다. 메타버스는 디지털 자아(digital self)가 모여든 가상의 세상이다. 사람들은 자신만의 세상을 구축하고 이를 다른 사람과 공유한다. 작은 세상들이 모여 더 큰 세상을 이룬다. 아이들의 유튜브라고 불리는 로블록스(Roblox)의 경우, 게임 제작을 사용자에게 맡기어 콘텐츠를 양산하고 있는데 그 세상이 얼마나 더 커질지 가늠할 수조차 없다. 메타버스는 로블록스가 보여 주는 세상 그 이상이다. 우리가 현실 세상에서 하는 모든 활동이 메타버스에서 가능해질 것이다. 그리고 세상이라는 개념을 생각해 보면, 메타버스는 2차원보다는 3차원으로 구현될 필요가 있어 보인다.

O2O는 'online to offline'을 말한다.(offline to online을 말하기도 하지만 상대적으로 대중적이진 않다.) 온라인에서 오프라인으로 옮겨 간다는 뜻으로, 온라인에서의 행위가 오프라인에서의 소비로 이어지도록 하는 마케팅 기법을 일컫는다. 사람들은 오프라인에서의 니즈 충족을 위해 온라인·모바일 서비스를 활용한다. 배달 음식(배달의민족), 택시(카카오택시), 공유 차(쏘카), 주택(직방, 다방) 관련 앱들은 O2O 개념을 확장해 잘 활용한 대표적 사례들이다. 메타버스는 현실과 연결되고 온라인 세상의 개념을 확장한다. 사람들의 입장에서 실제와 메타버스 중 무엇이 먼저일까? 현재의 O2O 서비스처럼 오프라인에서의 니즈 충족이 목적일 것이라고 단정해서는 안 된다. 현실과 연결되어 있지만 실제는 아닌 메타버스, 그 속에서의 니즈 충족이 진짜 목적이 될 수도 있다.

가상으로 확장된 현실, 가상 세계와 현실 세계 간 상호 작용을 고려하건대, M2R(metaverse to reality), R2M(reality to metaverse)를 고려해 봄 직하다. 헤이데이(Hayday, 슈퍼셀(Supercell)이 만든 농장 키우기 모바일 게임)가 메타버스로 확장되는 것을 생각해 보자. 그 세상에서 자신의 농장을 더 잘 가

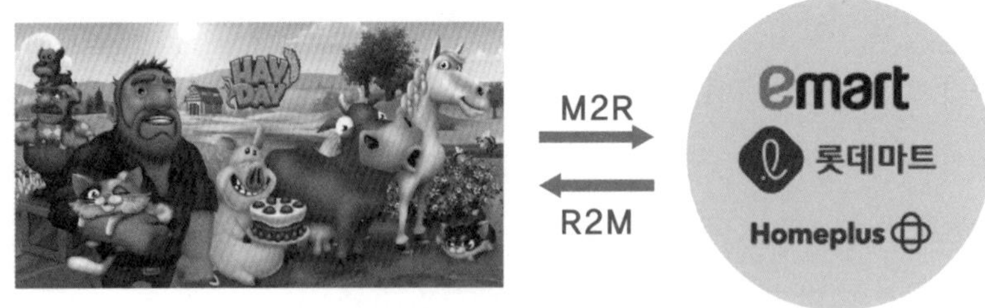

M2R/R2M: 헤이데이와 대형마트의 연결

꾸길 원하는 사람들을 대상으로, 오프라인에서의 어떤 행동을 유도하거나 연계하는 서비스를 개발할 수 있다. 요즘 오프라인 대형 마트의 실적이 부진하다고 하는데, 헤이데이를 중심으로 한 마트와의 연결을 생각해 보자. 마트의 어떤 제품을 구매하는 것과 헤이데이 농장 아이템 생성하는 것을 연동시켜, 사람들이 자신의 헤이데이 농장을 잘 가꾸기 위해 마트에서 실제 물건을 사게끔 유도할 수 있다. 또한 헤이데이 농장에서 키운 농작물을 마트에서 팔 수 있도록 실제 농가와의 협업을 생각할 수도 있다. 실제 매장과 농가는 실적이 올라서 좋고, 모바일 게임사는 사용자를 붙잡아 두고 더 큰 가상 세계를 만들 수 있어 좋지 않겠는가?

자, 이제 메타버스가 무엇인지 정리해 보자. 메타버스는 '현실과 상호작용 하거나 현실을 확장하는, 시간과 공간을 초월한, 디지털 자아들이 모여 사회, 경제, 문화 활동을 하는, 실감과 3차원을 지향하는, 가상의 세상'이라고 할 수 있다. 이렇게 정리하고 보니, 메타버스 개발은 아직 갈 길이 멀게 느껴진다. 그 속에서의 사람들의 경험을 이해하는 것도 이제 시작이다.

NFT를 통해 메타버스 속 우리의 경험이 진정 실체화되다

2021년 5월, 디지털 아티스트 비플(Beeple)의 작품 〈매일: 첫 5000일(Everydays: The First 5000 Days)〉의 NFT가 42,329이더(ETH)(6,900만 달러, 약 785억 원)에 팔렸다. 이는 당시 미술사에서 세 번째로 높은 낙찰가였으며, 디지털 작품으로는 역대 가장 높은 금액이었다. 또, 집에서 찍은 듯한 55초 분량의 유튜브 동영상 〈찰리가 또 내 손가락을 깨물었어!(Charlie bit my finger - again!)〉의 NFT가 76만 999달러(약 8억 6000만 원)에 팔리기도 했다. 2021년 12월에는 팍(Pak)이라고 불리는 아티스트의 NFT 작품 〈병합(The Merge)〉이 매스(mass, 구매 개수에 따라 NFT의 질량이 결정되는 포맷)라는 방식을 통해 총 312,686개(9180만 달러, 약 1080억 1000만 원)에 팔리며 가장 비싼 NFT에 등극했다.

여기에는 NFT가 반복적으로 등장한다. NFT는 대체 불가능 토큰(non-

대체 불가능 토큰 NFT

fungible token)을 말한다. 이 NFT가 메타버스 속 우리의 경험을 실체화하는 데 큰 역할을 할 것이다. NFT가 무엇인지 좀 더 알아보도록 하자.

'대체 불가능'은 무엇을 의미할까? 우리가 현실 세계에서 쓰는 현금은 대체 가능하다. 세상에는 셀 수 없을 정도로 많은 1만 원권 지폐가 있다. 내가 가지고 있는 1만 원은 친구가 가지고 있는 1만 원과 동일한 가치를 지니고 있고 서로 맞바꾸어도 별문제가 되지 않는다. 그렇다면 나만의 추억이 깃든, 어릴 적 가지고 놀던 인형은 어떨까? 이건 전 세계에서 딱 하나밖에 없다. 같은 의미와 가치를 지닌 것이 있을 리 없고, 그렇기에 다른 어떤 것으로도 대체가 불가능하다. 이에 대한 표현이 'non-fungible'이다.

토큰은 암호화폐(cryptocurrency)를 뜻하는 코인(coin)과 유사하다고 볼 수 있다. 암호화폐는 블록체인(blockchain) 기술을 활용한 화폐다. 데이터(블록)에 가치를 부여함으로써 암호화폐가 달러와 같은 통화로서 기능하게 되는 것이다. 블록체인의 핵심은 탈중앙화(decentralization)인데, 이는 금융 거래를 할 때 중개 기관인 은행을 통해서 당사자들이 연결되는 것과는 반대의 의미를 갖는다. 암호화폐의 거래는 중개 기관이라는 제3자의 개입 없이, 모든 당사자들에게 업데이트되고 공유되는 방식을 취하게 된다.

비트코인과 이더리움

누군가가 기록을 변경하거나 조작하게 되면 다른 사람들이 가지고 있는 기록과 달라지기 때문에, 이 위조 시도는 바로 걸려들 수밖에 없고 받아들여지지 않게 된다. 결국 안전한 거래의 판이 만들어지는 것이고 그래서 블록체인을 신뢰의 기술이라고 한다.

블록체인은 암호화폐의 거래 장부다. 우리가 익히 알고 있는 비트코인(Bitcoin), 이더리움(Ethereum) 등의 거래가 블록체인이라는 온라인 공간에 기록되는 것이다. 비트코인 거래 내역은 비트코인 블록체인에, 이더리움 거래내역은 이더리움 블록체인에 기록된다. 위에서 말했듯이 블록체인에 기록되면 위조가 불가능하다. 비트코인, 이더리움 같은 것들은 대체 가능한 토큰이다. 비트코인은 현금과 마찬가지로 서로 교환이 가능하다. 내가 가진 1비트코인(BTC)을 친구가 가진 1비트코인과 맞바꾸어도 문제가 되지 않는다.

현재 가장 큰 NFT 플랫폼은 이더리움이다. 비탈릭 부테린(Vitalik Buterin)은 최초의 암호화폐인 비트코인(창시자 사토시 나카모토(Satoshi Nakamoto), 정체 불분명)의 한계를 넘어서고자 이더리움을 창시했다. 비트코인이 네트워크상에서의 단순한 결제 기능에 머물지 않고, 블록체인을 더 많은 분야로 확장하려고 한 것이다. 기본적으로 이더리움은 '소프트웨어 플랫폼'의 성격이 강하다. 윈도나 안드로이드 운영 체제와 같은 역할을 한다고 할 수 있다. 이 플랫폼 위에서 탈중앙화된 금융(decentralized finance, 줄여서 DeFi) 서비스가 이루어지고, NFT도 발급되고 판매된다. 이더리움 2.0 개발 등 적응과 진화에도 적극적이다.

최초의 암호화폐인 비트코인은 '디지털 금'으로 불리며 가치의 희소성(총 발행량이 2,100만 개로 고정)과 불변성(다른 암호화폐들에 비해 상대적으로 탈중앙성의 가치를 고수)을 강조한다. 실제 금이 그렇듯, 비트코인은 가치 저장 수단으로서의 입지를 공고히 하고 있다. 하지만 애초에 NFT와 같은 서비스 개발을 염두에 두었던 이더리움과 달리, 비트코인은 결제라는 화폐의 기본 기능을 구현하기 위해 만든 것이었다. 비트코인이 이더리움에 비해 많이 뒤떨어진 '플랫폼'이기 때문에, 현재로서는 비트코인으로 NFT를 발행하기 힘들다.

NFT는 블록체인상에서 유통되는 대체가 불가능한 토큰으로, 블록체인에 디지털 자산의 고유한 데이터와 정보를 기록해 이에 대한 진위와 소유권을 증명한다. 여기서 특정 자산의 고유한 정보가 토큰에 해당한다. 그리고 그 정보를 기록해 NFT를 만드는 작업을 민팅(minting, (화폐를) 주조한다는 뜻)이라고 한다. 디지털 자산은 디지털 기기를 이용해서 만들어진 파일로, 디지털 그림, 디지털 영상, 디지털 문서 등이 포함된다. 그런데 이 디지털 파일은 복제가 아주 쉽다. 어느 아티스트의 디지털 그림이, 우리 일상 생활의 모습이 담긴 영상이, 나의 경력을 증명해 줄 수 있는 디지털 문서가 복제되어 온라인상에 퍼져 나간다. 누가 원저작자인지 확인하기 어려운 상황이 얼마든지 벌어질 수 있다.

디지털 그림을 누가 언제 그렸는지, 그림의 형태와 사이즈는 어떤지, 어느 온라인 공간에 저장되어 있는지 등의 메타데이터가 누구도 쉽게 바꿀 수 없는 거래 장부인 블록체인에 기록된다면 어떨까? 많은 사람들이 복제해서 가질 수는 있지만 원작자가 아닌 사람이 자신을 원작자라고 우기는 일은 없을 것이다. 하나의 그림이 여러 개의 NFT로 기록될 수도 있다. 이 경우, 동일한 그림에 대한 진짜 증명서가 여러 개 만들어지는 것이다. 위에서 말한 NFT 작품에 대한 가격은 복제 가능한 디지털 파일 자체에 대한 것이 아니라, 블록체인상에 디지털 문서로 존재하는 자산 소유권에 대한 것이다. 이 소유권이 블록체인이라는 안전한 판 위에서 NFT를 통해 거래된다. 기본적으로 창작을 위한 노력에 대한 정당한 대가가 원작자에게 지불된다고 할 수 있다.

아무리 그래도 너무 비싼 것 아닌가 하는 생각이 들지도 모른다. NFT는 신뢰를 기반으로 한 고유성과 희소성에 뿌리를 두고 있다. NFT를 구매하는 것을 유명한 예술품을 구매하는 것과 동일시해서는 안된다. 빈센트 반 고흐(Vincent van Gogh)의 〈별이 빛나는 밤(The Starry Night)〉이 경매 시장에 나온다면 어마어마한 가격에 팔릴 것이다. 이는 복제가 불가능한, 세상의 단 하나뿐인 고흐 작품 자체에 대한 가치 평가다. 하지만 〈매일: 첫 5000일(Everydays: The First 5000 Days)〉의 가격은 복제 가능한 작품에 대한 것이 아니라 작품의 NFT에 대한 것이다. 사람들은 소유권 증명서인 NFT의

빈센트 반 고흐의 〈별이 빛나는 밤〉

고유성과 희소성을 평가한다. NFT를 구매한다고 해도 그 작품을 집에 걸어 두거나 하는 것도 아니다.

디지털 세상에서 우리는 누구든지 저작자가 될 수 있다. 물론 모든 작품이 비싸게 팔리는 것은 아니지만, 그렇다고 저작자가 꼭 유명할 필요는 없다. NFT에는 프로그램도 삽입할 수 있는데, 이를 통해 작품의 NFT가 팔릴 때마다 원저작권자에게 판매 금액의 일정 비율을 줄 수 있다. 디지털 작품이 더 많은 관심을 받을수록(복제되어 퍼져 나간다 하더라도) 그 작품의 NFT 가치는 높아진다. 〈찰리가 또 내 손가락을 깨물었어!(Charlie bit my finger - again!)〉의 NFT가 비싸게 팔린 데에는 높은 조회수가 한몫했다.

현물과의 연결도 주목할 만하다. 명품 브랜드들은 현실에서의 실제 상품을 NFT로 발행한다. 각 제품에 고유 식별 번호를 부여하고 이를 NFT와 연결해 정품 인증을 하는 것이다. 첫 구매자가 다른 사람에게 자신의 물건을 팔 때 NFT도 함께 양도된다. 희소성에 기댄 가치라는 측면에서 명품과 NFT는 통하는 게 많다. 하지만 현물과 NFT의 연결이 명품에 국한되지는 않는다. NFT는 기본적으로 신뢰를 바탕으로 하기 때문에 진짜와 가짜의 구분이 필요한 곳 어디에나 적용될 수 있다. 가짜 제품이 판치는 나이키도 NFT 활용을 고려하고 있으며, 졸업장과 같은 증명 문서에도 NFT가 발급되고 있다. 다른 측면으로는 아티스트와의 연결과 커뮤니티 활성화도 생각할 수 있다. BTS 멤버들이 자신들의 사진이나 그림을 NFT로 발행해 팬들과 소통한다면 어떨까? NFT 구매자에 대한 BTS의 특별한 팬 서비스가 기획될 수도 있다. NFT를 통한 팬덤이 온·오프라인을 오가며 확장되는 것이다.

그런데 오프라인에서 유명한 사진의 경우도 원작자에 대한 정보가 있고 증명할 수 있고 복제가 가능하다. 하지만 오프라인에서 사진의 소유권 증명서는 디지털 세상에서의 NFT만큼 큰 힘을 갖지 못한다. 가장 큰 차이는 무엇일까? 바로 디지털 세상이다. 지금까지 이야기한 것은 온라인, 디지털 세상에서 온전히 힘을 발휘한다. 그리고 이 디지털 세상을 대변하는 것이 바로 메타버스다. 앞서 말했듯, '세상'이라는 개념은 메타버스의 본질 중 하나다. 디지털 자아들이 모여 사회, 경제, 문화 활동을 하는 세상인 메타버스가 진정한 '세상'으로 거듭나게 해 주는 것이 NFT이다. NFT는 경제 활동의 핵심이다. 실질적 경제 활동이 없는 메타버스는 '가짜' 가상이며 게임일 뿐이다. NFT를 통해 '진짜' 가상 속 우리의 경험이, 디지털 자아의 경험이 실체화된다.

현실 세계의 확장이라는 개념을 넘어, 현실 세계를 이끄는 메타버스가 다가온다. 나아가 현실 세계와는 완전히 독립적인 메타버스를 생각할 수도 있다. 메타버스도, NFT도 결국은 플랫폼이다. 페이스북은 이미 페이스북 플랫폼 생태계에서 독자적인 암호화폐와 NFT를 계획하고 있다.(관련 기술 개발과 발맞춰 약간의 페이스 조절은 필요해 보인다.) 다른 빅테크 기업들도 관련 규제 완화에 맞춰 언제든지 NFT 전쟁에 뛰어들 태세다. 메타버스는 진짜를 추구한다. 그림과 영상 같은 작품만 진짜 증명이 필요한 게 아니다. 디지털 자아는 건물, 집, 자동차, 옷, 가방, 신발 등 자신이 소유하는 모든 것들이 진짜이길 바란다. 슬프게도 메타버스에서 가짜는 더 티가 난다. 나는 그 세상에서 '짝퉁'을 입고 싶지 않다.

| PART |

2

META EXPERIENCE

사용성을 넘어

감성이 등장하고 공감이 핵심으로 떠오르다

사람과 컴퓨터 간 소통의 기본 가치는 사용성에 있다

사용성(usability)은 사람과 컴퓨터 간 상호 작용을 이야기할 때 전통적으로 가장 중요하게 다루어지는 개념이다. 국제표준화기구(ISO, International Organization for Standardization)의 정의에 따르면, 사용성은 특정 사용 맥락에서 특정 사용자가 특정 목적을 달성하는 과정에 대한 효과성, 효율성, 만족도의 정도다.[16] 이 정의에서 우리는 다음과 같이 몇 가지를 생각할 수 있다.

첫째, 사용성 정의에는 사람, 컴퓨터, 상호 작용이 있다. 이는 인간-컴퓨터 상호 작용 학문의 핵심 구성 요소와 똑같다. 학문의 뿌리에 사용성이 있음을 다시금 확인한다. 둘째, 이 정의에는 '특정(specified)'이라는 표현이 반복적으로 등장한다. 제품, 사용자, 사용 환경을 아무리 작게 나누고 체계화하더라도, 그 다양성을 제대로 담을 수는 없다. 대개 사용성 연구는 특정

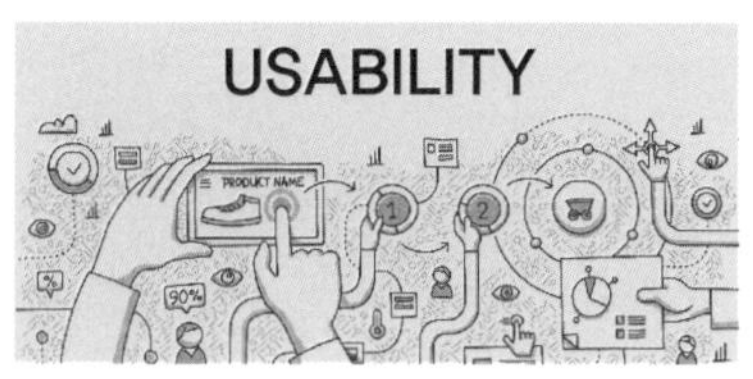

국제표준화기구와 사용성

사용 맥락과 특정 목적 달성 과정 속에서 특정 제품과 특정 사용자 간의 상호 작용에 대한 실험을 수행하고 이에 대한 분석을 통해 인사이트를 도출한다. 그 인사이트들이 모이고 모여 지침(guideline), 원리(principle), 이론(theory)으로 확립되고, 이는 다시 톱다운(top-down) 방식을 통해 다양한 제품, 사용자, 사용 환경에 적용된다. 셋째, 사용성 정의에는 객관적 요소와 주관적 요소가 공존한다. 효과성과 효율성은 특정 목적 달성 여부와 그 정도를 객관적으로 표현하는 반면, 만족도 측정은 주로 사람들의 주관적 응답에 기댄다. 사용성 평가 시 객관적 지표와 주관적 지표는 함께 고려되어야 한다. 이 둘은 상호 보완적이며 때로는 독립적이다. 심지어 상충할 때도 있다. 무엇을 더 중요하게 생각해야 하는지는 상황과 조건, 사용 맥락에 따라 다르다.

사용성을 이야기할 때, '사용자 친화적인(user-friendly)'라는 표현을 종종 쓴다. 사용자 친화적이란 것은 무엇을 의미할까? 일단, 영어 표현 'friendly'를 보면 '친구(friend)'라는 단어가 보인다. 즉, 사용성을 중요하게 다룬다는 것은 사용자에게 친구 같은 제품이나 시스템을 만드는 것과 일맥상통한다. 친구는 나에게 도움을 주고 가치 있는 존재이기를 원한다. 이해할 수 있고, 이해해 주며, 믿을 수 있으며, 상처를 주지 않고, 함께하고 싶은 존재다. 하지만 이런 방식으로 사용성을 설명하기에는 뭔가 부족하고 애매하다. 사람들이 사용할 만한(usable) 시스템을 개발하기 위해서는 체계적인 프로세스가 필요하다. 그 출발선에 사용자 니즈 파악이 있다.

사용성은 어떻게 측정할 수 있을까? 효과성, 효율성, 만족도를 어떻게 측정할 것인가? 사용성 평가 기준에는 학습 시간, 수행 속도, 오류율, 기억 유지, 주관적 만족도 등이 있다. 학습 시간은 일반적인 사용자가 어떤 과업 행위를 배우는 데에 걸리는 시간을, 수행 속도는 과업을 시작해 완료하는 데에 걸리는 시간을 의미한다. 오류율은 과업을 하는 동안 오류나 실수의 발생 정도를, 기억 유지는 시간 흐름 속에 지식이나 사용 방식에 대해 기억하는 정도를 말한다. 주관적 만족도는 정성적, 정량적 척도에 근거한 제품에 대한 사람들의 전반적, 총체적 평가다.

물론 이 기준들로 현재의 컴퓨터 기반 시스템의 사용성을 모두 측정한다고 말하기는 어렵다. 시간이 흐르고, 기술은 발전하고, 우리의 생활 패러다임도 변한다. 사용성의 가치와 기준도 이에 따라 바뀌는 것은 당연하다. 사람과 컴퓨터의 관계는 1대1이 아니라 N대N 네트워크 구조로 확장되었고, 시간과 장소의 영향이 점점 낮아지면서 언제 어디서나 컴퓨터와의 소통이 가능해졌다. 시각적 자극에 의존하지 않는 음성 인터페이스가 보편화되었고, 가상현실에서 실체가 없는 것들을 사용하기 시작했다. 나아가 인공지능의 발전으로 사용자와 시스템 간의 인터랙션 방식도 훨씬 다양하고 복잡해지고 있다.

사용성은 생명과 직결되는 시스템 개발에 특히 중요하다. 비행기·선박 조정, 항공·해양 교통 관제, 원자력 발전소 운용, 의료 장비 사용 등과 관련한 사고를 생각해 보자. 한 번의 실수는, 설령 그것이 일어날 확률이 매우 작다 하더라도, 치명적이고 막대한 손실을 야기한다. 상당수의 항공 사고가 조종사 과실 때문이라고 결론이 난다. 하지만 사람에게만 그 책임을 물을 수 있을까? 사고는 하필 그날 잘 일어나지 않는 일들이 연속적으로 발생했을 때 터지기도 하고(그중 하나라도 일어나지 않았다면 연속성은 깨져 사고 발생 확률은 현저히 떨어지고 실제 사고로 연결되지 않았을 수 있다.), 전혀 의도치 않았지만 번복하거나 되돌릴 수 없는 단 한 번의 실수로 일어나기도 한다.

비난의 화살이 당연하듯 사람을 향해서는 안 된다. 그래도 생명과 직결되는 시스템을 다루는 사람들은 동기 부여가 아주 잘 되어 있어야 하고 반복 훈련을 통해 거의 자동화된 행동 패턴을 보여야 한다. 이때 사용자의 주관적 만족도는 그리 중요하지 않을 수 있다. 사용자 인터페이스는 사람들의 인지 부담을 최소화하고 사용 용이성을 최대로 끌어낼 필요가 있다. 특정 맥락 속에 색, 크기, 질감, 배치 등 디자인 요소들도 적절히 고려되어 종합적으로 설계되어야 한다. 그런데 여기에도 분명한 한계는 존재한다. 전쟁터에서 총이 불편하다 한들, 총의 메커니즘 자체를 바꿀 수는 없지 않겠는가? 이것이야말로 총에 사람을 끼워 맞춰야 할 문제다. 사람을 시스템에 맞춘다는 것, 여기서 생각하게 되는 것이 훈련과 반복 학습이다.

사실 컴퓨터는 일상생활에서 산업 현장까지 아주 광범위하게 사용된다. 인터넷 세상 속 우리의 모습만 보더라도, 필요한 정보 검색 및 취득, 여가 활동을 통한 즐거움, 다른 사람들과의 소통, 물건을 사고파는 온라인 마켓 등 그 사용이 미치지 않는 곳이 없다. 회사 입장에서 보면, 사람들의 이런 행동을 잘 이해하는 시스템과 플랫폼을 구축할 필요가 있다. 시스템의 속도와 오류율은 회사의 수익과 직접적인 관련이 있고 고객의 충성도와 이탈률에 영향을 준다. 한편, 전문적이고 반복적인 업무 수행에 따른 작업자들의 심리적 피로감 역시 중요하게 다루어야 하는 부분 중 하나다.

문서 작성, 발표 자료 제작, 이메일 소통, 온라인 강의 수강, 화상 회의, 인터넷 게임 등 개인 사용에 집중하는 일들에 대해서는 주관적 만족도가 상대적으로 더 중요한 잣대가 된다. 사용자 그룹의 스펙트럼은 초보자부터 전문가까지 매우 넓고 시장에서의 경쟁은 실로 엄청나다. 따라서 작은 틈새까지 공략해야 한다. 그 작은 공략 포인트에 엔드 유저를 상대하는 인터페이스와 인터랙션 방식에 대한 고민이 스며든다.

컴퓨터는 사람과 사람을 연결시켜 주는 매개 역할을 한다. 사람과 사람 간 네트워크의 중심에 컴퓨터가 있다. 여러 사람들과 소통하고 협력하는 온라인의 장이 펼쳐져 있고 언제 어디서든 쉽게 접근이 가능하다. 더 이상 나만의 사용성이 아니라, 연결된 세상 속 모두의 사용성을 고려해야 한다. 이런 흐름과 함께, 사회-기술 시스템(socio-technical system)이라는 분야는 컴퓨터 · 인공지능 기반 시스템이 사회에 미치는 파급을 다룬다. 그 파급은 온라인과 오프라인의 경계를 허물며 그 외연을 끝없이 넓힌다. 사용성의 개념은 더 확장되고, 더 세분화되고, 더 중요해지고 있다. 그리고 더 모호해지고 있다. 앞으로도 사용성은 '특정' 맥락 속의 '특정' 구성 요소들에 대한 고민과 함께 '특정'화될 것이다.

얼마나 빠르고 쉽게
컴퓨터 사용에 익숙해지는가

학습 용이성(learnability)은 사용성을 말할 때 빠지지 않고 등장하는 개념이다. 학습 용이성은 일반적인 사용자(typical user)가 어떤 시스템을 사용하는 것을 배우거나 능숙한 사용 수준에 다다르는 데에 얼마나 시간이 걸리는지 혹은 그것이 얼마나 쉬운지에 대해 다룬다. 이는 본질적으로 사용자가 시스템 내에서 어떤 일을 수행하는 것에 익숙해지는 '과정'을 강조한다. 익숙해짐의 과정은 특정 시점이 아니라, 시간 흐름과 경험 누적에 따른 학습 성과(learning performance)의 변화에 집중한다. 이와 관련한 개념을 종종 '확장된 학습 용이성(extended learnability)'이라고 한다. 또, 학습 성과는 작업 완료 시간, 오류율, 기능 이해 수준 등으로 평가될 수 있다.

학습에 있어, 받아들일 만한 능숙한 수준을 정의하기란 쉽지 않다. 이상

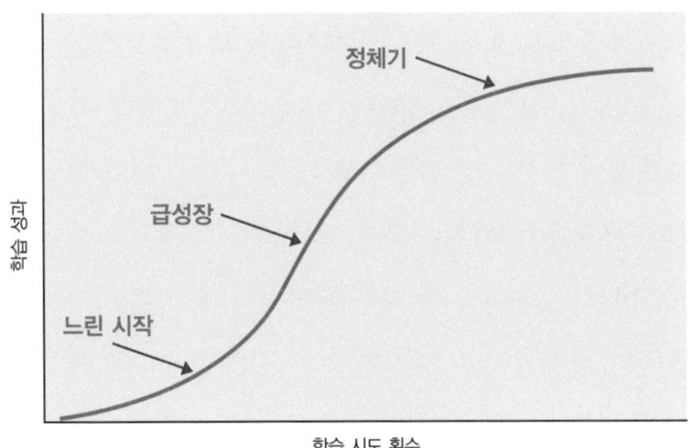

일반적인 학습곡선: 학습 횟수와 학습 성과

적인 지향점인 '완벽한 학습(perfect learning)'은 특정 시스템 사용의 최고 전문가가 그 시스템에서 어떤 작업을 방해받지 않고 실수 없이 수행할 때의 성과 수준이라고 할 수 있다. 소위 전문성(expertise)라고 하는 이 사용자 특성은 시스템 개발에 있어 중요 고려 요소가 된다. 사람들은 시스템 사용에 익숙해지면서 결국 전문가 수준에 다다르게 되는데, 이 때문에 궁극의 지향점으로서 완벽한 학습 상태를 고려한 시스템 개발은 그 나름의 의미를 갖는다.

사용자 경험은 완벽한 학습 수준에 도달하는 과정을 중요하게 다룰 필요가 있다. 하지만 많은 실험 기반 실증 연구들은 학습 용이성을 어느 한 시점에서 파악하려는 경향이 있다. 어떤 제품을 처음 사용했을 때, 제품 사용에 점점 익숙해질 때, 제품을 실수 없이 사용하면서 반자동화된 행동을 보일 때, 학습 용이성은 각각 다르게 나타난다. 사용에 대해 완전 무지한 상태의 학습 수준을 '0'으로, 완벽한 학습 수준을 '1'로 표현한다면, 처음에는 0 혹은 그보다 조금 큰 수준에서 시작해 학습 성과가 천천히 좋아지다가 어떤 시점 이후로는 급격히 좋아지고 전문성을 갖추는 단계에 다다라서는 그 향상 정도가 다시 줄어들어 결국에는 거의 변화가 나타나지 않는다. 시간

(학습 시도 횟수)에 따른 학습 성과에 대해 0에서 1로 가는 S자 형태의 학습 곡선(learning curve)이 만들어지는 것이다.

사용 직관성이 높은 시스템일수록 처음 사용할 때의 학습 용이성이 높게 나타난다. 직관성이 높다는 것은, 딱히 배우지 않고 생각나는 대로 행동해도 원하는 바를 쉽게 이룰 수 있음을 의미한다. 이는 사용자 경험이 추구해야 할 궁극의 지향점이다. 하지만 모든 시스템 디자인이 직관성에만 의존할 수는 없다. 평소대로 말하고 적는 것으로 컴퓨터와 소통하는 것이 가장 직관적이다 하더라도, 성능 측면에서 그것이 항상 최고의 결과로 이어진다고 말할 수는 없다. 음성 언어로 소통하는 것보다, 타이핑하는 것이 더 빠를 수 있고 구조화된 명령 체계의 사용이 더 효율적일 수 있다.

초기의 학습 용이성이 어느 수준인지는 종종 사용자에게 중요한 의미로 작용한다. 스마트폰이 보편화되기 전에 우리가 썼던 피처폰의 문자 입력 방식을 한번 생각해 보자. 피처폰은 스마트폰과 달리 키패드가 물리적으로 정해져 있다. 기본적인 숫자키들과 몇 개의 기능키들이 있고, 숫자키에는 문자(한글 자음·모음 혹은 영어 알파벳)나 기호가 매칭되어 있다. 당시 피처폰은 한글 문자 입력에 대해 저마다의 방식을 갖고 있었다. 삼성(Samsung), 엘지(LG), 팬택(Pantech), 모토로라(Motorola) 등은 서로 다른 특색을 가지고 있었는데, 사람들은 다른 회사의 폰으로 바꿀 때 익숙하지

한글 문자 입력 방식: 삼성 천지인과 엘지 나랏글

않은 문자 입력 방식을 배우느라 시간을 좀 들이기도 했다.

가장 대표적이었던 삼성의 천지인 방식과 엘지의 나랏글 방식을 비교해 보자. 천지인 방식의 경우, 키를 누르는 횟수에 따라 특정 자음을 선택하고, 'ㅣ · ㅡ'의 조합으로 모음을 구성한다. 자음은 숫자키 4~9, 0에 해당하고 모음은 숫자키 1~3에 해당하는데, 모음이 키패드 위쪽에 배치되어 있는 것도 하나의 특징이다. 나랏글 방식의 경우, 기본적인 자음 여섯 개와 모음 여섯 개를 바탕으로, 획 추가와 쌍자음 기능을 활용한다. 자음은 숫자키 1, 2, 4, 5, 7, 8에 해당하고, 모음은 숫자키 3, 6, 9, 0에 해당하되 3, 6에는 두 개의 모음이 배정된다. 모음은 기본적으로 오른쪽에 배치되어 있다. 획 추가는 '*' 버튼, 쌍자음은 '#' 버튼을 활용한다.

몇 년 전 강의 시간에 학생들에게 어느 문자 방식이 더 좋은지 물어본 적이 있었다. 당시 상당수의 학생들이 문자 보내는 것을 피처폰으로 처음 배웠다고 했는데, 결과는 천지인 방식의 우세승이었다. 천지인의 모음 조합 규칙은 간단하지만 그 활용은 포괄적이다. 이는 문자 입력에 대한 진입 장벽을 낮추는 효과로 이어진다. 결과적으로 초기의 학습 용이성과 학습 수준이 높게 형성된다. 당시 대부분의 고령 사용자들이 천지인 방식에 좀 더 기대게 된 것은 이 때문이다.

하지만 천지인 방식은 기본적으로 키를 여러 번 눌러야 한다. 자음을 선택하는 데에 몇 번의 키 누름이 필요하기도 하고, 동일 자음을 연속해서 작성할 때는 자음 입력 사이에 한 박자 쉬거나 (그 쉬는 시간조차 아깝다면) 이동 버튼을 누르기도 한다. 이중모음의 경우, 천지인 원리에 따라 키를 누르는 횟수가 좀 더 요구되기도 한다. 이에 반해, 나랏글 방식은 키를 누르는 횟수가 상대적으로 적다. 물론 획 추가와 쌍자음을 지속적으로 써야 하기에 키를 누를 때의 이동 거리가 늘어나기도 한다. 눌러야 하는 키 사이의 거리가 멀수록 문자 입력 완료 시간은 늘어난다. 하지만 각 문자 방식에 매우 익숙해진 상황만을 고려하면, 나랏글 방식이 천지인 방식보다 문자 입력 완료 시간이 더 짧다.

초기의 학습 용이성과 익숙해진 다음의 학습 용이성에 대해, 천지인과 나랏글 사이에 역전 현상이 있다. 초기의 학습 용이성과 성과는 천지인의 승리지만, 익숙한 상태에서의 학습 용이성과 성과는 나랏글의 승리다. 이 학습 과정에서 승자는 누구라고 생각하는가? 당시에 엘지 폰을 애용했던 사람들은 별다른 불편함을 토로하지 않았다. 낮은 사용 용이성에도 사람들이 금세 익숙해졌기 때문만은 아니다. 나랏글 방식은 문자 입력의 속도와 정확도 측면에서 자랑거리가 충분했다. 그럼에도 사람들이 천지인 방식에 더 많은 손을 들어 주는 것은 초기의 학습 용이성이 상대적으로 우수한 데 비롯된 인지적 각인 때문일 것이다.

대부분의 스마트폰에는 키패드가 물리적으로 정해져 있지 않다.(슬프게도, 엘지는 스마트폰 시장에서 철수했다.) 요즘은 많은 사람들이 스마트폰의 쿼티(Qwerty) 키패드 사용에 익숙하다. 스마트폰 화면을 천지인 방식으로 변환해 쓸 수는 있지만 예전보다는 그 필요성을 덜 느끼는 것처럼 보인다. 피처폰에 대한 경험이 없는 세대에게는 더욱 그러하다. 천지인의 문자 입력

블랙베리 쿼티 키패드

방식이 배우기 쉽다고 한들, 그것이 컴퓨터 키보드에 익숙하지만 피처폰은 경험하지 못한 사람들에게 새로운 방식을 배우는 시간이 생략됨을 의미하지는 않는다. 그들은 이미 잘 알고 있는 쿼티 키보드를 써먹을 수 있고 여기에 딱히 불편함을 느끼지도 않는다. 특이하게도, 블랙베리(BlackBerry)는 스마트폰 시대에도 물리적 쿼티 키패드를 정체성으로 내세운다. 스마트폰 시장에서 철수한다거나 또는 재기한다는 등의 이슈를 만들고 있는 블랙베리가 여전히 높은 고객 충성도를 가지고 있는 것을 보면 그 나름의 매력이 꽤 견고하다는 생각이 든다. 객관적 성능을 이야기하기 전에, 사람들이 어디에 의미를 두고 무엇에 만족하는지, 주관적 요소를 다시 살펴볼 일이다.

잘못된 디자인은 사람들의 사용상 실수로 이어진다 1

사람은 누구나 실수를 한다. 소위 '인간의 오류(human error)'는 컴퓨터 제품이나 시스템을 사용할 때에도 여지없이 드러난다. 아무리 컴퓨터가 똑똑해졌다고 한들, 사람들의 사용상 실수가 전혀 없도록 설계하지는 못할 것이다. 의식하든 그렇지 않든 간에, 우리의 시행착오는 그 정도와는 별개로 수시로 일어난다. 컴퓨터 기능은 무척 방대하고 그 속의 논리는 매우 복잡하다. 기본적인 사용에 국한하더라도 사람들은 종종 많은 것들을 기억해야 한다. 그 기억의 부담을 낮추어 가능한 한 직관적이고 쉬운 사용 방법을 제안하는 것은 사람과 컴퓨터 간 상호 작용 관점에서 아주 당연하다. 컴퓨팅 시스템의 발전은 사람의 신체적, 인지적 한계를 이해하고 이에 따른 실수를 보완하려는 지속적인 시도로 볼 수 있다.

요즘은 세 살배기 아이도 스마트폰이나 태블릿 피시 사용에 전혀 거침이 없다. 아이들이 유튜브에 접속해 동영상을 시청하는 것을 본 적이 있는가? 아이들은 그렇게 하면 될 것 같은 버튼을 누르고 행동을 취할 뿐이다. 누가 하는 것을 보고 배웠든, 아니면 아무런 지식 없이 그냥 한번 해 보았더니 된 것이든, 그 아이들에게 사용상의 진입 장벽은 그리 높지 않다. 인공지능의 발전은 이 장벽을 낮추는 데 많은 도움을 준다. 그도 그럴 것이 복잡한 기능 작동의 상당 부분을 인공지능이 담당하고 사람은 상대적으로 단순한 작업 능력만을 요구받으며 결과에 집중할 수 있기 때문이다.

자동차 내비게이션을 예로 들어 보자. 내비게이션이 없었을 때 우리는 전국의 고속도로와 국도가 표시된 지도를 펼쳐 들고 목적지까지 가는 길을 숙지해야만 했다. 중요 정보를 외우기도 하고, 간략히 메모를 하기도 했다. 하지만 사람은 실수를 하는 법이라, 길을 놓치고 다른 길로 빠져 생각지도 못한 곳으로 갈 때가 많았다. 그럴 때면 다시금 지도를 꺼내 들고 경로 재탐색의 시간을 가져야 했다. 어디 멀리 한번 가려면 운전 외에 사람에게 요구되는 능력과 작업이 너무 많았던 것이다. 내비게이션이 보편화된 지금은 어떠한가? 예전에 길 탐색을 위해 요구받았던 많은 일들을 이젠 내비게이션이 대신 해 준다. 내비게이션에 목적지만 알려 주면, 그 뒤로는 그때그때 알려 주는 정보를 잘 받아들이기만 하면 된다. 설령 알려 준 대로 가지 못했다 하더라도 큰 문제는 아니니다. 이내 곧 내비게이션이 새 길을 찾아 줄 테니까. 우리는 그저 신호와 도로 상황을 잘 보면서 핸들과 페달에 집중하면 되는 것이다. 그리고 이마저도 할 필요가 없는 자율주행의 시대가 바로 코앞에 와 있다.

하지만 여전히 사용자 오류는 일어난다. 기본적으로 실수에 대한 책임은 사람이 아니라 잘못된 디자인에서 찾아야 한다. 이와 관련해 도널드 노먼이 말하는 일상생활에서의 디자인 개념들을 살펴보자.[17] 우선 '행동 유도성(affordance)'이라는 개념이 있다. 행동 유도성은 사람들에게 행동의 단

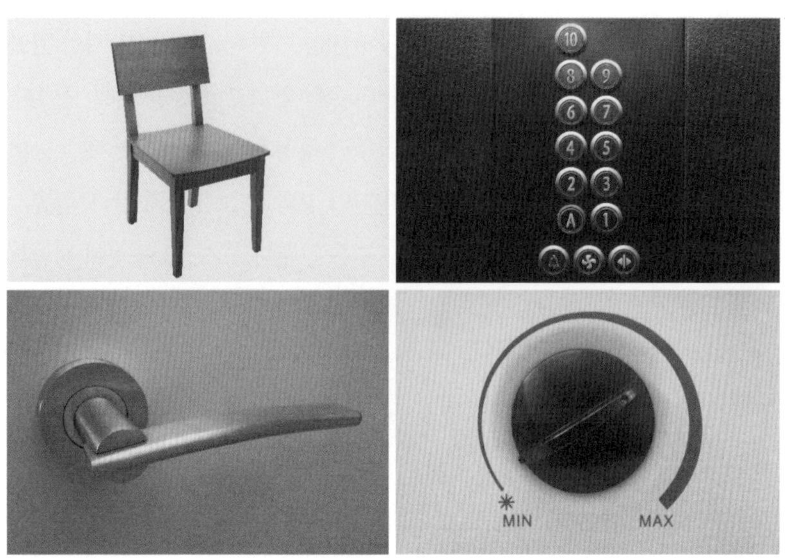

행동 유도성: 의자(앉기), 버튼(누르기), 손잡이(잡기), 다이얼(돌리기)

서를 제공하는 물체의 디자인적 속성이다. 의자의 디자인 속성은 사람들이 앉도록 하는 것이다. 엘리베이터의 버튼은 사람들로 하여금 누르면 된다는 생각을 하게끔 한다. 행동 유도성은 제임스 깁슨(James J. Gibson)과 도널드 노먼(Donald Norman)에 의해 두 가지 방향으로 정립된다. 실험심리학자에 가까웠던 깁슨은 행동 유도성을 물체의 본질적, 독립적 속성으로 보았고, 이 속성이 사람의 능력과 사용 환경과 결합해 밖으로 드러난다고 했다. 반면, HCI 학자였던 노먼은 사람이 행동 유도성을 어떻게 인지하느냐에 의미를 두었고, 물체의 디자인 속성은 사람을 통해 달리 나타날 수 있다고 보았다. 사용자 중심적 사고를 가지고 제품 디자인에 좀 더 집중했던 것이다.

이 관점의 차이는 여러 논쟁거리를 제공했는데, 그 논쟁의 공격 방향성은 주로 깁슨을 지지하는 쪽에서 노먼을 지지하는 쪽을 향하고 있는 것처럼 보인다. 보다 근본적인 것에 집중하는 심리학 분야의 깁슨과 그의 지지자들에게, 현상과 응용을 중시하는 인간-컴퓨터 상호 작용의 분야에서의 노먼의 접근이 조금 얕아 보였을지도 모른다. 하지만 이것은 관점의 차이일 뿐, 노먼은 행동 유도성이라는 개념을 우리 일상생활의 여러 현상을 설명하는 데 활용할 수 있도록 했으며, 이는 사람과 컴퓨터 간 소통을 이해하는 데 있어 중요한 위치를 차지한다.

노먼이 제시한 개념 중, 사용상 사람의 실수와 관련된 것이 지각된 행동 유도성(perceived affordance)과 실제 행동 유도성(actual affordance) 사이의 괴리다. 지각된 행동 유도성이 실제 행동 유도성과 일치하지 않는다는 것은 사용자가 제품 설계자의 의도대로 그 디자인 속성을 인지하지 않았음을 의미하는데, 이때 사용상 실수가 발생할 수 있는 것이다. 돌려야 하는 다이얼을 누군가가 누르는 것으로 생각한다면? 앉으라고 설계한 의자를 어떤 사람이 책을 올려 두는 용도로 인지하고 사용한다면 어떻겠는가? 이 간극을 좁히고 없애야 사용자의 실수를 줄일 수 있다.

두 번째로 소개할 개념은 '인과 관계(causality)'다. 사람들은 일반적으로 시간 순서에 근거해, 자신의 어떤 행동 직후에 발생하는 일은 그 행동에 의해 야기되었다고 생각한다. 이 원인(행동)-결과(반응)의 관계는 사람과 컴퓨터 사이 소통의 기본이며, 여기서 반응에 해당하는 것이 바로 컴퓨터로부터의 피드백이다.

하지만 피드백이 없다면? 혹은 있다 하더라도 부적절한 피드백이거나 사용자의 행동과는 관련이 없는 피드백이라면? 사람들은 자신이 한 행동

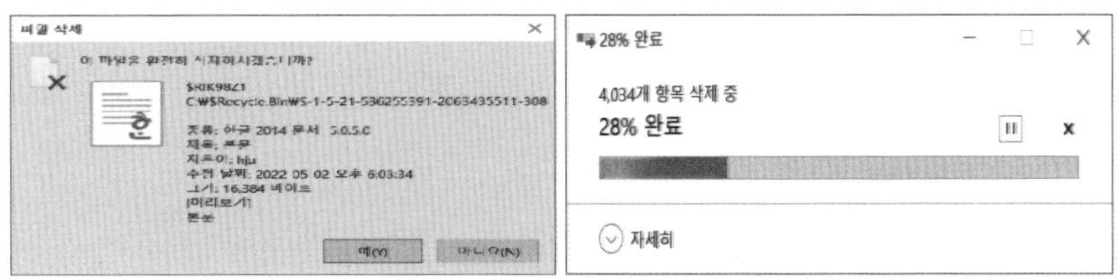

인과 관계: 대화 상자, 진행 피드백

의 결과를 애써 찾으려 할 것이고, 행동과 결과가 제대로 연결되지 못할 경우, 자신의 행동이 잘못되었다고 생각하거나 어색한 원인-결과 관계를 설정하는 그릇된 믿음을 갖게 된다. 적절한 피드백이 없을 때 우리가 어떤 행동을 하는지는, 컴퓨터는 열심히 작업 수행 중이지만 이에 대한 어떤 피드백도 없는 경우를 생각해 보면 된다. 컴퓨터 내부에서 무슨 일이 진행 중인지 전혀 알 길이 없다면, 우리는 기다리면서 어떻게 행동할까? 혹시 마우스를 만지작거리면서 컴퓨터 스크린에 큰 네모, 작은 네모를 그렸던 적은 없는가? 그 무의미한 행동 또한 오류다.

다음으로, '시각적 제약(visual constraint)'은 사람의 행동 가능성과 대안들을 제한한다. 사람은 시각적 자극과 정보에 많은 영향을 받는다. 시각적 설계는 종종 사용자들에게 행동의 가능 범위를 정해 준다. 열쇠를 열쇠 구멍에 넣을 때 우리는 위와 아래를 구분해야 할 때가 있다. 집에 있는 콘센트 구멍에 코드를 맞추어 연결할 때에도 시각적 설계에 영향을 받는다. 건물

시각적 제약: 콘센트, 문 손잡이, 열쇠 구멍, 신용카드 리더기

내 문 손잡이의 외형을 보고, 사람들은 그 문을 밀 것인지 당길 것인지 자신의 행동을 결정한다. 우리는 경험적으로 디자인의 위치와 방향을 생각하고 실수를 방지하려 하고 있다.

오프라인에서의 신용카드 결제 상황을 생각해 보자. 대부분의 경우, 카드의 특정 면을 위로 혹은 오른쪽으로 해 긁거나 삽입한다. 그 방향성 때문에 실수한 적은 없는가? 이제 해결책은 두 가지다. 여기서 말한 시각적 제약을 적절히 두든지, 아니면 마음 가는 대로 긁어도 작동하게 하든지. 최근의 디자인 흐름은 후자를 선택하는 듯하다. 어떤 문을 '보고', 그 문을 밀 것인지, 당길 것인지, 아니면 옆으로 열 것인지, 우리는 생각하고 행동한다. 그런데 문이 밀리기도 하고 당겨지기도 하고 옆으로 열리기도 한다면? 그것이야말로 사람의 실수가 전혀 없는 문 작동 시스템이 아니겠는가?

다음으로 언급할 개념은 '전이 효과(transfer effect)'다. 사람들은 현재 사용하고 있는 제품에, 그와 유사한 제품에 대한 과거의 학습·경험·기대

전이 효과: 타자기와 키보드, 피처폰과 스마트폰

를 덧입힌다. 이는 긍정적 전이와 부정적 전이로 나타날 수 있는데, 긍정적 전이는 그전의 경험이 새로운 상황에도 잘 적용되는 것을, 부정적 전이는 새로운 상황과 충돌하게 되는 것을 의미한다. 사람의 실수는 보통 부정적 전이 때 발견된다. 과거 컴퓨터가 막 보편화되기 시작했을 때, 사람들은 타자기 사용 경험에 기대어 컴퓨터 키보드와 화면을 잘 사용할 수 있었는데, 이는 긍정적 전이의 한 예라고 할 수 있다.

하지만 덧입힐 만한 기존 경험이 없다면? 아날로그 시계만 있던 시대에 새롭게 등장한 디지털 시계는 어땠을까? 피처폰에 익숙하던 사용자들이 스마트폰을 사용하는 데에는 전혀 무리가 없었을까? 같은 시계고 핸드폰이었지만, 사용 인터페이스나 방식은 전혀 달랐던 급전환의 시기였다. 다행히도, 우리는 당시 사용상의 불편함을 문제 삼지 않았다. 새로움의 연착륙이라 할 만하다. 그 이유는 무엇일까? 이는 전이 효과로는 설명되지 않을 만큼, 새로운 제품의 사용 직관성이 매우 뛰어났음을 의미한다. 어린아이들이 별 지식 없이 스마트폰으로 음악을 듣고 게임을 내려받고 이모티콘을 보내는 것을 보면, 스마트폰의 사용 진입 장벽이 매우 낮다는 것을 새삼 느끼게 된다.

잘못된 디자인은 사람들의 사용상 실수로 이어진다 2

잘못된 디자인으로 인한 사람의 실수에 대해 좀 더 이야기해 보자. 이번에 설명할 개념은 '매핑(mapping)'이다. 매핑은 보이는 부분과 그것을 조작하는 부분 사이의 관계를 다룬다. 제어 장치(control)와 디스플레이(display) 간 호환성(compatibility)이라고 말하기도 하는데, 이 둘 간의 자연스러운 대응은 사람들의 사용상 오류를 줄인다.

화구 4개짜리 가스레인지를 떠올려 보자. 2×2 형태로 동일한 크기의 화구 네 개가 있고, 이보다 낮고 가까운 곳에 네 개의 조절기가 사용자를 바라보며 일렬로 배치되어 있다. 화구 네 개와 조절기 네 개를 1대1로 매칭시키는 방법은 총 24(=4×3×2×1)가지다. 여기서 질문! 가스레인지 앞에 선 사람을 기준으로 먼 쪽의 왼쪽 화구를 조절하기 위해 어느 조절기를 조작하겠는가? 많은 사람들이 일렬로 배치된 조절기들 중 가장 왼쪽 것 혹은 왼

매핑: 화구가 4개인 스토브와 조절기

쪽에서 두 번째 것이라고 말할 것이다. 대답이 어느 하나로 온전히 수렴되지는 않는다. 그렇다면 왼쪽 두 개, 오른쪽 두 개의 조절기가 각각 시각적으로 묶여 있는 것처럼 보인다면 어떻겠는가? 먼 쪽의 왼쪽 화구를 조작하기 위해, 오른쪽으로 그룹 지어진 두 조절기 중 하나를 사용하는 일은 거의 없다. 하나 더, 조절기가 화구보다 위에 그리고 더 멀리 배치되어 사람을 바라보고 있다면 어떻겠는가? 이 경우 화구와 조절기 간 매핑은 또 달라진다. 주어진 조건에 따라 사람들이 생각하는 매핑은 다르게 형성된다.

그럼에도 사람들이 크게 개의치 않고 라면을 잘 끓여 먹는 이유는 무엇일까? 그건 사람이 전혀 실수를 하지 않았기 때문이 아니라, 실수가 있었더라도 그것이 그리 큰 문제가 아니고 금방 바로잡을 수 있었기 때문일 것이다. 또, 그 가스레인지의 화구와 조절기 간 매핑에 있어서도 사람들이 금세 익숙해졌을 것이라고 생각하는 게 맞다. 처음에 제품이 제안하는 매핑이 자신이 생각하는 것과 달랐다 하더라도 말이다. 조작하는 부분이 보이는 부분과 시각적으로 동일한 구성과 특징으로 설계될 때 사람들은 훨씬 더 사용의 편리함을 느끼게 된다. 요즘 가스레인지는 화구의 크기가 하나로 통일되어 있지 않은 경우가 많고, 화구 네 개가 마름모 형태로 배치되어 있는 경우도 있다. 화구의 상대적 크기와 사선 배치 등을 그대로 반영해 조절기를 디자인하는 것을 생각해 보자. 행동의 자연스러움은 의식하지 못하는 사이 높아질 것이다. 결국 매핑은 쉬워지고 실수는 줄어든다.

마지막으로 이야기할 개념은 '관습(idiom)'이다. 관습이란 그래야 할 특별한 이유가 있는 것은 아니지만 응당 그래야만 하다고 받아들여져 우리가 자연스럽게 인지하거나 행동하는 것을 의미한다. 관습의 관점에서, 빨간색은 위험이나 정지의 의미를 갖는다. 신호등이 빨간색일 때 우리는 움직이지 않는다. 누가 언제 왜 그렇게 정했을까? 궁금할 수도 있지만 그건 우리의 관심사가 아니다. 우리는 그것을 아주 잘 받아들이고 있고 여러 의미에서 그걸 바꿀 생각이 전혀 없다.

스마트폰의 1부터 9까지의 숫자 패드는 어떤 배열로 되어 있는가? 3×3 배열에 첫 번째 줄 가장 왼쪽 키는 '1'이다. 위에서부터 그리고 왼쪽부터 차례대로 읽는다면, (1, 2, 3), (4, 5, 6), (7, 8, 9)가 된다. 그렇다면 컴퓨터 키보드 혹은 계산기에서의 숫자 패드는 어떤 배열인가? 많은 사람들이 인지하고 있지 못할 수도 있지만(이건 사용성 측면에서 아주 좋은 것이다.) 그 배열은 반대다. 같은 방법으로 읽어 보면, (7, 8, 9), (4, 5, 6), (1, 2, 3)이 된다. 스마트폰이냐 키보드냐에 따라 숫자 패드를 달리한 것이다. 그런데 이게 전혀 불편하지 않다. 제품에 따라 사용에 대한 생각이 자유롭게 전환되었기 때문이다.

관습: 스마트폰 숫자 패드와 키보드 숫자 패드

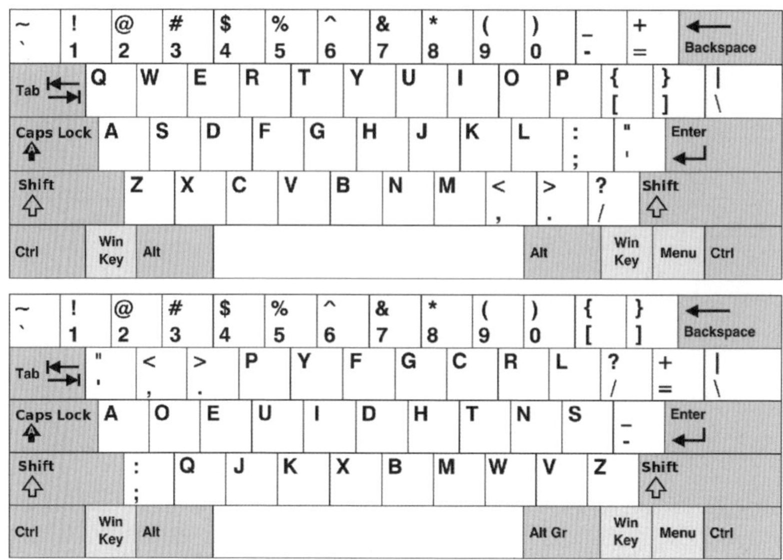

관습: 쿼티 키보드와 드보락 키보드

고착화된 생각은 매우 바꾸기 어렵다. 현재 우리가 쓰고 있는 키보드는 대부분 쿼티 방식이다. 'Qwerty'는 키보드에서 영어 알파벳 자판의 가장 윗부분을 왼쪽부터 차례대로 다섯 개 적은 것이다. 이 키보드 배열은 타이핑의 오류를 줄이기 위해 1870년대에 고안되었다. 우리가 지금까지 잘 쓰는 걸 보면, 그 나름대로 관습화가 잘 이루어진 경우라고 볼 수 있다. 이보다 나중인 1930년대에는 드보락(Dvorak) 키보드가 개발되기도 했다. 타자 속도 개선을 위한 것으로 실제 그 성능은 쿼티 키보드보다 뛰어났다. 하지만 현재 우리는 드보락 키보드를 거의 사용하지 않는다. 쿼티 키보드가 자리 잡는 과정에서, 상대적으로 우수한 드보락 키보드의 성능은 중요하게 고려된 요소가 아니었던 것이다.

한글 자판 이야기를 좀 해 보자. 한글의 경우 기본적으로 자음과 모음으로 구성되어 있고, 초성, 중성, 종성이라는 세부 속성을 갖는다. 초성과 종

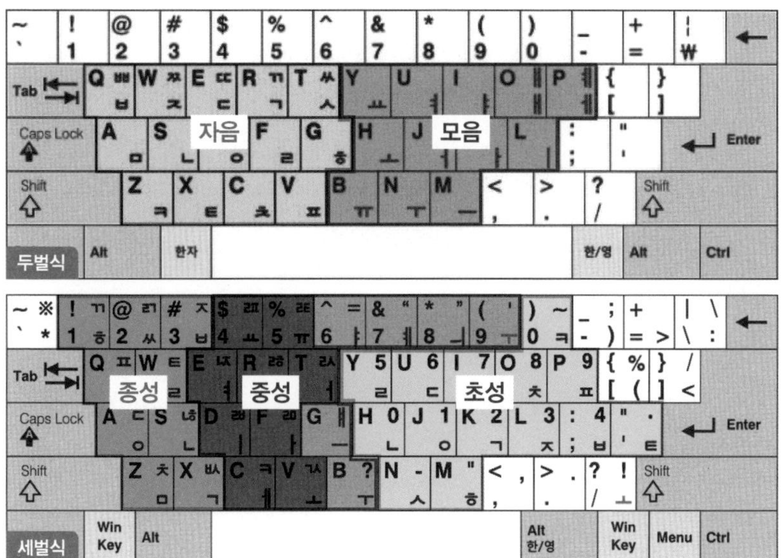

관습: 2벌식(두 벌식) 한글 자판과 3벌식(세 벌식) 한글 자판

성은 자음이며, 중성은 모음이다. 글자로서 최소한의 형태를 띠기 위해서는 초성과 중성이 있어야 하는데, 이러한 특징 때문에 자음(초성) 다음에는 모음(중성)이 필연적으로 뒤따른다. 이중모음의 경우, 모음 키를 두 번 연속해서 타이핑한다. 종성까지 생각하면 받침이 있는 두 글자를 타이핑할 때 자음을 두 번 연달아 누르는 것이 최대다.(세 번 이상은 절대 없다!) 예를 들어 '확정'이라는 단어를 칠 때, 'ㅘ'는 'ㅗ'와 'ㅏ'를 연속해 누르는 이중모음에 해당하고, 첫 자의 종성 'ㄱ'과 그 다음 자의 초성 'ㅈ'이 자음을 연달아 누르는 경우에 해당한다.

이 자음과 모음이 번갈아 가며 등장하는 것은 한글 자판 배열에 지대한 영향을 미쳤으리라. 현재 보편화되어 있는 한글 키보드 방식은 2벌식(두 벌식)이다. 2벌식 한글 자판을 보면 기본적으로 자음은 왼쪽, 모음은 오른쪽에 배치되어 있다. 이는 왼손과 오른손을 번갈아 가면서 움직이게 하는 장치가 된다. 이보다 나중에 등장한 것이 3벌식(세 벌식). 3벌식은 한글 초성-중성-종성 구조에 보다 충실한 것으로 타자 속도가 개선된다는 장점을 가지고 있다. 하지만 쿼티 키보드와 드보락 키보드 사이의 관계처럼, 3벌식은 2벌식을 넘어서지 못했다. 3벌식은 현재 많은 사람들이 쓰는 상황이 아니라서 표준으로 자리 잡지 못했다. 현재로서는 2벌식으로의 관습이 거의 확정적이다.

2벌식에서, 'ㅋㅋ', 'ㅇㅈ', 'ㅠㅠ'와 같은 표현 말고, 온전한 형태의 한글 단어라면 보통의 경우 한쪽 손만으로 타이핑하지는 않는다. 흥미롭게도 영어는 한 손으로 칠 수 있는(즉, 키보드의 왼쪽 혹은 오른쪽 부분의 키들만 눌러서 만들 수 있는) 단어가 많다. 예를 들어 'stewardesses(여자 승무원들)'라는 영어 단어의 경우, 연속해서 왼손으로만 열두 번 타이핑해야 한 단어가 완성된다. 이 불공평함은 왠지 모르게 불편하다.

하나 더, 'home'과 '홈'을 한번 타이핑해 보라. 여기서 우리는 'home'의 'h'와 '홈'의 'ㅗ'에서 재미있는 점을 발견한다. 'h'와 'ㅗ'는 같은 키를 쓴다. 하지만 'home'을 타이핑할 때 'h'는 왼손으로, '홈'을 타이핑할 때 'ㅗ'는 오른손으로 치는 것을 심심치 않게 발견한다. 'Home'으로 대문자 'H'를 쳐야 할 경우는 'shift' 키를 동반하기 때문에 왼손으로 'h' 키를 누를 확률이 더 높아지기도 한다. 이 똑같은 키를 영어와 한글에 따라 다른 손으로 누르는 것이다. 자음인 'h'와 모음인 'ㅗ'가 같은 자리를 공유하거니와 그 위치가 하필 중간 경계선에 있어서는 아닐까? 이 또한 문화적 배경 속 관습화의 한 과정으로 이해할 수 있다.

사람들은 행동 유도성, 인과 관계, 시각적 제약, 전이 효과, 매핑, 관습 등의 영향을 받고 그에 따라 특정 물건 사용에 대한 개념 모형(conceptual model)을 설정한다. 이는 사용 방법에 대한 심성 모형(mental model)으로, 마음속으로 제품이나 시스템의 작동을 시뮬레이션하는 것이라 할 수 있다.

그 모형은 무리 없이 잘 만들어질 수도, 그렇지 않을 수도 있다. 그렇지 않은 경우는 바로 위에서 말한 요인들 중 몇몇이 잘못 고려되어 디자인에 반영되었을 때다.

한강 공원에서 종종 보이는 2인용 자전거를 떠올려 보자. 그걸 처음 봤다 하더라도 우리는 그것이 어떻게 작동할지 잘 안다. 기본적으로 1인용 자전거 형태의 확장이기도 하고, 기존 경험에 기대어 미루어 짐작할 수 있는 부분이 참 많다. 그런데 이 2인용 자전거가 두 사람이 서로 등지고 있는 형태라면 어떻겠는가? 도대체 이놈의 자전거가 어떻게 굴러갈지 상상이나 될까? 개념 모형이 잘 만들어지지 않는 것이다. 머릿속 시뮬레이션의 삐걱거림은 디자인의 잘못을 지적한다. 그런데 여기서 한 번 더 생각해 보자. 만약 이 괴상한 자전거가 절묘한 방식으로 움직인다면? 착하진 않지만 독특하고 참신한 디자인이 아니겠는가! 그 의도된 어색함과 신선함마저 무시할 수는 없다. 요즘 세상에는 그런 것에 열광할 사람들이 충분히 많다.

컴퓨터와의 소통에 사용성을 넘어 감성이 전면에 등장하다

제품을 사용하는 목적이 분명하고 객관적 성능 지표가 최종 평가 잣대였던 때가 있었다. 하지만 지금은 사람들의 주관적 만족이 그 무엇보다 중요하게 고려되는 시기다. 일상생활에서 우리가 접하는 많은 제품들을 보면 브랜드 간의 기술적, 성능적 차이가 그리 크지 않다. 제품들이 전반적으로 우수한 성능을 보이고 그 성능 차이가 미미할 때, 우리는 내면의 외침에 좀 더 귀를 기울인다. 흔히들 말하는 '등 따시고 배부르니까 생각나는 것들' 말이다. 결국에는 사람의 마음이 먼저인 것이다. 이 주관적인 느낌이 바로 감성(affect/sensibility)이다. 앞서 언급한 심미성도 감성의 한 부분으로 이해할 수 있다.

감성을 체계적으로 다루고 활용하는 감성 공학이라는 학문이 태동한 지 이제 겨우 30년 남짓이다. 우선은 일본에서 학문적 기초가 다듬어졌다.

'Kansei Engineering'은 감성(感性)이라는 한자어의 일본식 표기와 발음을 차용한 용어다. 이 용어는 학문으로서의 시작 단계에서 통용되었고, 지금도 여전히 쓰이고 있다. 하지만 최근에는 'Affective Computing'이라는 용어가 좀 더 보편적으로 사용된다. 어떤 용어가 되었든, 그 속의 의미는 거의 같다. 사람의 감성을 이해하고 이를 제품이나 시스템의 디자인 요소에 적용해 개발에 활용하는 것이다. 'Affective Computing'은 감성 컴퓨팅으로 불리기도 하는데, 굳이 따지자면 상대적으로 컴퓨팅 시스템 분야에 집중하는 면이 있다.

감성은 감정(emotion), 기분(mood), 태도(attitude) 등을 포함하는 일련의 심리적 과정과 상태를 말한다.(감성과 감정의 의미는 살짝 다르지만, 보통 큰 의미적 차이 없이 혼용해서 쓴다.) 느낌(감정)은 사고(인지)와 상호 영향 관계에 있기도 하다. 심리 상태는 생각에 영향을 주고, 인지적 판단 또한 기분에 영향을 준다. 사람의 정보 처리 과정에서 인지는 아주 중요한 부분을 차지하는데, 인지와 감성 사이의 끈끈함은 사람과 컴퓨터 간 소통에 있어 감성이 보다 전면에 등장해야 한다고 강변한다. 감정을 설명하는 두 개

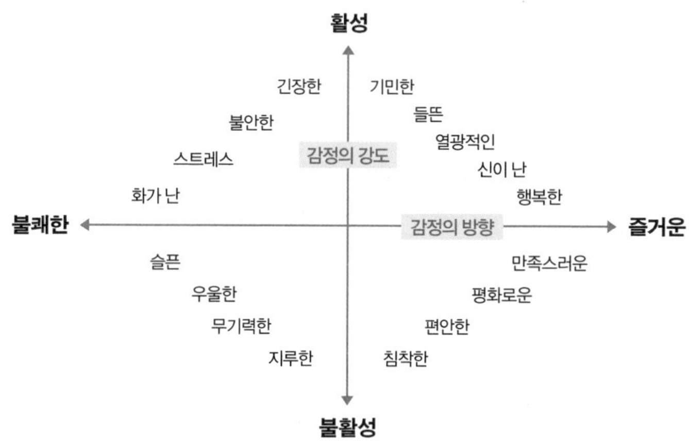

방향(Valence)-강도(Arousal) 2차원 내 감정

의 차원이 있다. 감정의 방향을 말하는 'Valence(즐거운(pleasant)-불쾌한(unpleasant))'와 감정의 강도를 지칭하는 'Arousal(활성(activation)-불활성(deactivation))'이 그것이다. 이 기본적인 두 기준이 2차원 공간을 만들고, 여러 감정들이 방향과 강도에 근거해 좌푯값으로 표시된다.

감성의 한 부분으로서 태도는 특정 대상에 대한 종합적 평가로, 사용자의 심리적 상태를 개략적으로 나타낸다. 좋거나 나쁘거나, 유쾌하거나 불쾌하거나, 좋아하거나 싫어하거나 하는 식이다. 프레드 데이비스(Fred Davis)가 1989년에 제안한 기술 수용 모델(TAM, Technology Acceptance Model)[18]은 사람들이 기술을 받아들이는 과정과 태도에 대해 다룬다. 모델은, 새로운 기술을 사용할지(intention to use)에 영향을 주는 요소로 사용 용이성(perceived ease of use)과 유용성(perceived usefulness)를 고려한다. 여기서 인지된 사용 용이성은 시스템을 얼마나 쉽게 사용할 수 있을지 믿는 정도를, 인지된 유용성은 시스템을 사용함으로써 성과가 얼마나 개선될지 믿는 정도를 의미한다. 기술 수용 모델은 그 직관성과 검증력 덕분에 경영 정보 시스템(MIS, management information system)을 포함해 다양한 분야에 적용되고 있다.

하지만 기술 수용 모델의 기본 형태에는 태도 이외의 다른 감성 요소가

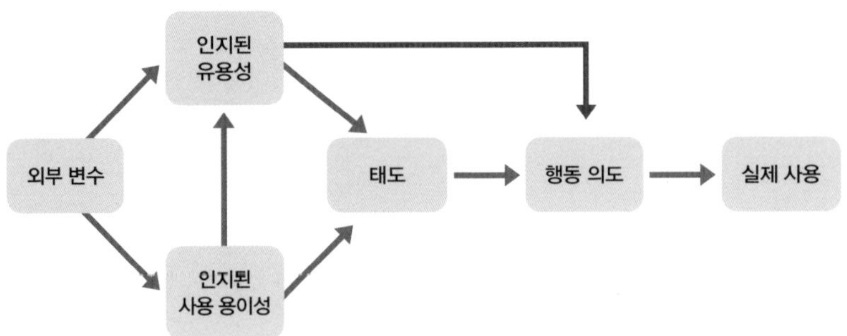

기술 수용 모델의 기본 형태[18]

없다. 사용 용이성과 유용성은 사용성의 세부 속성으로 볼 수 있다. '인지된(perceived)'이라는 표현을 쓰고는 있지만, 기본적으로 객관적 기준에 근거하는 것들이다. 즐거운지, 재미있는지, 불안한지 등 주관적 감성 요소를 고려할 필요가 있다. 컴퓨터 자기 효능감(computer self-efficacy)은 이와 관련한 사용자 특성 중 하나다. 이는 컴퓨터를 잘 사용할 수 있을 것이라는 스스로에 대한 믿음으로, 컴퓨터 사용에 대한 사람들 내면의 감정이 실제 시스템 사용에 영향을 줄 수 있음을 설명한다.

만족(satisfaction)은 대표적인 감성 지표다. 가장 보편적인 감성 요소이면서 시스템에 대한 긍정 감성의 총체적 지표다. 사람들의 반응 중 하나만 물어볼 수 있다면 주저 없이 이 지표를 선택해야 할 것이다. 만족도와 관련한 이론 중에 리차드 올리버(Richard L. Oliver)가 1997년과 1980년에 발표한 기대 일치 이론(expectation confirmation theory)[19,20]이 있다. 이 이론은 구매·사용 후의 만족도를 기대(expectation), 성능에 대한 인지(perceived performance), 믿음 대비 불일치 정도(disconfirmation of belief)로 설명한다. 특히 기대와 성능 인지 간 관계에 주목하는데, 이 둘 간의 관계가 어느 쪽으로 얼마나 불일치하느냐에 따라 만족 혹은 불만족의 정도가 결정된다. 어떤 제품의 성능이 기대했던 것보다 뛰어나다고 느낀다면 이는 긍정적 불

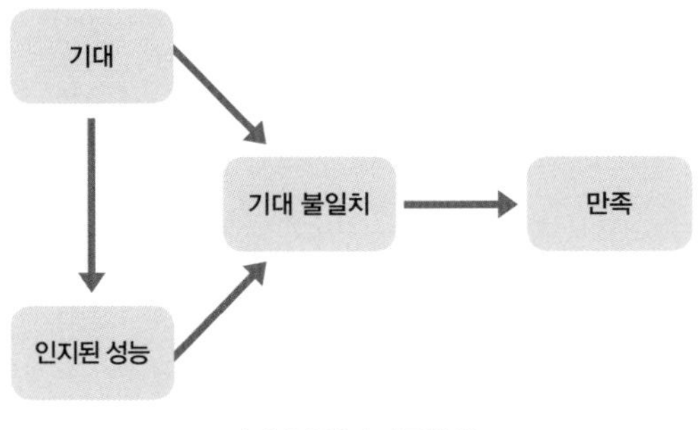

기대 (불)일치 이론[19, 20]

일치, 즉 만족으로 귀결되며, 기대했던 것보다 성능이 떨어진다고 느낀다면 이는 부정적 불일치, 즉 불만족으로 귀결된다. 이런 이유로 이 이론을 기대 불일치 이론(expectation disconfirmation theory)이라고 부르기도 한다.

자연스럽게 기대 일치 이론은 심리학이나 마케팅 분야에서 많이 인용된다. 하지만 사용자 경험은 이 이론의 단순함을 넘어선다. 사후(post) 인식과 만족을 이해함에 있어 사전(pre) 기대만 고려할 수는 없다. 적어도 우리가 살아가는 현시대에는, 기대가 만족으로 연결되는 과정에 너무나 많은 사용자 경험 요소들이 개입한다. 욕구, 동기, 가치, 의미 부여 등 개인의 경험에 기댄 여러 요소들을 생각할 수 있다. 이 요소들이 기대 일치 이론의 핵심을 공격할 수 있다. 만족도 향상을 위해 일부러 기대치를 낮추는 전략을 쓰겠는가? 흔히들 "기대가 크면 보통 실망도 크다."라고 말하곤 한다. 그러나 이를 바탕으로 한 전략은 자칫 엄청난 경쟁과 속도 속에 사람들을 구매의 초입으로 끌고 오지도 못하는 자충수가 될 수 있다.

최근에는 몰입(immersion/flow)과 재미(fun/playfulness)가 주목받고 있다. 사실 'immersion'과 'flow'는 그 뉘앙스가 살짝 다르다. 'immersion'은 어떤 상황(예를 들어, 현실을 아주 잘 반영한 가상현실)에 푹 빠져들어 있는 심리적 상태를, 'flow'는 우리의 주의가 온전히 목표를 향하고 있는 최적의 경험 흐름과 상태를 말한다. 무엇이 되었든 몰입은 긍정적 감정 상태에 기댄 것으로, 사용자 경험의 지속성과 연결된다. 그 과정에서 나타나는 성과 향상은 덤이다.

특히 'flow'로서의 몰입은 재미 요소와 밀접한 관련이 있는데 이 재미라는 것이 꽤 흥미롭다. 우리의 라이프스타일이 재미를 추구한 지는 꽤 된 듯하다. 재미를 통한 즐거움이 없으면 확실히 구매나 사용 동력은 떨어진다. 많은 경우, 재미 추구가 주목적은 아니다. 하지만 긍정적 사용자 경험은 몰입의 영향을 받고 이 몰입은 재미의 영향을 받는 구조라는 것을 생각해야 한다. 몰입 요소의 활용에는, 게임 분야가 가장 적극적이지만 거기에만 국한되지는 않는다. 그야말로 본질이 아닌 것이 본질이 된 상황이다. 그렇다고 스스로 통제할 수 있는 영역을 벗어나 몰입하는 것은 위험하다. 사람과 컴퓨터 사이의 소통에서 통제감(sense of control)은 사람이 본능적으로 갖기를 원하는 감성이다. 완전 자동화된, 그래서 사람의 개입이 전혀 필요 없는 시스템이라 할지라도 말이다. 통제할 필요가 없는 것과 통제할 수 있는데 하지 않는 것은 다르다. 우리는 후자를 택한다. 통제감을 적절히 녹인 몰입, 여기에 사용자 경험의 강건함이 있다.

우리는 자신의 감정을 어떻게 인지하고 경험하는가

우리는 감정을 어떻게 인지하는가? 느낌에 대한 사고 과정에는 어떤 요소들이 개입할까? 그때 나타나는 현상은 무엇일까? 사람의 정보 처리 과정이 감정을 직접적으로 다루지는 않는다. 하지만 우리는 감정이 사람의 정보 처리에 지대한 영향을 미친다는 것을 익히 알고 있다. 시험 종료 시간이 다가오는데 아직 풀지 못한 문제가 산더미라면? 다 풀지 못할 것 같다는 불안감은 집중력을 떨어뜨리고, 다 풀어야 한다는 강박은 오히려 머리를 텅 비게 만든다. 문제를 제대로 풀 리 없고, 마지막 선택은 '그분'이 오시길 기대하며 시전하는 찍기 신공이지만 그분은 좀처럼 오시지 않는다. 상황과 맥락에 따라 우리의 감정은 바뀌고 그 감정은 정보를 처리하는 데 있어 도움을 주기도 하고 방해가 되기도 한다. 이는 상당 부분 인지와 관련이 있다.

감정은 많은 경우 생리학적(physiological) 반응과 함께한다. 우리가 느낄 만한 생리학적 발현이 감정 관련 표현이나 행동으로 이어지는 것이다. 무서움이라는 감정이 심장 박동수 증가라는 생리학적 반응과 함께하고, 두려움이 얼굴 표정을 통해 나타나듯이 말이다. 그렇다면 감정과 인지 중 무엇이 먼저 일어나는 것일까? 무섭다고 느끼니까 심장이 빨리 뛴다? 심장이 빨리 뛰니까 무섭다고 느껴진다? 전자가 더 맞는 말인 것 같기는 한데 꼭 그런 것 같지도 않다. 우리 머릿속에 '두렵다'라는 감정에 대한 딱지(labeling)는 어떻게 붙게 되는 것일까? '두렵다'라는 언어 표현이 감정 인지에 미치는 영향은 무엇일까? 언어가 없다면 감정에 대한 정확한 인지는 불가능할까? 질문은 꼬리에 꼬리를 문다.

시각 자극에 대한 해석과 감정 생성과 관련해서 머릿속에서 일어나는 일을 살펴보자. 이는 두 가지 과정으로 생각할 수 있다.

- **과정 1**
  자극 → 눈 → 시상 → 시각 피질 → 편도체

- **과정 2**
  자극 → 눈 → 시상 → 편도체

시상(thalamus)은 간뇌(diencephalon)의 대부분을 차지하는데, 후각을 제외한 자극에 대한 감각 신호가 대뇌 피질로 전달될 때 중계 역할을 한다. 후두엽(occipital lobe)에 있는 시각 피질(visual cortex)은 시각 정보를 처리하는 영역이고, 편도체(amygdala)는 감정과 관련된 정보를 처리하는 측두엽(temporal lobe) 안쪽에 있는 신경핵의 집합체다. 과정 2에는 과정 1에 있는 시각 피질의 단계가 없다. 시각 정보를 제대로 해석하지 않고 바로 감정 처리 영역으로 들어서는 것이다. 그래서 과정 1에 비해 과정 2는 감정을 처리하는 머릿속 지름길로 인지 과정이 일정 부분 생략되고, 감정적 반응과 생리

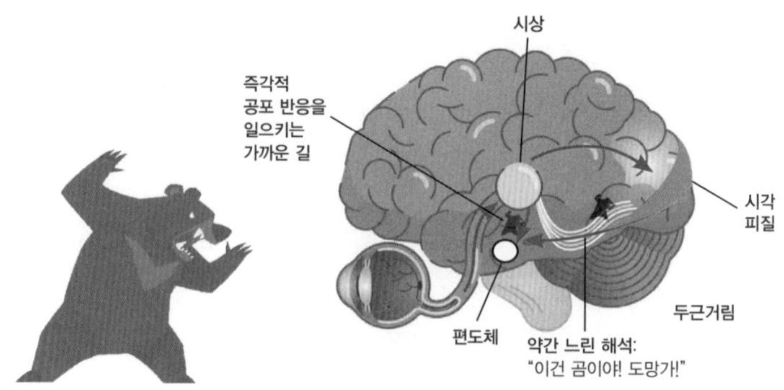

시각 자극 처리와 감정 생성 과정

학적 각성이 의식적인 사고 과정 없이 일어난다. 동물원에서 커다란 몸집의 곰을 찬찬히 쳐다보고 으르렁거리는 소리를 들으면서, 우리는 무섭다는 생각을 한다. 이것은 과정 1이다. 한적한 길에서 운전을 하는데 갑자기 곰이 튀어나오면, (그 순간 곰인지도 제대로 인지하지 못한 채) 우리는 바로 가슴이 덜컥 내려앉음을 느끼고, 그 다음 한마디 한다. "헉, 놀라라!" 이건 과정 2다.

감정은 생각에 따라 변하고, 생각은 감정에 따라 바뀐다. 어느 한쪽을 적절히 조작할 수 있다면 다른 한쪽은 자연스럽게 만들어질 수도 있다. 의식적인 사고 과정 없이 생리학적 반응이 일어날 수 있고, 어떤 경우에는 그 반응을 느끼지 못할 수도 있다. 우리가 모르는 사이 감정의 반응이 일어나는 것이다. 사람들이 특정 감정을 가지도록 유도할 수 있고, 어떤 대상에 대한 감정이 그 대상이 없어져도 바로 사라지지는 않는다. 또 긍정적, 부정적 감정을 부르는 새로운 환경이 이내 보통의 상황처럼 느껴지기도 한다. 원하는 대학에 들어가도, 취직을 해도, 월급이 올라도, 로또에 당첨되어도 그 행복감이 순간 높아질지언정 금세 평상시의 마음으로 돌아온다. 반대의 경우도 마찬가지다.

감정은 아주 긴 시간 인류가 적응해 온 결과물 중 하나다. 언어가 없었

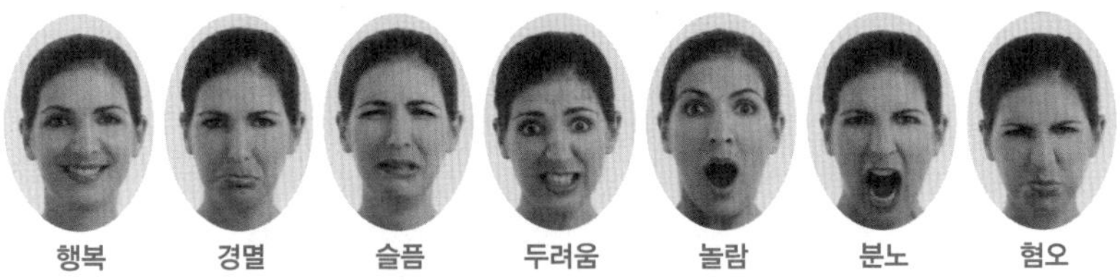

폴 에크만의 7가지 감정 분류

던 시절에도 얼굴 표정이나 몸짓 등을 통해서 의사소통이 가능했다. 그것은 생존의 문제였으리라. 감정에 대한 체계적 연구가 시작된 이래, 여러 심리학자들이 감정을 어떻게 분류할 것인지에 대해 고민했다. 일찍이 1960년대에 실반 톰킨스(Silvan Tomkins)는 흥미(interest), 즐거움(enjoyment), 놀람(surprise), 괴로움(distress), 두려움(fear), 분노(anger), 창피(shame), 혐오(disgust), 경멸(dissmell) 등 9개의 기본 감정을 언급했다. 나중에 캐롤 이자드(Carroll Izard)는 보다 체계적인 방법을 통해 흥미(interest), 즐거움(joy), 놀람(surprise), 슬픔(sadness), 분노(anger), 혐오(disgust), 경멸(contempt), (자신에 대한) 반감 (self-hostility), 두려움(fear), 창피(shame), 수줍음(shyness), 죄책감(guilt) 등 12개의 핵심 감정을 찾아냈다. 또, 폴 에크만(Paul Ekman)은 여러 문화에서 보편적으로 이해될 수 있는 감정 표출과 관련된 얼굴 표정을 행복(happiness), 슬픔(sadness), 분노(anger), 혐오(disgust), 경멸(contempt), 두려움(fear), 놀람(surprise) 등 7개로 구분했다. 이러한 감정들은 생물학적 반응과 관련이 있고, 인종과 문화에 상관없이 동일하게 나타나는 경향이 있다. 많은 경우, 유아기 때부터 나타난다.

로버트 플럿칙(Robert Plutchik)은 심리진화론적(psychoevolutionary) 분류 방법에 기대어, 분노(anger), 두려움(fear), 슬픔(sadness), 혐오(disgust), 놀람(surprise), 기대(anticipation), 믿음(trust), 기쁨(joy) 등 8개의 주 감정이 있다고 했다. 그는 이 감정들을 생존과 엮어서 설명했는데,

영화 〈인사이드 아웃〉 감정 캐릭터들

예를 들어 두려움은 전투에서 살아남고자 하는 것과 관련이 있다. 애니메이션 영화 〈인사이드 아웃(Inside Out)〉(2015)에서도 이와 비슷한 이야기가 나온다. 등장하는 감정 캐릭터는 모두 다섯으로, 버럭이(Anger), 소심이(Fear), 기쁨이(Joy), 까칠이(Disgust), 슬픔이(Sadness)다. (아마 영화적 설정을 위해 특색 있는 감정들로 추려 낸 것이었으리라.) 버럭이는 공정한 것에, 소심이는 안전한 것에, 기쁨이는 행복한 것에, 까칠이는 (물리적, 사회적으로) 깨끗한 것에, 슬픔이는 슬프게 하는 것에 신경을 쓴다. '나쁜' 감정 캐릭터는 없다. 감정은 어떻게 분류되든 간에, 기본 감정들의 다양한 조합을 통해 무수히 파생된다. 사회적, 문화적 영향을 받아 다르게 나타나기도 한다.

감정의 반대 과정 이론(The opponent-process theory of emotion)[21]은 감정의 복잡함과 이중성을 다룬다. 리처드 솔로몬(Richard Solomon)에 의해 발전된 이 이론은 '즐거움의 비용과 고통의 보상(the costs of pleasure and the benefits of pain)'이라는 표현처럼, 사람은 긍정 감정과 부정 감정, 두 개의 프로세스를 함께 경험한다고 말한다. 어떤 사건에 대한 긍정(혹은 부정) 감정(주 감정, primary emotion)은 사건 발생 직후 발생해 자극이 사라

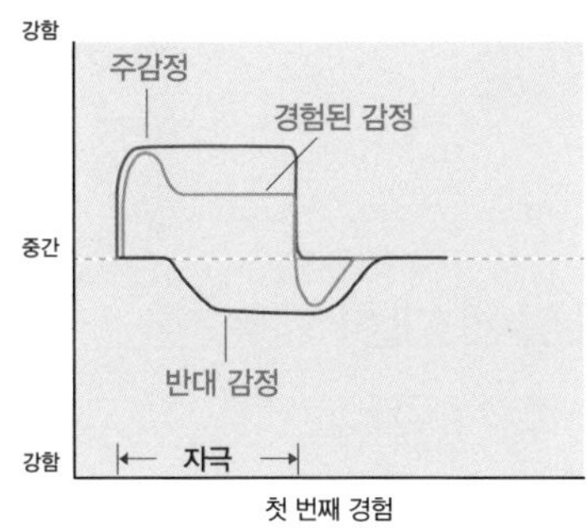

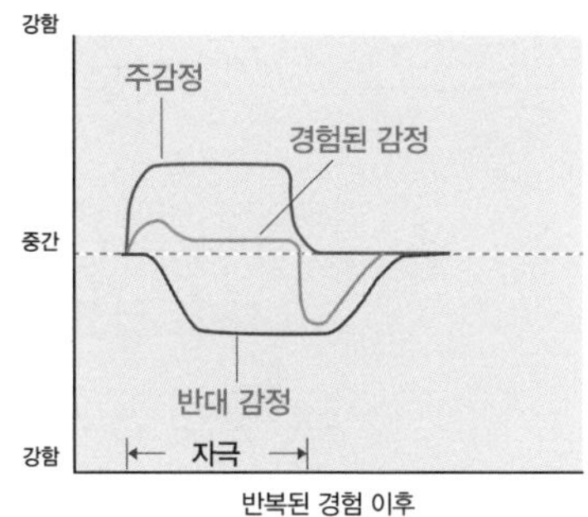

감정의 반대 과정 이론[21]

진 직후 사라진다. 이에 대비되는 부정(혹은 긍정) 감정(반대 감정, opponent emotion)은 주 감정보다 살짝 늦게 발현되고 자극이 없어진 후 조금 더 지속되고 사라진다. 우리는 이 두 개의 감정이 합쳐진 것을 경험하게 되는데, 그것이 바로 경험된 감정(experienced emotion)이다. 처음에는 긍정(혹은 부정) 감정을 강하게 느끼다가, 자극이 지속되는 동안 조금 낮아진 수준으로 유지되다가, 자극이 끝난 후에는 오히려 부정(혹은 긍정) 감정을 좀 더 느끼게 된다. 그렇기에 '시원섭섭함', 이 말은 틀리지 않다.

상처 위에 자리 잡은 딱지를 떼어 내면서, 아프지만 동시에 시원함을 느끼는 것도 이런 맥락에서 이해할 수 있다. 분명 아픈데 알 듯 모를 듯 기분이 좋다. 재미있는 것은 동일 자극이 반복됨에 따라 주 감정의 강도가 약해진다는 것, 그리고 반대 감정은 오히려 커진다는 것이다. 이는 여러 가지 심리적 중독 현상을 설명한다. 반복된 자극은 처음 느꼈던 것과 다르다. 동일한 감정 경험을 위해서 더 강하고 지속적인 것을 찾게 된다. 하지만 무엇인가에 너무 깊이 빠지는 건 위험하다. 그 대신 '새로운' 긍정 자극을 찾아보는 건 어떨까. 우리는 위험에, 도전에 직면했을 때 그 나름의 동기와 즐거움을 내면에서 끌어낸다. 슬픔은 후련함과 함께할 것이다. "피할 수 없으면 즐겨라."라는 말도 있지 않은가?

사용성과 심미성에 대한 경험이 사회로 확산되다

우리의 경험은 확산된다. 사용성과 심미성에 대한 1차적 경험이 브랜드와 감성에 대한 2차적 경험을 거쳐 사회적 경험으로 대변되는 총체적 경험으로 확산되는 흐름이다. 사용자 경험을 개인의 영역으로만 바라볼 게 아니라, 여러 사람과 다양한 객체들이 혼재된 사회 문화적 영역에서도 충분히 논할 필요가 있다.

1차적 경험은 개인의 경험에 기댄다. 사람들이 어떤 제품을 구매하거나 사용하겠다고 마음먹는 것은 그들이 그 제품에 만족하기 때문이다. 만족도는 사람들의 마음속 최종 점수인 셈이다. 만족에 영향을 주는 디자인 요소에는 사용성, 심미성, 명성(입소문), 가격 등이 포함된다. 이러한 요소들을 어떻게 받아들이는지가 중요한 것이다. 이 중에서 사용성과 심미성이 제품 본연의 속성과 가장 잘 연결되는데, 경험의 첫 단계에서 사용적 경험과 심

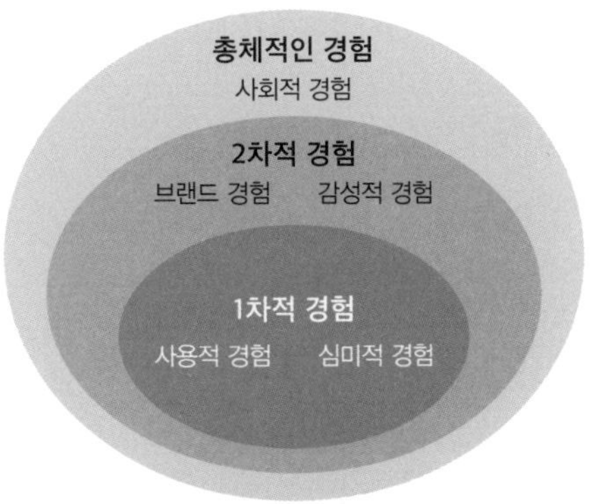

사용자 경험의 확산

미적 경험으로 나타난다.

사용성은 객관적 평가와 주관적 평가로 나눌 수 있다. 우선, 객관적 평가는 사용자 성과(user performance)를 의미한다. 작업 완료 시간, 학습 시간, 오류율 등 객관적 지표로 측정 가능한 것들이 여기에 해당한다. 주관적 평가는 그야말로 사용성에 대한 주관적 느낌이다. 종종 객관적 사용성과 주관적 사용성이 일치하지 않을 때가 있는데, 일상생활에서 사용하는 경우에는 아무래도 사람들의 주관적 판단이 우선시되는 경향이 있다. 심미성은 제품의 형태에서 비롯된 사용자의 미적 인식으로 개인의 주관적 평가로만 존재한다. 아름다움을 느끼는 것을 객관화한다는 것은 애초에 말이 되지 않는다.

사용적 경험과 심미적 경험은 실제 사용 여부를 기준으로 나뉠 수 있다. 사용 전 기대와 사용 후 평가로 구분되는 것이다. 사용성과 심미성에 대한 사람들의 판단은 서로 영향 관계에 있는데, 이는 실제 사용 여부에 따라 달리 나타난다. 사용성과 심미성이 만족도에 미치는 영향도 사용 여부에 따라 달라지는 것은 당연하다. 실제 사용하기 전에는 사용성과 심미성에 대한 사람들의 예상 사이에는 강한 연결 고리가 있고, 심미성이 사용성보다

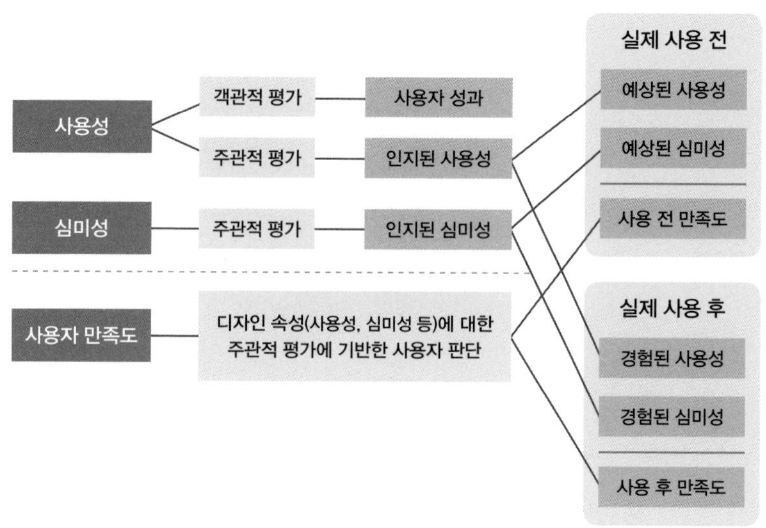

사용 전후 사용성, 심미성, 만족도 개념 분류[22]

만족도에 더 많은 영향을 끼친다. 실제 사용을 통해서만 알 수 있는 부분들을 아직 제대로 알 수 없기 때문에, 사용성과 관련해서는 예상이나 기대에 머물 수밖에 없다.

상대적으로 제품의 외형에 집중하는 심미성은 실제로 사용하지 않아도 어느 정도 제대로 된 평가가 이루어지기 때문에, 사용성보다 심미성이 만족도에 좀 더 영향을 주게 된다. 심미성에 대한 판단이 사용성에 대한 기대로 이어지게 되는 것이다. 이른바 후광 효과(halo effect)의 발현이다. 후광 효과란 어떤 대상의 일부 속성에 대한 평가가 다른 일부 속성 혹은 대상 전체에 대한 평가로 이어진다는 것을 말하며, 보통은 긍정적인 평가일 경우에 적용된다. 이는 실제 사용 전 제품의 외형에 대한 긍정적 평가가 사용성에 대한 높은 기대로 이어질 수 있음을 설명한다.

예전에 〈짝〉이라는 남녀 미팅 리얼리티 프로그램이 있었다. 출연자들의 이름 대신 '남자 몇 호', '여자 몇 호'로 부르며 짧은 시간 서로를 탐색하

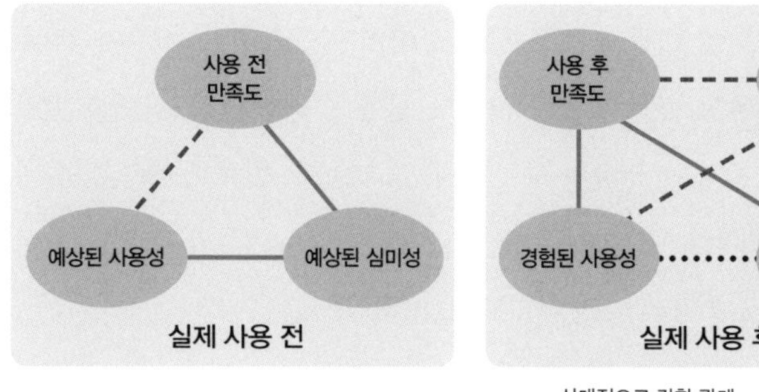

실제 사용 여부에 따른 사용성, 심미성, 만족도 간 관계[22]

고, 호감을 주고받고, 최종에 가서는 서로의 마음을 확인해 커플이 되는 흐름이다. 재미있는 점은 서로의 정보를 한 번에 오픈하지 않는다는 것이다. 별다른 정보 제공이 없는 초반에 출연자들은 상대방의 외모에 더 집중할 수밖에 없는데, 이러한 외모 평가는 성격, 직업, 수입 등의 예상으로 이어진다. 의식하지 못하는 사이, '잘생긴/예쁜 외모 = 좋은 성격/직업'이라는 공식이 만들어진다. 하지만 나중에 출연자들의 소위 '스펙'이 공개되면, 이러한 평가는 종종 바뀌게 된다. 변했을 리 없는 외모에 대해 극명히 다른 평가가 이루어지기도 한다. 흔히들 말하는 '사' 자 직업을 가졌으나 외모가 그다지 뛰어나지 못한 탓에 주목받지 못했던 출연자는 이제 반전의 타이밍을 잡는다. 어설픔은 이내 겸손함과 순수함으로 재평가된다. 사람이란 원래 그렇다. 사람의 판단에 절대적인 기준이란 존재하지 않는다.

실제 사용을 거친 사용성에 대한 인식은 만족도에 많은 영향을 준다. 여전히 심미성의 영향이 있기는 하지만, 그 영향이 그리 오래 지속되지는 못한다. 이제는 사용성이 좀 더 힘을 발휘한다. 사용성과 심미성에 대한 판단 사이에 여전히 강한 연결 관계가 나타나지만, 꼭 그렇다고 말하기에는 힘이 좀 빠진 모양새다. 실제 사용 전과는 반대 방향으로, 사용성에 대한 긍정적 인식이 심미성에 대한 긍정적 평가로 이어지기도 한다. 사용해 보니 좋고 그러니 디자인도 멋져 보이는 것이다. 물론 이러한 상호 관계를 일반화하기는 어렵다. 주된 사용자가 누구인지, 그 제품을 가지고 무슨 일을 하는지, 상호 작용 방식과 그 특징은 어떤지, 사용성과 심미성과 관련한 주 설계 요인은 무엇인지에 따라 달리 나타날 수 있다.

사용적 경험과 심미적 경험(1차적 경험)은 브랜드 경험과 감성적 경험(2차적 경험)으로 확장된다. 사용 경험이 누적되면서 제품에 대한 전체적인 감성과 브랜드 이미지를 제고한다. 사용에 익숙해진다는 것은 제품을 지속적으로 사용하게 하는 동력이 된다. 또, 심미성은 사람들이 브랜드에 대해 특정 이미지를 갖는 과정을 동반한다. 여러 제품들 간의 동일한 심미적 경험이 해당 브랜드의 일관된 이미지를 형성하는 것이다. 같은 브랜드의 제품들은 같은 심미적 경험을 공유해야 하는 것도 비슷한 맥락에서 이해할 수 있다.

브랜드의 성격과 가치가 잘 정립되었다 하더라도, 외적·미적 표현이 일관되지 못하면 소비자들이 인식하는 브랜드 이미지는 혼란스러워진다. 이와 관련해, 구글(Google)은 안드로이드 기반 제품들의 디자인적 일관성을 위해 현실 세계의 물질을 메타포(metaphor, 외형이나 속성을 차용)하거나 그림자, 깊이, 속도 등 물리 법칙을 적용하는 머티리얼 디자인(Material

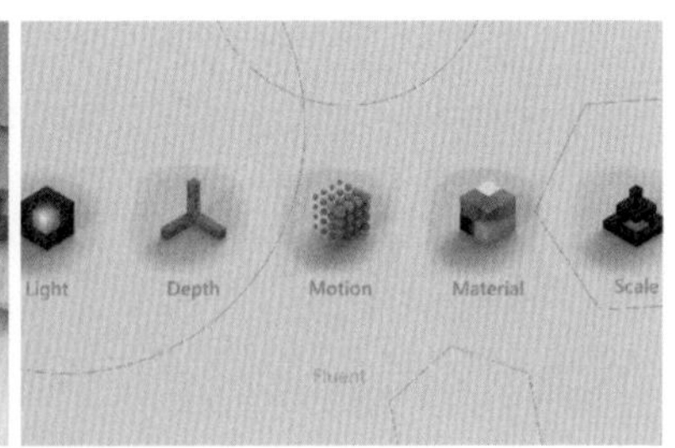

마이크로소프트 플루언트 디자인

Design) 가이드라인을 제안했고, 마이크로소프트(Microsoft)는 기존의 데스크톱 및 모바일 환경을 넘어 가상·증강현실에서도 적용 가능한 플루언트 디자인(Fluent Design) 가이드라인을 제안했다.

브랜드 경험과 감성적 경험은 브랜드 충성도로 이어진다. 제품에 대한 일종의 팬덤(fandom), 소위 말하는 '~빠'가 만들어지는 것이다. 누가 뭐래도 이 브랜드 이 제품이 최고라는 인식과 이것만 쓰겠다는 의지가 드러난다. 경쟁사는 이 충성도가 철옹성처럼 단단해지기 전에 고객을 빼내어 와야 한다. 혹자는 사람을 새로 끌어오는 것보다 원래 있던 사람을 그대로 유지시키는 것이 더 어렵다고 말한다. 경쟁사의 아주 단단한 고객 충성도를 깨는 건 자사의 파괴적 혁신(disruptive innovation)을 통해 가능하다. 시장에서의 전쟁이 뿌리 깊은 1차적 경험에 바탕을 둔 경우, 기존 고객의 마음을 돌리기는 여간 어렵지 않다. 새롭고 혁신적인 제품으로 1차적 경험을 다시 구성하고 2차적 경험의 전쟁터로 가서 유리한 고지를 선점해야 한다.

이제 사용자 경험은 사회적 경험으로 확산된다. 개인의 경험은 공유되고 같은 경험이 모여 집단적 경험으로 나타난다. 자신만의 경험이 아니라는 것을 확인하게 되고, 소비자로서 제품 요구 사항을 전달하면서 개발에 적극적으로 참여하기도 한다. 경험 생태계 속에서 제품은 저마다의 역할을 갖고 서로 의미 있게 관계한다. '없어도 그만'이 아니라, 점차 내 생활이나 삶과 함께하는 필수품이 되어 간다. 현 시대에 다른 사람들과 연결되는 것은 필연적이다. 컴퓨터 제품과 시스템은 이 연결을 더 다양하고 복잡하게 만든다. 사람들이 모이고 엮이는 것이 사회 맥락적 요소들과 함께 이루어진다. 그리고 그 속에서 제품의 정체성은 더욱 구체화된다. 그것이 소통과 연결 속에서 이루어지는 사회적 경험인 것이다.

누군가의 마음을 이해하고 기쁨과 슬픔을 공감한다는 것

매년 4월 셋째 주 월요일에는 보스턴 마라톤 대회가 열린다. 근대 올림픽을 기념하고자 1897년 보스턴선수협회 주최로 시작된 이 대회는 런던 마라톤, 로테르담 마라톤, 뉴욕 마라톤과 함께 세계 4대 마라톤 대회 중 하나로 꼽힌다. 비교적 최근인 2001년 105회 대회에서 이봉주 선수가 우승을 차지해 우리나라 사람들에게는 더욱 친숙한 대회이기도 하다.

그런데 2013년 4월 15일 117회 보스턴 마라톤 대회에서 결승선 직전 두 개의 폭탄이 터진다. 이로 인해 많은 참가자들과 일반 시민들이 다치게 된다. 일명 '보스턴 마라톤 폭탄 테러' 사건이다. 미국 연방수사국(FBI, Federal Bureau of Investigation)은 즉각 조사에 들어갔고, 4월 18일 용의자의 사진과 비디오 영상이 공개되고 얼마 지나지 않아 테러범이 체포되었

보스턴 마라톤 폭탄 테러 사건

다. 그리고 약 2년의 시간이 흐른 2015년 5월 15일 그에게 사형이 선고되었다. 이 사건은 2001년 미국 본토에서 발생했던 9·11 테러 사건 이후 또다시 미국인들과 세계에 충격과 슬픔을 안겨 주었다.

보스턴 하면 떠오르는 것 중 하나가 보스턴 레드삭스(Boston Red Sox)다. 레드삭스는 보스턴을 연고로 하는 미국 메이저리그 베이스볼 프로야구팀이다. 뉴욕 양키즈(New York Yankees), 엘에이 다저스(Los Angeles Dodgers), 시카고 컵스(Chicago Cubs) 등과 더불어 미국 내에서 매우 열성적인 팬덤을 가진 팀이기도 하다. 1918년 베이브 루스(Babe Ruth)가 라이벌 팀인 뉴욕 양키즈로 이적한 뒤 시작된 '밤비노의 저주' 이야기를 한 번쯤 들어 봤을 것이다. 1918년 우승 이후 2004년 월드 시리즈 우승까지 무려 86년이 걸렸으니, 메이저리그 내에서도 유서가 깊은 강팀이었던 레드삭스로서는 정말로 저주라 할 만했다.

보스턴 마라톤 테러 사건으로 다시 돌아와 보자. 그때나 지금이나 레드삭스는 보스턴 내에서 그 나름의 상징성이 있다. 테러 사건 직후인 2013년 4월 20일, 보스턴 시민들은 그 어느 때보다 많이 홈구장인 펜웨이 파크(Fenway Park)로 모여들었다. 〈Sweet Caroline〉의 원곡 가수인 닐 다이아몬드(Neil Diamond)도 자비를 들여 보스턴 구장으로 날아왔다. 〈Sweet

보스턴 레드삭스의 'Be strong' 문구

Caroline〉은 2002년부터 거의 보스턴 레드삭스 공식 응원곡으로 대접받고 있었는데, 확고하게 자리 잡게 된 결정적 계기는 2004년 월드 시리즈 우승이다. 이 노래가 밤비노의 저주를 풀어 주었다고 생각했던 모양이다.

닐 다이아몬드는 구장 한복판에서 관중들과 호흡하며 이 노래를 부른다. 이때 보스턴 레드삭스의 로고 'B' 밑에 적혀 있던 'Strong'이라는 슬로건('Be Strong' 또는 'Boston is Strong')은 그 추모의 힘을 더욱 가중시킨다. 이 노래가 응원곡으로 떠오르게 된 중심에는 관중들이 함께할 수 있는 리듬과 호흡이 있다. 후렴이 시작할 때 "Sweet Caroline, Bap, Bap, Bah!", 그리고 "Good times never seemed so good" 이후 흥겨운 손짓과 춤을 곁들이며 "So good, so good, so good!"을 넣어 부르는 것이다. 관련 동영상을 꼭 한번 보기를 권한다.[23]

분위기는 차분함을 훨씬 넘어 즐거움 그 자체다. 간간이 미국 국기인 성조기가 보이고 사람들은 그 어느 때보다도 해맑고 신이 난다. 보스턴 테러 사건의 희생자를 추모하는 자리와 의미라는 것을 모르고 보면 일반적인 파티 현장처럼 느껴지기도 한다. 하지만 이 글을 읽고 본다면 그 모습이 사뭇 다르게 보일 것이다. 다 같이 양손을 올리며 후렴구에 즐겁게 호응하는 것을 보면 어느새 짠한 감동이 몰려온다.

보스턴 시민들을 비롯한 수많은 미국인들은 이 테러 사건에 집단적 긍정과 소통의 힘으로 대응하려 했던 것처럼 보인다. 물론 이는 계획한 것이 아닐 것이다. 오랜 시간을 거쳐 그들의 문화가 그리 형성된 것이다. 슬픔을 치유하는 방식은 사람마다, 지역마다, 나라마다, 문화마다 다르다. 우리의 아픈 이야기인 세월호 사고에 대해 우리는 다른 방식의 치유 과정을 거쳤다고 생각한다. 각자의 문화에서 최선의 방식으로 치유하는 것, 이것은 그들의 슬픔을 느끼고 함께 치유하는 공감의 여러 형태로 나타난다.

최근 우리는 이 공감(empathy)에 대해 많이 이야기한다. 공감은 동정(sympathy)과 그 의미가 다르다. 동정은 남의 어려운 처지를 생각하고 가엾게 여기는 마음이고, 공감은 남의 상황과 기분을 이해하고 같이 느낄 수 있는 마음이다. 상대적 관점에서 보면, 공감은 수평적 관계이며 감정의 스펙트럼 또한 넓다. 우리가 기쁜 상황을 동정한다고 하지는 않지 않은가? 공감은 슬픔을 같이 느끼고 기쁨을 이해하며 즐거움을 공유한다.

인공지능 발전에 있어 이 공감 능력에 대한 고민이 그 어느 때보다 깊다. 현재의 인공지능은 주어진 데이터에 기반하고 분명한 목적을 가지고 있다. 아직은 인공지능의 적용에 있어 다소 제한이 따르는 것이 사실이다. 그 제한의 이유 중 하나가 공감 능력 부족이다. 공감 능력은 인간만이 지닌 보편적 가치다. 배워서 되는 것이 아니라 긴 시간의 흐름 속에서 체화되어 본능적으로 알고 있는 관념인 것이다. 인간에게는 당연하고 보편적인 감정의 특징을 과연 인공지능이 학습할 수 있을까? 세월호 사고와 보스턴 마라톤

공감과 동정의 차이

테러 사건이라는 두 비극에 대처하는 공감 방식은 문화적, 맥락적 차이에서 기인했을 것이다. 인공지능이 이 차이에서 오는 미묘한 부분까지 학습하려면 아직 시간이 더 필요하다.

공감은 사소한 것에서부터 시작한다. 그 사소한 것들은 어디까지나 개인의 직간접적인 경험의 부산물과 맞닿아 있다. 인공지능은 개인의 경험 히스토리와 맥락에 집중해야 한다. 그리고 이를 공감이라는 감정의 영역으로 끌어와야 한다. 우선은 시간과 장소라는 정량적 맥락 요소를 활용할 필요가 있다. 인공지능 시스템은 시간과 장소에 기댄 사람들의 기억과 감정을 이해하고, 이를 활용해 적절한 공감 대응을 할 수 있다. 음성 사용자 인터페이스(VUI, Voice User Interface)나 챗봇(chatbot)이 사용자의 말이나 글에 적절한 관심만 보여도 어느 정도 공감을 표현할 수 있다. "오, 그래?", "정말?", "나 그거 처음 듣는데.", "힘들었겠구나!" 등등.

교수로서의 생활을 시작하고 두 번째 해, 지도하던 학부 학생이 있었다. 한번은 그 학생이 실수를 한 적이 있다. 하지 말라고 당부했던 일 중 하나를 한 것이다. 초짜 교수 나름의 열정으로 한참 혼을 냈다. 그리고 얼마의 시간이 지난 후 조금은 차분해진 스스로를 느끼며 그 학생에게 한마디를 덧붙였다. "그래도 그럴 수 있다. 그럴 수 있어." 그러자 그 학생은 울기 시작했다. 혼날 때 운 게 아니라 그럴 수 있다는 말에 운 것이다. 이제 상황은 역전되었다. 어찌할 바를 모르는 채로, 왜 우느냐고 물었다. 그러자 그 학생이 여전히 울면서 말했다. "그렇게 말해 준 사람은 처음입니다." 그때부터였던 것 같다. "공감하는 교수가 되자. 학생 눈치 보는 교수가 되자."라는 내 나름의 개똥 철학(?)이 생겼던 것이. 실수에 자책하는 친구에게, 학생에게, 자식에게 "그럴 수 있다."라며 위로의 말을 전해 주는 인공지능 시스템을 상상해 본다.

우리의 마음은 겉모습보다는 그 속의 이야기에 집중한다

심미성(aesthetics)은 사람들로 하여금 그 제품을 갖고 싶다는 마음을 들게 하는 디자인 특성이다.[24] 좀 더 풀어서 쓰면, 제품 경험을 통한 아름다움에 대한 주관적 판단으로, 제품의 시각적 특성에 대한 감성 주도적 평가 반응이라고 할 수 있다.[25] 심미성은 사용성과 더불어, 제품 설계와 사용자 반응에 대한 핵심 기준이다. 사람과 컴퓨터 간 상호 작용을 이해하는 데 있어, 짧은 시간 급속히 파고든 심미성은 사용성의 아성을 뛰어넘은 것처럼 보이기도 한다.

아름다움을 느낀다는 것은 무엇일까? 리처드 세이모어(Richard Seymour)의 TED 강연 〈How beauty feels〉[26]를 보면 하나의 이야기가 나온다. 특별한 설명 없이 등장하는, 손으로 그린 어설픈 꽃 그림, 그리고 이내 누가 언제 그렸는지 이야기하는 강연자. 이는 하이디라는 다섯 살짜리 소녀가

《미학 오디세이》와 플라톤, 아리스토텔레스, 디오게네스

척추암으로 사망하기 전 마지막으로 한 행동이라는 설명이 이어진다. 이제 더 이상 그림이 어설퍼 보이지 않는다. 그 짧은 설명으로 우리의 가슴은 먹먹해진다. 머리가 아닌 가슴으로 느끼는 그림 안의 아름다움. 우리는 시각적 자극 이면에 들어 있는 이야기에 집중한다. 강인공지능으로 가는 길에 이런 내면에 대한 이해 과정이 있어야 함은 당연해 보인다.

진중권의 《미학 오디세이》라는 책이 있다. 저자는 과거에서 현재로의 시간 흐름 속에서 예술품들에 녹아 있는 미적 관념을 논의하며 미학이 왜 철학인지에 대해 생각하게끔 한다. 책에는 철학자 플라톤(Plato), 아리스토텔레스(Aristotle), 디오게네스(Diogenes)가 등장해 미학에 대해 문답형으로 대화하는 것이 군데군데 나오는데, 미학이라는 익숙하지 않은 내용을 쉽게 풀어 설명해 주는 역할을 톡톡히 한다. 특히 플라톤은 이상 세계 속 미의 본질 추구에, 아리스토텔레스는 현실 세계 속 사람 중심의 미적 경험에 의미를 둔다. 아름다움은 객체의 본질에 있는 것일까, 사람의 마음에 있는 것일까? 아쉽게도 그 본질의 철학적 의미까지 이해하기는 어렵지만, 그래도 어디까지나 사람이 먼저 아니겠는가? 사람의 주관적 판단이 상대적으로 더 중요해진 현재의 시점에서는 더욱 말이다.

감정은 사회 문화적 배경에 따라 다르게 형성된다. 심미성 또한 그 기준

문화적으로 다른 오케이(OK) 제스처의 의미

이 달라짐은 매우 자연스럽다고 할 수 있다. 사회 문화적 요인과 사람의 인지 사이의 관계를 여러 예들을 통해 살펴보자. 엄지손가락과 검지손가락으로 동그란 모양을 만들고 나머지 세 손가락은 자연스럽게 펴서 만드는 오케이(OK) 제스처는, 흔히 임무를 할 준비를 마쳤거나 그 일을 잘 끝냈다고 수신호를 보낼 때 사용한다. 하지만 브라질에서는 아주 심한 욕이라고 한다. 때를 가려 가며 써야 할 제스처인 것이다.

다음 그림에서 왼쪽 이미지가 무엇을 의미하는지 알겠는가? 미국에서 쉽게 볼 수 있는 우편함을 이미지화한 것이다. 그런데 이게 우리에게 그리 익숙하지는 않다. 넓은 땅, 긴 도로를 따라 죽 늘어선 싱글 하우스들과 각

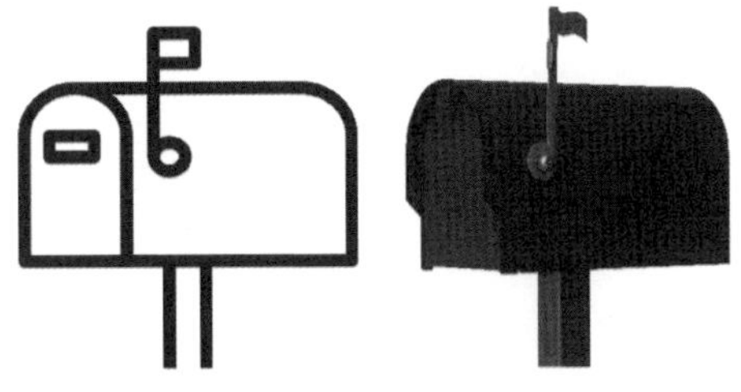

미국 우편함 이미지와 실제 모습

집에 딸린 마당들이 있는 것이 일반적인 미국 동네의 모습이다. 우체부들이 이 집들의 문 앞까지 우편물들을 배송하려면 마당을 지나야 하는 번거로움이 컸을 것이다. 다행히 우편함은 대부분 길가 쪽 잔디 마당 끝에 있다. 우체부들은 천천히 차를 움직이며 우편함에 접근해 물건을 배송한다. 작업의 효율성을 추구한 방식인 것이다. 우편물을 넣은 후 우체부들은 깃발이 달린 조그만 작대기를 위로 세워 둔다. 마당 너머 집 안에 있는 사람들은 이것을 보고 우편물이 도착했음을 쉽게 인지한다. 이것 또한 우리에게는 생경한 문화다. 우리나라 사람들을 대상으로 할 때 이를 활용한 우편함 아이콘을 쓰기에는 무리가 있다.

미국 영화나 드라마를 보면 거의 대부분의 국번이 '555'다. 몰랐다면 한번 유심히 보자. 눈치채고 있었다면 왜 그런지 혹시 찾아보았는가? 기본적으로는 사람들이 쓰지 않는 전화번호를 극 중에 사용할 필요가 있었을 것이다. 현실 세계에서 그 번호로 전화를 거는 사람들을 고려했을 수도 있고, 이를 역으로 활용한 마케팅 수단이었을지도 모르겠다. 미국 전화번호는 종종 알파벳과 연결해 어떤 의미를 덧입힌다. 전화기의 버튼에서 2는 ABC, 3은 DEF, 4는 GHI, 5는 JKL, 6은 MNO, 7은 PQRS, 8은 TUV, 9는 WXYZ이다.(0과 1에 매칭된 알파벳은 없다.) 예를 들어, 'KOR'은 567이 되는 식이다.

전화 키패드(숫자+영어)

리얼리티 쇼 〈어프렌티스〉

광고에 이 방식이 꽤 사용될 정도로 미국에서는 보편적이기도 하다. 그런데 555에 매칭되는 알파벳 J, K, L로 만들어지는 의미 있는 조합이 상대적으로 적었다는 점도 영화에서 애용된 이유 중 하나라고 한다. 결국 사람들은 555를 잘 사용하지 않았고 할리우드의 차지가 되었다는 것이다. 역시나 우리에게는 잘 와 닿지 않는 문화다.

"넌 해고야!" 이와 관련된 영어 표현과 한국어(속어) 표현을 한번 보자. "You're fired!" 도널드 트럼프(Donald Trump)가 대통령이 되기 전, 〈어프렌티스(The Apprentice, 견습생)〉라는 리얼리티 쇼에서 출연자를 해고할 때 썼던 유행어다.(후에 아놀드 슈워제네거(Arnold Schwarzenegger)가 이 프로그램을 진행하며 "You're terminated!"라고 외쳤지만 화제가 되지는 못했다.) 같은 상황이라면 한국어로 어떻게 표현할까? 살짝 자극적이지만 흔히 통용되는 표현을 사용하자면 "넌 잘렸어!"쯤 되지 않을까? 어느 지인은 이 영어 표현과 한국어 표현의 차이가 총 문화와 칼 문화의 차이에서 기인한 것이라고 했다. 물론 웃자고 한 말이었지만 완전히 틀린 말로 들리진 않았다. 문화, 언어, 생활은 우리 사고와 연결되어 있다고 하지 않던가.

초코파이는 우리나라를 대표하는 국민 간식이다. 오리온(Orion)은 초코파이의 원조인데, 그 역사는 1974년부터 시작한다. 초기의 상자는 파란색과 짙은 갈색을 사용했으나 2011년 이후 빨간색과 짙은 갈색으로 바뀐

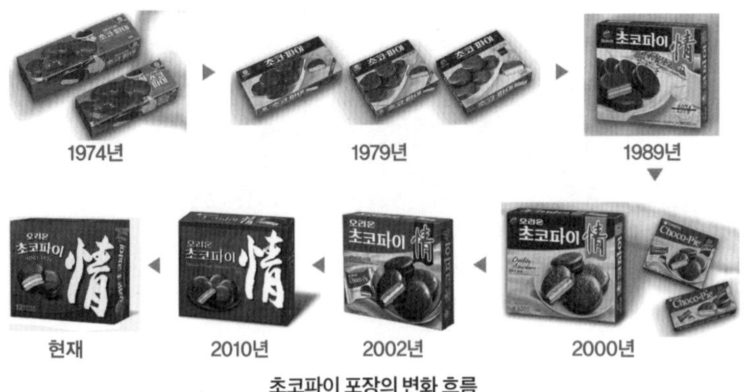

초코파이 포장의 변화 흐름

다. 개별 포장지는 금색 줄무늬가 있는 투명 포장지였다가 흰색 위주에 빨간색이 가미된 포장지로, 그리고 지금에 이르러서는 전체적으로 빨간 포장지로 바뀌었다. 혹시 투명 포장지를 기억하는가? 그렇다면 최소 40대일 것이다. 초코파이는 국제 현지화 전략을 추구하는데, 이 중 하나가 중국을 겨냥한 흰색과 빨간색 사용이다. 다른 나라에 출시되는 초코파이의 컬러 마케팅은 조금 다르다. 굳이 빨간색을 고수하지 않는다. 적절한 색 사용은 그 나라 사람들의 감정이 긍정적으로 발현되도록 유도한다. 그야말로 글로컬(glocal=global+local) 전략인 것이다.

글래스고대학의 레이첼 잭(Rachael E. Jack)과 그의 동료들은 실험 연구를 통해 얼굴 표정을 통한 감정 읽기에 있어 동양인과 서양인의 차이를 증명했다.[27,28] 결론부터 말하면, 서양인이 동양인보다 얼굴 표정에서 좀 더 세세한 감정을 찾아냈고 상대적으로 동양인은 눈에, 서양인은 입에 집중했다. 동양권 문화는 서양권 문화에 비해 밖으로 감정을 표출하는 것에 좀 더 조심스럽다. 그게 오랜 시간을 거쳐 오면서 표정을 통한 감정 읽기를 조금은 두루뭉술하게 만들지는 않았을까? 그러고 보니 일본 회사 산리오(Sanrio)의 캐릭터 헬로키티(Hello Kitty)는 눈 모양이 동그란 모양으로 정형

화되어 있고 입이 없다(안 보인다)!

채팅을 할 때 사용하는 이모티콘을 생각해 보자. 20년 전만 하더라도 우리나라 사람들은 '^^', '^_^', 'ㅠㅠ', '—_—;;' 같은 것을 많이 썼다. 눈에 집중하고 입은 없거나 중립적으로 표현된 것들이다. 당시 서서히 그 사용 빈도를 높여 가고 있었던 이모티콘이 ':)', ';D', ':(' 같은 것이었다. 눈보다는 입에 집중하고 있는 이 이모티콘은 미국을 포함한 서구권에서 더 보편적이다.

진짜 감정은 입을 통해 알 수 있다고 한다. 눈이 웃는 것보다는 입이 웃는 것이 진짜 웃는 것이라고도 한다. 동양권 문화는 감정을 조금 숨기고 소셜 스마일에 익숙했던 것은 아닐까? 물론 지금은 그 사용의 경계선이 많이 무너진 상태다. 최근 젊은 층을 중심으로 ':)', ';D', ':(' 같은 이모티콘이 널리 사용되는 것을 보면, 우리의 인식이나 감정 표출도 서양과 많이 닮아 가고 있는 것 같다. 문화는 시대의 흐름에 따라 변한다. 머지않은 미래 어느 시점에는 확실히 문화의 구분이 무의미해질 것이다. 그리고 그즈음에는 문화에 따른 감정의 구분선도 희미해질 것이다.

디자인 속 감성에 집중하고
제품에 특별한 의미를 부여하다

디자인 속에도 감정이 있다. 감성 디자인(emotional design)은 꽤 대중적 인지도를 가진 용어다. 이 개념은 제품이나 시스템과 상호 작용 하면서 느끼는 사람들의 감정에 집중한다. 그리고 그들의 감성적 욕구를 디자인을 통해 어떻게 만족시켜 줄 것인지를 생각한다. 컴퓨터와 소통할 때 사람들이 중요하게 생각하는 기준은 이제 이성적이고 객관적인 가치를 넘어 감성적이고 주관적인 가치를 향하고 있다. 이처럼 컴퓨터 중심에서 사용자 중심으로 이동한다는 것은 사람과 컴퓨터 간 상호 작용의 발전 흐름에 아주 중요한 부분을 차지한다.

언뜻 생각해 보면, 감성 디자인은 컴퓨터를 사용하는 데 있어 불안(frustration)을 일으키는 원인을 최소화해야 한다. 성능 지표로서의 의미가 강한 사용성이 불안이라는 감정과 연결될 수 있다. 사용성과 감성을 너무 다른 개념으로 분리해서 생각할 필요는 없다. 우선 불안한 마음을 갖게 하는 사용성 관련 요소를 없애는 것이 중요하다. 하지만 그게 어렵다면 그 불안한 마음을 달래 주거나 즐거움과 같은 반대되는 감정을 일으키는 디자인 요소를 고려해 결과적으로 사람들의 감성을 좋은 쪽으로 이끌어야 한다. 그렇다고 이른바 쾌락주의(hedonism)에 근거해서 무조건 좋은 감정을 최대화하고 나쁜 감정을 최소화하는 수학 문제로 보는 것은 곤란하다. 군사 시스템과 같이 사람의 감정을 배제하고 오히려 그 시스템에 사람을 맞춰야 하는 상황도 있고, 두려움과 같은 부정적 감정을 동기나 생존의 문제와 연결시켜 사용 목적을 이루고자 하는 시도도 있기 때문이다.

먼저 하나의 실험을 소개한다. 이는 150명이 넘는 사람들에게 각자의 기억에만 기대어 10개의 유명한 기업 로고를 그려 보라고 한 실험[29]으로, 우리 기억 속 시각 정보가 어떻게 자리 잡고 있는지, 그것이 얼마나 불완전한지에 대해 이야기한다. 지금 바로 인터넷 포털 사이트 '다음(Daum)'의 로고를 색까지 고려해서 생각나는 대로 그려 보라.(실제로 뭔가를 그리는 것은 머릿속에 그것을 떠올리는 것과 많이 다르다!) 다 그렸다면 이제 그 그림을 다시 찬찬히 보자. 무슨 색으로 이루어져 있는가? 글자마다 위치는 어떻게 다른가? 어떤 글자가 대문자이고 어떤 글자가 소문자인가? 실제 로고와 비교해 보라. 그렇다. 기억에만 기대어 무언가를 정확하게 그린다는 것은 생각보다 쉽지 않다.

우리는 구글(Google) 로고의 첫 스펠링 'G'의 색에 대해 제대로 답하지 못할 수 있다. 아이비엠(IBM)의 로고가 몇 줄로 되어 있는지에 대해서도 기억이 확실하지 않다. 혹시 유명 회사의 로고는 우리에게 자주 노출되어 잘 기억하고 있을 것이라고 생각하지는 않았는가? 위 실험의 결과를 보면, 우리 기억이 얼마나 제한적인지 새삼 느끼게 된다. 그래도 실험 참가자들은 로고에 어떤 색들이 사용되었는지 비교적 잘 맞혔다. 그것이 제대로 된 모양과 위치에 쓰이지 않았지만 말이다. 로고를 디자인할 때 무엇보다 중요한 것은, 기업 이미지에 맞는 색을 잘 생각하고 이를 통해 사람들의 특정 감정을 이끌어 내는 것이다. 외형 특징 중 색은 사람의 감성을 자극하는 우선 요소로, 다른 디자인 요소보다 먼저 고민할 필요가 있다. 이와 관련해 색채 심리학자 캐런 할러(Karen Haller)는 다음과 같은 말을 했다. "사람들은 우선 색에 감정적 연결을 한다. 그 다음, 모양과 로고를 받아들이고 글자를 읽는다." "아름답게 디자인된 글자들이지만 뭔가 맞지 않는다고 느낀다면, 그것은 우리가 생각하지 않은 색이어서다."

감성 디자인을 사람의 입장에서 다루어야 함은 당연하다. 도널드 노먼(Donald Norman)은 감성 디자인을 사용 경험의 누적에 따라 세 가지로 구분했다.[30] 감정에 충실하고 직관적 느낌에 기댄 '본능적' 디자인(visceral design), 사용하면서 나타나는 행동과 결과에 집중하는 '행동적' 디자인(behavioral design), 사람들의 누적된 경험과 생각을 바라보는 '반영적' 디자인(reflective design)이 그것이다. 본능적 디자인은 주로 제품의 겉모습에 관한 것으로 아름다움을 좇는 본능과 연결된다. 사용성과 대칭적이자 보완적 성격을 지닌 심미성은 이 디자인에서 중요하게 다루어진다. 실제 사용 전 외적인 부분에 대한 사용자의 감정으로, 감성 디자인의 첫 단계에 해당한다고 할 수 있다. 그 다음으로 뒤따르는 행동적 디자인은 사용 과정에서 나타나는 사람들의 판단과 행위를 다룬다. 실제 사용을 통해 느끼는 감정으로, 상당 부분 사용성과 관련한 감성 요소를 포함한다. 마지막으로, 반영적 디자인은 시간의 흐름과 우리의 경험 속에 자연스럽게 드러나는 정신 활동과 관련이 있다. 누적된 경험에 기대어 특정 제품에 자신만의 의미를 부여하거나 어떤 기업 혹은 브랜드에 대해 고착화된 이미지를 갖게 되는 것이 여기에 해당한다.

우리의 경험은 본능적 디자인, 행동적 디자인, 반영적 디자인 순으로 그

깊이를 더해 간다. 애플의 아이폰을 예로 들어 보자. 아이폰은 새로운 버전이 나올 때마다 공전의 히트를 기록 중이다. 애플은 이번 아이폰13 시리즈도 흥행에 성공하며 삼성, 샤오미와 함께 스마트폰 시장 격전지를 이끌고 있다. 아이폰의 외형은 단순하고 깔끔하게 정제된 느낌을 주고(본능적 디자인), 사용은 무척 직관적이고 무리가 없다(행동적 디자인). 또 아이폰의 선구자적 이미지는 사람들이 밤을 새워 가며 구매하게 만든다(반영적 디자인). 현시점에서 아이폰 첫 모델이 막 출시되었을 때의 신선한 충격을 기대하는 건 아니다. 스티브 잡스(Steve Jobs)와 함께 애플의 전성기를 연 조너선 아이브(Jonathn P. Ive, 그는 산업 디자인계의 거장 디터 람스(Dieter Rams)의 영향을 받았다.), 그의 손에서 탄생한 초기 애플 제품의 디자인은 새로운 미적 기준을 제시해 주었다. 특이하고 혁신적이었던 사용 직관성에 사람들은 열광했다. 스마트폰으로 새로운 패러다임을 제시했다는 선제적 이미지는 스티브 잡스가 세상을 떠난 이후에도 여전히 유효하다. 처음의 충격이 사용하면서의 열광으로, 그리고 지금에 와서는 묻고 따지지도 않는 추종으로 이어졌다.

스마트폰은 초격차의 세계다. 최근에 와서는 삼성의 갤럭시와 애플의 아이폰에서 외관의 차이를 크게 느끼지 못한다. 비슷한 시기에 출시된 갤

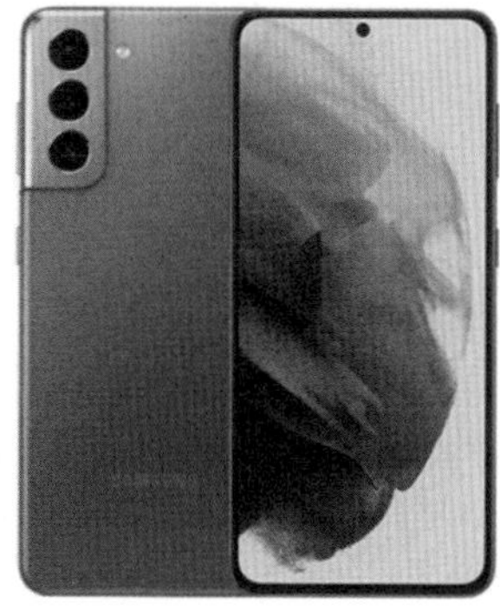

갤럭시S21과 아이폰12

럭시S21과 아이폰12에서도 이러한 점은 쉽게 발견된다. 외적 디자인이 돌고 도는 느낌도 든다. 예전 갤럭시의 디자인 특징을 지금의 아이폰에서, 반대로 예전 아이폰의 디자인 특징을 지금의 갤럭시에서 찾아볼 수 있다. 마치 하나의 디자인으로 수렴하는 것 같다. 더 사용하기 편하게 만들고자 하는 노력과 모든 전자 기기를 한데 모아 스마트폰으로 통합하는 올인원(all-in-one) 전략은 갤럭시와 아이폰에 똑같이 적용된다. 특히 카메라 성능은 하루가 멀다 하고 업그레이드된다. 하지만 갤럭시와 아이폰에 대한 이미지는 사뭇 다르다. 반영적 디자인 단계에서 삼성은 아직 애플만큼 독자적 이미지를 구축하지 못했다.

삼성으로서는 우선 폼팩터(form factor) 혁신을 통한 외형의 변화를 꾀해야 할 시점이다. 개인적으로, 갤럭시 폴드폰과 플립폰의 등장은 매우 주효했다고 본다. 이제는 기술적 안정성과 함께 플랫폼과 운영 체제에 더욱 신경을 써야 한다. 삼성은 아직 IT 기업보다는 제조 기업에 가깝다. 기존 시장을 깨기란 쉽지 않다. 삼성의 입장에서 보면 외형적 혁신만으로는 충분하지 않고 짧은 시간 내 시스템적 혁신을 가져오기는 어렵다. 스마트폰을 넘어선 새로운 시장의 개척이 무엇보다 요구된다. 시간과 공간의 제약에서 벗어난 스마트폰, 그 다음에는 무엇이 있을까? 시간과 공간 외에 어떤 새로운 설계 기준이 제시될 것인가? 아니면 지금의 연장선에서 시간과 공간의 한계를 더욱 허물고 확장하는 방향일까? 전자에 대한 답으로 깊이 있는 소통을 가능케 하는 '감정과 공감'을, 후자에 대한 답으로 3차원 가상 세계인 '메타버스(metaverse)'를 말하고 싶다.

CASA(Computers Are Social Actors) 패러다임[31]이라는 것이 있다. 해석하자면 "컴퓨터는 사회적 인격체이다."가 된다. 컴퓨터가 감정, 의도, 동기 등을 가지고 있지 않다 하더라도 사람들이 무의식적으로 사회적 분위기와 기대를 개인의 경험과 섞어 컴퓨터에 적용한다는 것이다. 컴퓨터 시스템을 사람과 소통하는 하나의 인격체로 바라보고 디자인과 개발 과정에서 이를 충분히 고려해야 한다. 인공지능의 발전은 이 패러다임의 중요성을 더욱 부각시키는데, 그도 그럴 것이 이제는 단순히 컴퓨팅 기기와 소통하는 것이 아니라 '사람다운' 컴퓨터와 소통하는 것이기 때문이다. 컴퓨터와 지속적으로 상호 작용 하면서, 사람들은 다양한 맥락 속 여러 감정들을 자신의 제품에 투영시킨다. 자신의 자동차를 애칭으로 부르는 것, 자신의 노트북에 스티커를 붙이는 것도 이러한 소통의 한 부분이다.

CASA 패러다임은 불쾌한 골짜기(uncanny valley) 이론[32]과 연결된다. 이는 1970년 모리 마사히로(Mori Masahiro)에 의해 대중화된 로봇 공학 이론으로, 사람이 아닌 것에 대해 느끼는 사람의 감정을 다룬다. 로봇 등 인간이 아닌 존재가 인간과 외형적으로 유사해질수록 그에 대한 호감도가 높아지지만, 그 유사도가 어느 수준에 이르면 오히려 사람들의 마음은 불쾌해지고, 더 나아가 인간과 매우 유사한 수준까지 가게 되면 호감도는 다시 상승한다. 인공지능 기반 시스템을 하나의 인격체로 대하는 시대, 우리의 감정은 이 곡선의 어디에 있어야 하겠는가? 적당히 유사해야 할까, 아니면 아

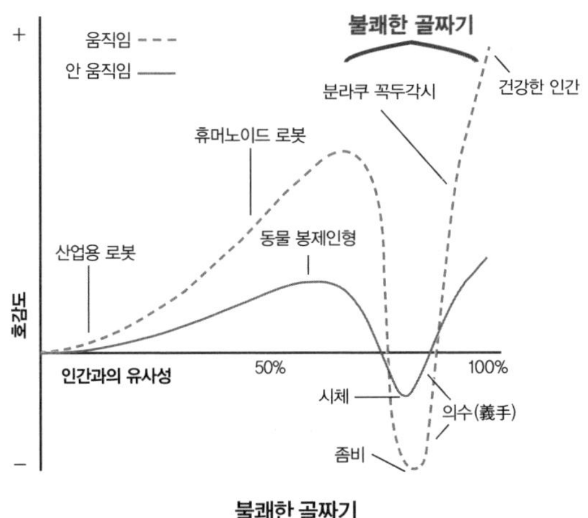

불쾌한 골짜기

예 사람과 구분할 수 없을 정도로 닮아야 할까? 기술의 발전 흐름을 고려해 볼 때, 일단 후자를 선택할 가능성이 크다.

컴퓨터를, 로봇을, 인공지능 시스템을 거부감 없이 받아들일 준비는 되었는가? 불쾌한 골짜기는 사람과의 유사도를 0에서 100 사이로 보고 호감도 곡선을 그린다. 사람과 유사하다는 것은 무엇일까? 인공지능 기반 인간 이미지 합성 기술인 딥페이크(deepfake)는 사람의 얼굴 표정과 목소리를 그대로 흉내 낸다. 기술적으로 보면 딥페이크는 외적으로 사람과의 유사도 100을 지향한다. 이것이 실현될 세상은 이미 코앞에 있다. 그렇다면 이를 바라보는 우리들의 마음은? 진짜와 너무나도 유사한 가짜에 대해 그다지 호감을 가질 것 같지는 않다. 그래서 유사도 100에 다다라서 나타나는(그래프 오른쪽 부분), 호감도의 급격한 상승은 다소 무책임해 보인다. 기술은 끊임없이 발전한다. 인공지능은 사람의 겉모습과 목소리를 따라 하는 것 자체를 목표로 하지 않는다. 불쾌한 골짜기 구간에 있는 인공지능 로봇이 사람처럼 실수를 하거나 유머를 한다면, 혹은 우리의 마음과 상처를 어루만져 줄 수 있다면, 그 불쾌감이 좀 수그러들겠는가? 그 유사도에는 외적 특징 외에 더 많은 의미가 포함되어야 한다. 그래서 다시 묻게 된다. 과연, 사람다운 것이란 무엇인가?

META EXPERIENCE 신뢰

메타버스 시대 동반자
인공지능에 대한 우리의 마음

불과 10년 전까지만 해도, 결과와 효율의 측면에서 기능을 강조하는 사용성, 감성과 주관의 측면에서 아름다움을 중요하게 다루는 심미성, 이 두 가지로 사람과 컴퓨터 간 현상의 많은 부분을 설명했었다. 하지만 이제는 컴퓨팅 기술의 발전으로 더 많은 것들을 측정할 수 있고 여러 요소들을 고려할 수 있다. 기본적으로 시간과 장소를 포함해 많은 맥락적 요소들을 개발 과정에 포함시킬 수 있게 되었다. 이런 확장의 흐름에서 통합적이고 지속적인 사용자 경험의 중요성은 아무리 강조해도 지나침이 없다. 그리고 그 중심에는 미래 사회에 우리의 삶과 함께하는 인공지능이 있다.

"우리는 미래 사회에 인공지능을 어떻게 볼 것이고, 사회 구성원으로 어떻게 받아들일 것인가?"

미래 인공지능 방향성과 관련한 질문들 중 하나다. 먼저 약인공지능과 강인공지능의 차이를 알아보자. 약인공지능은 특정 분야에 특화된 형태로 개발되어 인간의 한계를 넘어 성능과 결과의 향상을 추구하는 '제한된' 인공지능이라 할 수 있고, 강인공지능은 다양하고 유동적인 상황에서 사람처럼 자유롭고 추론적인 사고가 가능한, 그리고 자아를 지닌 '확장된' 인공지능으로 이해할 수 있다.

아쉽게도 현재의 인공지능은 약인공지능이다. 아직까지는 강인공지능으로 가기에 많은 장애물들이 존재한다. 혹자는 현재의 인공지능이 과거 몇 년에 비해 상대적으로 답보 상태에 있으며, 원천 기술 개발이 아니라 적용 가능한 문제의 다양성을 확보하려는 흐름으로 가고 있다고 말한다. 사회 문화적 측면에서 보더라도, 현재의 인공지능 기술은 다양한 맥락을 포함한 문제와, 정답 혹은 목적이 없는 문제를 해결하는 데에 한계가 있다. 당장은 아니겠지만 진정 인공지능이 사람의 지능을 넘어서게 되는 시점이 다가오면 우리는 새로운 '합리성'을 요구받게 될 것이다. 미래 사회 구성원으로 인공지능을 받아들이는 것은 이 합리성에 뿌리를 두어야 한다.

미래 사회의 인공지능에 대한 논의는 이미 시작되었다. 2017년 7월 일론 머스크(Elon Musk)와 마크 저커버그(Mark Zuckerberg) 간 온라인 설전은 이에 대한 유명한 일화다. 일론 머스크는 한 회사가 인공지능 기술을 독점하고 개발 방향을 정하는 것은 위험하다고 지적하며 선제적 규제의 필요성을 역설했고(이런 그가 비트코인과 도지코인 등을 온라인상에서 언급함으로써 그 가격에 엄청난 영향을 준 것이 실로 아이러니하다.), 이에 반해 마크 저커버그는 인공지능 개발을 늦추려는 논의를 이해할 수 없다고 말하며 기술은 어디까지나 중립적이라고 강변했다. 이러한 논쟁은 마치 2016년 영화 〈캡틴 아메리카: 시빌 워(Captain America: Civil War)〉에서 소코비아 협정에 의견을 달리하는 어벤져스의 두 그룹을 보는 듯하다. 어벤져스를 UN 산하에 두

영화 〈캡틴 아메리카: 시빌 워〉 포스터

고 UN의 승인하에 활동하도록 한다는 것이 협정의 핵심 내용이었는데, 아이언맨은 일반인들의 희생 등 무분별한 활동에 따른 부작용을 우려해 이 협정에 찬성하고, 캡틴 아메리카는 어벤져스의 본질적 존재 가치와 지향점을 내세우며 오히려 더 잘 기능하기 위해서 이 협정에 반대한다. 아이언맨에게서 일론 머스크를, 캡틴 아메리카에게서 마크 저커버그를 겹쳐 보게 된다.

머스크와 저커버그의 인공지능에 대한 상반된 시각이 어디에서 기인한 것인지에 대한 해석은 분분하다. 그저 두 사람의 성향 차이 때문일 수도 있고, 그들이 각자 속해 있는 테슬라(Tesla)와 페이스북(Facebook)의 기업 정체성 때문일 수도 있다. 그러나 그 이유가 무엇이 되었든 간에, 약인공지능과 강인공지능 사이 그 어딘가에 현재 우리가 있기에 이런 논의의 무게가 가볍지 않다. 이 논의에서는 인공지능을 기술로 보고, 기술의 가치 중립성을 어떻게 해석할 것이냐 하는 데 중점을 둔다. 하지만 과연 인공지능이 지금까지 우리가 기술이라고 불렀던 것들과 같을 수 있을까? 강인공지능으로 가면서 인공지능을 기술로만 바라볼 수 없다는 점에 이 논쟁의 격렬함이 존재한다.

이보다 앞선 2017년 1월 유럽위원회는 로봇과 관련된 법제를 제안했다. 종종 로봇시민법(Robot Civil Rights Act)이라고 불리는 이것은 인공지능을 가진 로봇의 법적 지위를 전자 인간으로 인정할 수 있음을 선제적으로 제안했다는 점에서 많은 의미를 갖는다. 물론 로봇시민법이라는 용어가 과하다는 지적과, 좀 더 신중히 고려해야 할 상충된 문제들이 있다는 반대 의견이 있기는 하다. 우리가 이러한 논의를 통해 생각해 봐야 할 문제 중 하나는, 미래 사회에서 인공지능 로봇이 '인간에게 해를 끼치지 않게' 하려면 인간에게 '해를 끼친다는 것이 무엇인가'에 대한 답을 찾을 필요가 있다는 점이다. 당위적이면서 진지하고 사뭇 철학적이다. 이는 인공지능 로봇의 윤리적 행동에 대한 문제로, 우리가 먼저 '윤리가 무엇인지' 이해하고 있어야 함을 의미한다.

그리고 인공지능이 '동반자' 수준을 넘어서면 안 된다는 점이 강조되는데, 그렇다면 동반자 개념에서 중요하게 다루어져야 할 가치는 무엇일까? 여러 기준이 있을 수 있겠지만, 신뢰(trust)가 그중 하나라는 것에는 이견이 없을 것이다. 여기서 하나의 질문을 던져 본다.

"사람은 인공지능을 얼마나 신뢰하는가?"

현재의 딥러닝은 과정에 대해서는 블랙박스에 가깝고 상당 부분 결과에 집중하는 특징을 지니고 있다.(이를 극복하고자 하는 여러 노력들이 활발히 진행 중이며, 설명 가능한 인공지능(XAI)도 이러한 노력의 한 부분이다.) 이런 상황에서 인간의 부정적 편향의 결과를 그대로 답습하는 인공지능에 대한 우려는 점차 커지고 있다. 마이크로소프트(Microsoft)의 테이(Tay), 아마존(Amazon)의 인공지능 채용 툴 등에서 학습 데이터에 따른 인종 차별적 요소가 가중되었다는 것은 이에 대한 중요한 예라 할 수 있다.

악의적 인공지능(malicious AI) 또한 심각한 문제로 받아들여진다. 유명한 예로 판다(panda) 식별 문제를 들 수 있는데, 판다 이미지에 의도적으

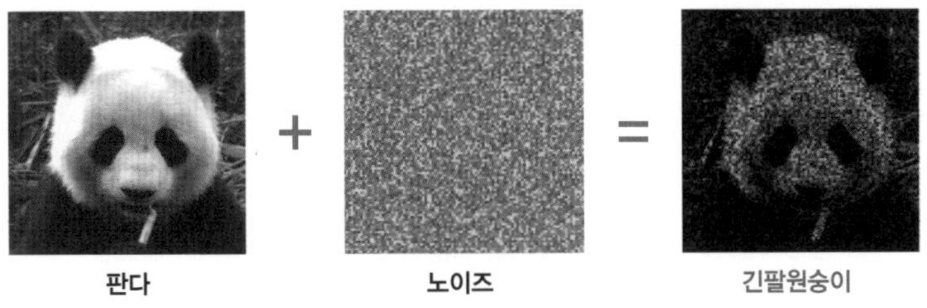

악의적 인공지능: 판다 식별 문제

로 약간의 노이즈를 추가하면 딥러닝 모델은 이를 거의 100% 긴팔원숭이(gibbon)로 분류한다는 것이다. 사람이라면 판다라고 단박에 말할 것을 말이다. 문제는 사람들이 판다와 같은 진실을 알지 못하는 상황이 너무 많다는 것이다. 의도적 노이즈를 통해 인공지능 결과를 조작할 수 있다는 사실은 인공지능에 대한 신뢰를 무너뜨리는 한 원인이 된다.

메타버스 시대, 인공지능은 더욱 정교해질 것이다. 일례로 인공지능 기반 인간 이미지 합성 기술인 딥페이크는 이미 안 좋은 의미에서 그 파급의 시동을 건 상태다. 인공지능을 어디까지 믿을 수 있는지는 인공지능을 동반자로 받아들일 수 있느냐에 대한 바로미터가 된다. 요컨대 인공지능 개발 방향과 깊이 설정은 새로운 합리성에 대한 논의에서 출발해야 한다. 그리고 사람과 인공지능 간 동반자 관계 형성을 위해서는 무엇보다 둘 사이의 신뢰 구축이 필요하다.

디지털 세상에서 사람들은 아날로그 감성에 목마르다

경험은 기억과 떼려야 뗄 수 없는 관계다. 기억의 밑바탕에는 아날로그 감성이 놓여 있다. 인공지능 시대에는 모든 것들이 디지털화되고 있다. 그 속도가 빨라질수록 그에 대한 반대급부로 아날로그에 대한 목마름은 더욱 강해진다. 가히 '아날로그의 귀환'이라 할 만하다. 빨리 갈수록 늦게 가고 싶다. 느림과 게으름의 미학이 언급된다. 〈삼시세끼〉, 〈윤스테이〉 등을 제작한 나영석 피디가 이 점을 파고든 건 아닐까? 인공지능 시스템은 똑똑한 컴퓨터다. 그런데 아이러니하게도 이런 인공지능한테서 우리는 인간다움을 찾는다. 그 인간다움이란 기본적으로 아날로그를 포함한다.

디지털 시대의 아날로그 감성, 그 속에 문화 소비 주체가 존재한다. 아날로그 문화에 익숙한 세대는 친근했던 콘텐츠를 다시 접하면서 향수에 빠지

TV 프로그램 〈삼시세끼〉, 〈윤스테이〉, 〈응답하라 1994〉, 〈미스터트롯〉

고, 디지털 세대는 자신들이 접해 보지 못했던 새로운 것들을 경험하면서 신선함을 느낀다. 이러한 이중 타게팅 덕분에 아날로그는 마케팅에서 주목받는 트렌드이기도 하다. 드라마 〈응답하라〉 시리즈는 복고(레트로, retro) 열풍을 일으켰고, 〈토요일 토요일은 가수다〉는 90년대를 소환했으며, 〈미스트롯〉, 〈미스터트롯〉은 트로트를 모든 세대가 즐기는 음악으로 만들었다. 좀 더 최근의 〈슬기로운〉 시리즈도 이러한 흐름의 변형이라고 볼 만한 요소가 많다. 그 저변에는 경제 · 문화의 주된 소비 계층인 30~40대의 콘텐츠적 공감이 깔려 있다. 그 공감에서 시공간을 초월하는 음악의 힘도 공통적으로 발견된다. 앞으로 20~30년 후에는 지금 10대와 20대가 열광하던 콘텐츠와 음악들이 어떤 아날로그 감성을 불러올지 자못 궁금하다.

연구실 대학원생들 사이에서 기계식 키보드가 유행하고 있다. '기계식'이라는 표현 속에는 이미 과거로의 회귀, 아날로그가 담겨 있다. 학생들이 기계식 키보드를 쓰는 이유는 명확하다. 누르는 느낌과 그때 나는 소리가 너무 좋단다. 몇몇 키들을 다시 특색 있는 것으로 바꾸어 자신만의 것이라는 정체성도 부여한다. 가장 가까이 있는 물건 중 하나에 그 나름의 어떤 의미를 둔 건 아닐까?

요즘 10대들에게 전화 통화하는 모습을 제스처로 표현해 보라고 하면, 손가락을 가지런히 붙이고 죽 편 상태로 볼에 갖다 댄다. 스마트폰이 익숙

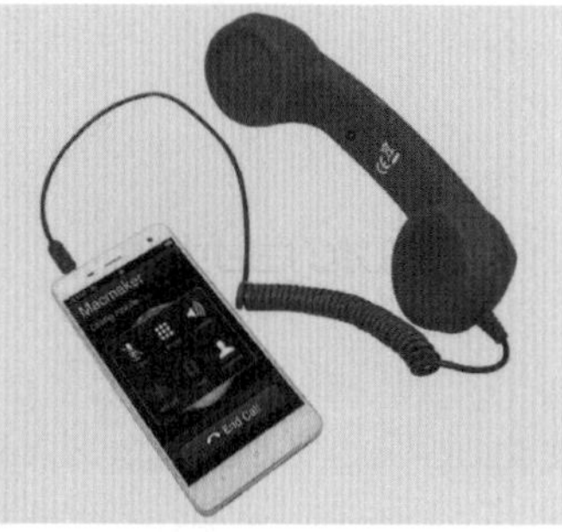

전화 제스처와 미니 아날로그 수화기

해진 세대들의 모습이다. 이 순간 다른 제스처가 떠오른다면? 그렇다. 이미 뒤처지기 시작한 거다. 보통은(?) 엄지손가락과 새끼손가락만 펴고 나머지 손가락들은 접은 채, 엄지손가락은 한쪽 귀로, 새끼손가락은 입으로 향하지 않던가? 그런데 지금 그렇게 생긴 전화기를 어디 찾기 쉬운가? 그래도 통용되는 제스처인 걸 보면, 이것도 일종의 관습인가 싶다. 마치 '저장하기' 아이콘이 이제는 쓰지도 않는 디스켓 모양이지만 여전히 통용되는 것처럼 말이다. 10대들은 그게 정확히 무엇인지도 모르고 마치 원래 그래야만 했다는 듯 받아들인다. 그런 10대들이 미니 아날로그 수화기를 구매해서 스마트폰에 끼우고 전화 통화를 한다. 향수는 아닐 것이고, 신선함과 재미 추구인 듯하다.

페이크 아날로그(fake analog)는 '가짜 아날로그'로, 디지털 기기에서 복고로 대표되는 아날로그 콘텐츠들을 재현한다. 이와 관련한 것들을 발견하는 건 그리 어렵지 않다. 소니(Sony) 턴테이블은 아날로그 사운드를 디지털 음원으로 저장할 수 있는 기능을 제공한다. 닌텐도(Nintendo)는 90년대 게임들을 재발매해 나이를 불문하고 많은 사람들이 고화질의 큰 디스플레이 환경에서 고전 게임을 즐길 수 있게 되었다. 코로나19(COVID-19) 팬데믹으로 인한 비대면 디지털화의 수혜 기업인 닌텐도가 과거의 게임을 가지고

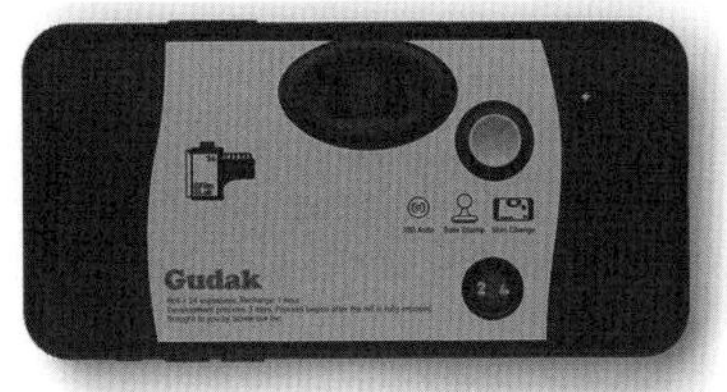

구닥 어플

아날로그를 바라보았다는 점이 아이러니하다.

스마트폰 어플인 구닥(Gudak)은 흥미로운 점이 많다. 2017년 이후 지속적인 인기를 끌고 있는 이 어플은 한때 이름을 날렸던 코닥(Kodak)에 존경을 표하며 구닥다리 일회용 카메라 감성을 추구한다. 필름 사진의 느낌을 살린다며 사진의 80% 정도를 일부러 흐릿하거나 거칠게 표현한다. 이제는 사진 보정 어플이 워낙 많은 탓에 이런 특징이 더 이상 새롭진 않다. 재미있는 부분은 따로 있는데 찍은 사진을 72시간 후에 확인할 수 있다는 점이다. 개발자에 따르면 이 72시간이라는 설정은 예전에 사진관에서 필름을 현상하는 데에 걸린 시간에 근거한 것이라고 한다. 이 어플을 내려받아서 쓰는 사람들은 이러한 기다림을 기꺼이 받아들인다. 자발적으로 불편함과 제한성을 찾아갔을 때는 그것을 넘어선 긍정적인 무엇인가가 있다는 뜻일 것이다. 기다림은 사진에 대한 나만의 마음속 가치를 높인다. 젊은 세대에게 이러한 아날로그 감성은 단순한 복고가 아니라, 새로운 콘셉트와 또 다른 형태의 디지털 감성인 셈이다.

2017년 한국에서 열렸던 스마트클라우드쇼(Smartcloud show)에서 기조연설을 한 마이크 슈스터(Mike Schuster)가 했던 말은 많은 걸 생각하게 한다. 당시 그는 구글 브레인 팀(Google Brain team)의 연구 과학자(research scientist)로서, 구글 번역과 관련한 일들을 책임지고 있었다. 그의 인터뷰 내용은 번역 기술의 한계를 명확히 지적하고 있다. 이는 기술적 한계가 아니라 인류 역사에 기인한 한계에 대한 깊이 있는 해석에 가깝다. 그는 아무리 기계의 번역 기술이 발전하더라도 인간의 통번역 활동을 완전히 대체하지는 못할 것이라고 했다. 여전히 외국어 학습은 이루어질 것이고 우리는 그것의 당위성과 즐거움을 버리지 못할 것이라고 분석한 것이다.

세계 최고의 번역 기술을 담당했던 사람의 말로는 다소 의외다. 그는 언어를 소통의 도구로 이해하고 인공지능이 그 소통을 훨씬 더 유익한 방향으로 발전시킬 것이라고 말하면서도, 언어의 역할은 생각을 정리하고 그 속에 깔린 문화를 소화하는 것이라고 강조했다. 기계적 소통이 아니라 사회 문화적 배경에 기댄 뉘앙스적 소통에 의미를 둔 것이다. 마치 바둑을 두는 것이 이기기 위함이 아니라 상대방과 소통하며 즐기기 위함인 것처럼 말이다. 여기에서도 우리는 아날로그를 느낄 수 있다.

아날로그는 경험에 대한 추억을 포함한다. 추억은 필연적으로 시간과 장소를 동반한다. 예전에 즐겨 듣던 음악을 다시 들으면 그때로 돌아간 것 같은 느낌이 든다. 추억이 많았던 곳에 가면 예전 일들이 그립다. 시간과 장소는 데이터화될 수 있다. 추억이라는 개인 영역이 시간과 장소 데이터와 함께하면서 새로운 서비스 제안과 사용자 경험 디자인이 가능해지고 있다. 비즈니스 관점에서는 우선 경제·문화의 소비 주체인 30, 40대 사용자 그룹의 과거에 대한 집단적 향수에 집중해야 하지 않을까?

페이스북 등에 밀려 그 자리를 서서히 잃더니 2019년 서비스가 중단되었던 싸이월드(Cyworld). 1999년에 서비스가 시작했으니 딱 20년 만에 마무리 된 것이다. 실질적으로는 많은 사람들이 2010년 전후부터 사용을 하지 않았으니 소셜미디어로서 의미를 잃은 지는 꽤 오래다. 도토리, 파도 타기, 미니룸, 미니미, 배경 음악(BGM) 등 신선한 인터페이스와 사용자 경험으로 무장했던 우리나라 소셜미디어의 시초인 이 서비스가 중단된다고 했을 때, 사람들은 자신들의 추억이 없어진다며 걱정하고 슬퍼했다. 3,200만

싸이월드 미니미, 도토리

명의 회원, 170억 장의 사진, 5억 3,000여 개의 음원 파일과 1억 5,000여 개의 동영상. 다행히 이 추억의 자료들은 아직 살아 있다. 싸이월드제트는 새로운 콘텐츠와 가상 공간을 내세우며 싸이월드의 부활을 외치고 있다. 메타버스의 흐름을 타고 추억의 데이터를 등에 업은 채 콘텐츠에 집중하겠다는 그들을 응원해 본다. 아직 갈 길은 멀어 보인다. 그래도 일상에 지친 사람들은 더 새로운 것을 찾기보다 예전에 좋아했던 것을 한 번쯤 돌아보지 않을까? 그 과거들이 이제는 추억의 아날로그 감성을 듬뿍 실어다 줄 만큼 꽤 오랜 시간을 보냈다. 새로움을 찾아 방황하는 지금의 10, 20대의 유입도 기대해 볼 만하다.

사람들이 진지한 것을 거부하고 재미와 즐거움을 좇다

재미(fun/playfulness) 요소는 사용자에게 몰입(immersion/flow)을 통해 긍정적인 경험을 유도한다. 여기서 몰입이란 집중의 정도가 매우 높아서 다른 것을 생각할 여지나 걱정거리가 없어지고, 동시에 자의식이 사라져서 시간의 흐름 역시 정상적으로 인지하지 못하는 상태를 가리킨다. 몰입을 통해 느끼는 감정이 보통은 즐거움이기 때문에 사람들은 계속해서 이를 경험하고 싶어 한다. 재미 요소를 잘 설계하는 것은 사람들에게 즐거움을 지속적으로 제공하려는 노력과 같다.

사용자 경험 디자인은 재미 요소를 추가하기 위해서 종종 게이미피케이션(gamification)을 고려한다. 게이미피케이션은 게임화라고도 하는데, 비게임적인 분야에 게임의 사고방식과 메커니즘을 적용해 사용자의 관심을 유발하거나 문제를 해결하는 것을 말한다. 과업 달성에 따라 포인트 또

게이미피케이션: 나이키 런 클럽

는 배지(badge)를 획득하거나 레벨업을 하는 것, 다른 사람들과의 비교 순위표를 작성하거나 높은 등급의 보상을 받는 것, 마일리지 등 사용 실적에 따라 실질적 경제 가치를 지닌 무언가로 교환받는 것, 딱딱하거나 일상적인 업무 사이에 기분 환기를 위한 재미있는 테스트나 게임을 수행하는 것 등이 이러한 전략에 해당한다. 일례로 삼성 헬스(Samsung Health)나 나이키 런 클럽(NRC, Nike+ Run Club) 같은 어플은 운동과 건강 관련 습관을 게임적 요소를 활용해 이끌어 내고 있다. 직접적 활동 경험과 재미 추구를 동시에 지향하는 것이다.

게이미피케이션의 작동 기저에는 욕구(needs)와 동기 부여(motivation)가 있다. 무엇인가를 이루고자 하는 마음을 발현시킴으로써 실제 행동으로 이어지게 하고 그 과정에서 재미를 추구한다. 에이브러햄 매슬로(Abraham H. Maslow)의 동기 이론은 인본주의 심리학(humanistic psychology)에 근거해 1943년에 욕구 단계설(Maslow's hierarchy of needs)[33]을 제안했다. 그는 욕구 만족을 위한 동기에 근거해 인간의 복잡한 욕구를 상하위 수준별로 설명했는데, 상위 수준의 욕구 충족을 위한 인간의 행동을 위해서는 하위 수준의 욕구가 먼저 충족되어야 한다고 보았다. 이 욕구 단계설은 실제 상황에서의 반례를 들어 비판받는 부분이 있기는 하나, 여전히 동기 이론

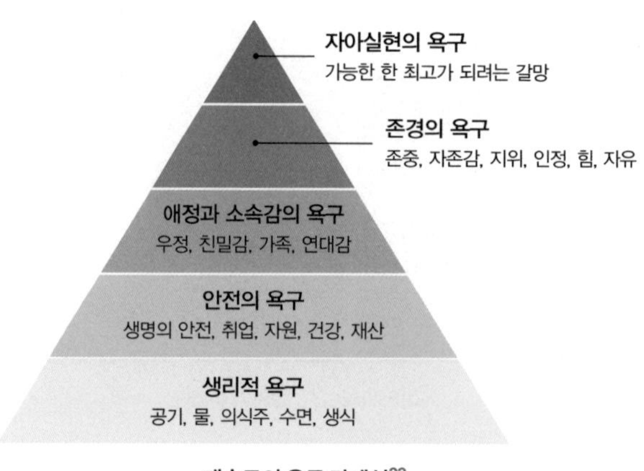

매슬로의 욕구 단계설[33]

으로서 확고함을 유지하고 있다.

매슬로가 주장한 5단계 욕구는 생리적 욕구(physiological needs)-안전의 욕구(safety needs)- 애정과 소속감의 욕구(love and belongingness needs)-존경의 욕구(esteem needs)-자아실현의 욕구(self-actualization needs)로 구성된다. 어떤 욕구를 만족시킬 것인지에 따라 게임적 요소의 설계 방향도 달라진다. 다른 사람을 이기고 올라서야 하는 게임적 요소라면 생리적 욕구나 안전의 욕구와 연결될 수 있다. 순위표와 랭킹 같은 요소는 애정과 소속감의 욕구와 연결되며 포인트, 배지, 우수 등급, 가상 화폐 등은 존경의 욕구나 자아실현의 욕구와 연결된다. 메타버스에서는 의(衣)와 주(住)에 대한 욕구가 식(食)에 대한 욕구보다 높을 수도 있다.

재미를 통한 성취감이라는 측면에서, 학습과 관련한 분야에서의 적용 또한 활발하다. 이는 기본적으로 외재적(extrinsic) 동기와 내재적(intrinsic) 동기로 나누어 고려할 수 있다. 외재적 동기는 당근과 채찍으로 대변되는 외부 상황으로부터의 보상, 압력, 벌 등을 말하고, 내재적 동기는 개인의 욕구, 흥미, 가치, 신념 등에 기대어 내부적으로 발생한 요인을 말한다. 자발적, 능동적, 장기적 학습 참여는 내재적 동기와 좀 더 관련된다고 볼 수 있다. 내재적 동기는 매슬로 욕구 단계설의 상위 욕구들(자아실현, 존경)과도 잘 연결된다. 교육 분야에서의 게이미피케이션 설계는 이 내재적 동기에 수렴될 필요가 있다.

게이미피케이션은 행동경제학(behavioral economics)과도 밀접하다. 사람의 심리에 기반해서 나타나는 행동이라는 점에서 게이미피케이션과 행동경제학은 겹치는 부분이 많다. 굳이 욕구 충족을 위한 동기가 없다 하더라도 우리는 자연스럽게 때로는 즐겁게 어떤 행동을 하곤 한다. 행동경제학 개념 중 넛지(nudge)라는 것이 있다. '옆구리를 슬쩍 찌른다'라는 뜻의 이 말은 사람들의 어떤 행동을 부추긴다는 의미를 가지고 있다. 넛지 효과는 우리 주변에서 종종 발견되는데, 재미의 측면에서 보면 공중화장실의 남성 소변기에 그려진 벌레를 예로 들 수 있다. 자신도 인지하지 못하는 사이에(특별한 욕구나 동기 없이) 그놈의 벌레를 맞히겠다는 일념으로 소변의 방향을 조준한다. 결과적으로 소변기 주변은 깨끗해진다. 벌레가 아니고 그냥 빨간 점이었다면 덜 깨끗해졌을까? 내 오줌발로 벌레를 죽이고자(최소한 괴롭히고자) 하는 내면의 경쟁심과 폭력성도 엿볼 수 있다.

스낵 컬처(snack culture)로 대변되는 사용자 경험 트렌드가 있다. 무겁지 않은 내용을 자투리 시간을 통해 간편하게 즐기는 문화 소비 현상을 말한다. 재미 추구는 아주 당연하다. 모바일 환경에서 이러한 트렌드는 더 도

숏폼: 틱톡, 숏츠, 릴스, 모먼트

드라지는데 웹툰, 웹소설, 웹드라마 등이 이런 흐름을 타고 발전했다. 전 세계적으로 인기를 끌었던 틱톡(TikTok)도 이런 측면에서 이해할 수 있다. 틱톡은 15초에서 1분 이내 영상을 제작하고 공유할 수 있게 하는 숏폼(short-form) 형식의 서비스다. 동영상 기반으로 짧게 치고 빠지는 이 서비스 플랫폼만큼 우리의 현재 모습을 잘 설명하는 것은 없다. 유튜브 숏츠(Shorts), 인스타그램 릴스(Reels), 네이버의 블로그 모먼트(Moment) 등도 이 숏폼 시장에 뛰어들었다. 중국 견제와 기존 글로벌 대기업들의 진출 등, 이 숏폼 시장에서 벌어질 일들을 지켜보는 것도 '재미'있을 것이다.

이제 서로 얼굴을 마주 보고 이야기하는 것보다 카카오톡(KakaoTalk) 같은 채팅 플랫폼을 이용하는 것이 더 편하다고들 한다. 이모티콘은 텍스트 기반 채팅에 꼭 필요한 요소다. 현재 이모티콘(emoticon) 시장은 연간 3,000억 원을 상회하고, 10억 원 이상의 수익을 올리는 작가들도 여럿 있다. 문자를 쓰는 것이 귀찮기도 하거니와 이모티콘으로 내용과 감정을 함축적으로 표현하는 것이 더 편하기도 하다. 채팅을 할 때 심사숙고해서 이모티콘을 선택하지는 않는다. 이모티콘의 본질적 존재 가치는 재미다. 대화 속 이모티콘의 역할은 그다지 진지하거나 심각하지 않다. 사실 꼭 그 이모티콘일 필요도 없다. 대충 방향만 맞으면 어떤 이모티콘이 되었든 대화

삼성 AR이모지

의 흐름에 방해가 되지 않는다. 삼성의 이모지(Emoji)가 그다지 성공하지 못했던 것은 그것들의 사용상 무게가 생각보다 가볍지 않아서였기 때문이다. 자신의 목소리와 얼굴 표정을 투사해 만들었다는 데에 대한 기본적인 거부감도 한몫했다. 사용자 개인의 정체성은 살리되, 실제 모습을 본뜨기보다 재미있는 캐릭터화를 시도했으면 어땠을까 싶다. 사람들(특히 20, 30대 직장인)이 이모티콘 〈드디어 미쳐 버린 김 대리〉에서 자신의 모습을 발견하고, 힘듦을 즐거움으로 반전시키는 이 단순한 이모티콘에 열광했던 것을 생각해 보라.

좀 더 표면적으로 가 보자. 사람들의 행동 목적이 그저 재미에만 국한될 수도 있다. 욕구, 동기, 경제, 이런 말을 다 치워 놓고 그저 재미있으면 그만이라는 순수한 목적이다. 2014년 'Yo'라는 어플이 론칭되었다. 이스라엘의 한 스타트업에서 8시간 만에 만들었다는 초간단 메시징 어플이다. 너무 내용이 없어서 애플이 이 앱의 승인을 거부했다는 말도 있을 정도로 간단하다. 우여곡절 끝에 4월 1일 만우절에 출시되었다는 것도 재미있다. 가입은 매우 간편하며, 어플의 주 기능은 친구를 'Yo'라고 부르거나 느낌표, 물음표 등 아주 간단한 문자를 보내는 것이다. 그냥 친구한테 "야!" 하고 말을 거는 것으로 생각하면 된다. 이 단순하고 어이없는 어플은 당시의 분위기를

Yo 어플

타고 대박을 터뜨렸다. 학생 때 많이 하는 짓 중 하나가, 친구를 손가락이나 볼펜으로 쿡 한 번 찔러 놓고는 "왜?"라고 그 친구가 물으면 "그냥!"이라고 답하는 것 아닌가? 별 의미도 없다. 그저 재미일 뿐이고 그게 전부다.

문제는 인공지능이 감정 없이 지능적일 수 있느냐이다

인공지능은 데이터를 기본으로 한다. 데이터는 레이블링(labeling)되고 전처리(preprocessing)된다. 특정 도메인에 맞는 지식을 덧입히는 작업 또한 필요하다. 아직까지는 말이다. 변화는 인공 신경망이 거대해지는 방향으로 진행되고 있다. 이른바, 초거대 인공지능이다. 인공 신경망의 파라미터(parameter, 매개 변수) 수는 급속히 증가하고 있는데 이는 인간의 뇌를 더 닮아 가고자 하는 노력의 단면이다.

인간의 뇌를 닮는다는 것은 무엇을 의미할까? 우선 상황과 맥락에 따라 유연하게 대처할 수 있는 사고인 추론(reasoning/inference)을 생각할 수 있다. 파라미터 수의 증가와 파라미터들 간 관계의 확장은 보다 현실적이고 구체적인 문제 해결을 가능케 한다. 학습시키지 않았던 부분에 대해서도 특별한 레이블링이나 전처리 작업 없이 알아서 배우기 시작하는, 이른바 종합적인 사고가 가능해지는 것이다. 이 세상 모든 파라미터들을 고려할 수 있다면 무슨 일이 벌어질까? 물론 현재로서는 말도 안 되는 소리지만 누가 알겠는가? 영원한 불가능이란 없다.

현재의 인공지능은 목적이 분명한 문제에 적합하다. 어떤 결정에 도달해야 하는 것이다. 이를 위한 학습 데이터는 기본적으로 이미지와 텍스트에 기반한다. 개인지 고양이인지 판별하는 이미지 문제는 픽셀 단위의 이미지를 반복적으로 학습함으로써 풀 수 있다. 사람이 하는 말을 이해하는 것은 텍스트의 형태소 분석과 관계 등을 분석함으로써 가능하다. 각 파라미터를 구성하는 속성값 수준은 유한하게 정의된다. 단위 픽셀이 어떤 색인지는 몇몇 속성값들로 표현이 가능하다. 0과 1로 표현되는 2진수 8자리로 나타낼 수 있는 범위에 기대어, 흑백의 경우 밝기 정도에 따라 검정은 0, 흰색은 255로, 컬러의 경우 RGB(빨강 · 초록 · 파랑, 각각은 0~255 사이의 수치) 조합으로 표현 가능하다. 텍스트에 대한 형태소 분석은 정해진 구조 속에서 이루어지는데, 영어냐 한국어냐에 따라 그 분석 방법은 달라진다. 지향해야 할 목표가 분명하고, 학습할 만한 정형 · 비정형 데이터가 있고 그것이 유한집합의 속성값들로 이루어진 파라미터들로 구성되어 있을 때, 현재의 인공지능은 학습과 추론이 가능한 것이다.

달성해야 할 목표가 없다면 어떻겠는가? 앞서 인공지능을 정보 처리 과정에 기댄 인간 지능에 대한 모방이라고 했다. 무반응을 하나의 결과라고 하지 않는다면(아무것도 안하고 멍 때리기가 목표가 아니고서야!), 사람의 반응이 없다는 것은 결과가 없다는 것이고 정보 처리의 귀결이 온전하지 않음을 의미한다. 인공지능 측면에서 보면, 어찌어찌 학습은 할 수 있을지 모르나 그에 대응할 만한 결과 추론이 없다는 것을 의미한다. 명시적 목표가 없다는 것은 현재의 인공지능이 갈 길을 잃게 만든다. 동시에 알아서 뭔가를 해야 한다는 것을 의미한다. 이 '알아서 한다는 것'이 종합적인 사고에 기반

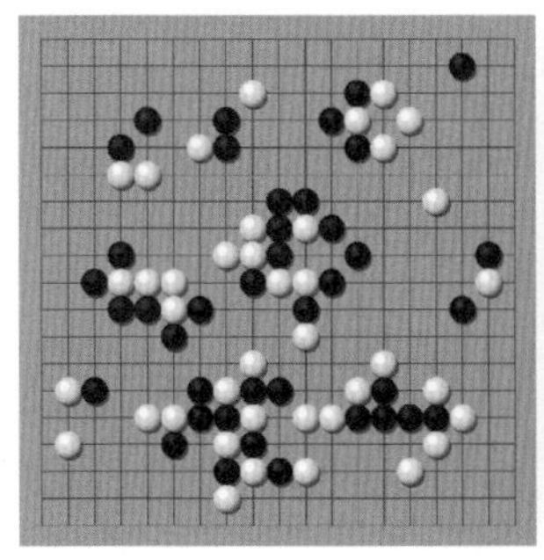

바둑과 자율주행 자동차 카메라 센서

한 추론의 확장인 것이다.

그렇다면 유한집합의 속성값들로 이루어진 데이터가 없다면? 바둑은 흑과 백이 있고, 19줄로 이루어진 좌푯값(혹은 위치 이미지)이 있고, 학습할 기보들이 있다. 자율주행 자동차의 카메라 센서는 픽셀 단위의 이미지를 처리함으로써 물체를 감지하고 텍스트를 해석한다. 음악에도 정해진 음의 높이와 길이, 리듬의 순서와 구성이라는 학습 재료가 존재한다. 인공지능은 학습을 통해 바둑에서 더 많은 집을 차지하려고 하고, 자율주행 상황에 적절히 대처하고 안전하게 운전하려고 하며, 사람들이 듣기 좋은 음악을 재창조하려고 한다. 그런데 이 유한집합의 속성값이 없는 데이터가 존재한다. 객관화하기 거의 불가능한 것, 그 대표적인 것이 바로 감정이다. 앞서 말했듯이, 감정은 직접 측정이 매우 힘들고 어떤 객관적 속성으로 이루어졌다고 말하기도 어렵다. 현재의 인공지능 기술은 사람의 감정을 정확히 분류하고 찾아냈다기보다는 대표성 있는 몇 개의 감정 상태로 추리고 선택했다고 보는 것이 맞다.

사람은 컴퓨터와 소통한다. 그 소통에는 감정도 포함된다. 마케팅, 정신건강, 자율주행, 고객 서비스 등 사용자의 감정을 파악하고 이를 활용하려는 분야는 너무나도 다양하다. 감정 기반 소통을 위해서는, 우선 사람과 인

감정 로봇 페퍼

공지능 시스템 사이의 감정 모델링이 이루어져야 한다. 감정 모델링은 현재로서는 간접적인 방식에 근거한다. 얼굴 표정, 목소리, 생리학적 특성 등을 측정하고 이를 감정 카테고리와 연결하는 식이다. 인공지능은 이러한 특징을 학습하고 사람의 감정 상태를 인식한다. 그리고 사람의 감정에 맞추어 시스템은 스스로 상태를 설정하고 이를 시각적 · 청각적으로 표출한다. 감정을 인식하고 표현하는 로봇 페퍼(Pepper)와 소피아(Sophia)는 감정 영역에서 현 인공지능 기술의 적용을 잘 보여 준다. 특히 소피아는 세계 첫 로봇 시민으로, 조만간 대량 생산이 진행될 것으로 보인다.

우리에게 사람과 사람 사이의 소통은 익숙하고 자연스럽다. 사람다워지는 기계와의 소통은 앞으로 더 편해질 것이다. 인공지능이 사람의 감정을 파악하고 이에 대응하는 것은 사람과 인공지능 간 자연스러운 소통의 출발선이라고 할 수 있다. 공감의 개념은 여기에도 적용된다. 나의 마음을 이해해 주는 컴퓨터와는 좀 더 지속적인 소통이 가능하다. 인공지능의 아버지라 불리는 마빈 민스키(Marvin Minsky)는 기계의 감정에 대해 다음과 같은 말을 했다. "문제는 지능적인 기계가 감정을 가질 수 있느냐가 아니라, 기계가 감정 없이 지능적일 수 있느냐다."

이른바 감정 지능(emotional intelligence)의 중요성은 앞으로 더 강조될 것이다. 우리가 추구하는 패러다임은 인간 대 기계, 인간 대 컴퓨터, 인간대 인공지능과 같은 대결 구도가 아니다. 중요한 것은 사람을 증강시킬 수 있고 사람의 사람다움을 더 끄집어낼 수 있는 기계, 컴퓨터, 인공지능이어야 한다는 점이다. 인공지능은 밖으로 잘 드러나지 않는 표정, 목소리, 생리적 변화에도 집중해야 한다. 어려운 수학 문제를 풀며 느끼는 나만의 행복감 같은 내부적 사고 과정과 감정 간의 관계에 대해서 아직 밝혀야 할 것들이 많다.

흔히들 말하기를 인공지능은 두 발로 걷는 법보다 바둑 두는 법을 더 쉽게 배운다고 한다. 사람에게는 당연한 것일수록 인공지능이 학습하기 어렵다는 것이 아이러니하다. 하물며 감정은 어떻겠는가? 감정은 오랜 시간에 걸쳐 체화되는 것이고, 그래서 본능적이고 당연시되는 영역이다. 인공지능이 이 감정을 배우려면 걷는 것보다 훨씬 더 많은 시간이 필요할 것이다. 초거대 인공지능의 발전이 감정을 포함한 종합적인 사고와 함께한다면, 그것이 궁극의 인공지능일 것이다.

| PART |

3

META EXPERIENCE

사람의 **행동**을 **이해**하고

맥락을 덧입혀

시스템을 바라보다

META EXPERIENCE 정보

컴퓨터와 소통할 때 우리 머릿속에서 일어나는 일들

기술의 발전은 생활의 패러다임을 급격히 바꾸고 있다. 컴퓨터와 인공지능이 만들어 놓은 생태계 속에서 우리는 다양한 정보에 노출된다. 빅데이터(big data) 시대, 정보를 어떻게 활용할 것인지에 대한 고민은 이제 시작된 느낌이다. 정보는 사람과 컴퓨터 간 소통을 가능하게 하는 재료이자 통로다.

소통은 상대방과 생각을 교환하며 뜻을 맞추는 과정으로 상호 작용이 필수다. 상호 작용은 소통의 대상 사이에서 일어나는 작용으로 어느 한 객체의 행동 결과가 다른 객체에 영향을 주는 형태이며, 일종의 연속된 '주고받음'이다. 사람과 컴퓨터 사이의 상호 작용의 주체는 당연히 사람과 컴퓨터다. 사람의 결정과 행동은 컴퓨터에게 입력값으로 작용한다. 컴퓨터는 주어진 조건에서 이 입력값을 적절히 처리하고 대응해 사용자에게 피드백을 준다. 그리고 사람은 이 피드백을 인지하고 다시 반응한다.

이러한 상호 작용에 핵심 역할을 하는 것이 바로 정보다. 사람이 컴퓨터의 피드백에 반응하기 위해서는 그 나름의 정보 처리 과정을 거쳐야 한다. 컴퓨터도 사람으로부터의 입력값을 제대로 처리하기 위한 메커니즘과 알고리즘이 필요하다. 인공지능을 탑재한 컴퓨터의 내부 처리 과정은 사람의 그것을 닮아 가고 있다. 사람과 컴퓨터 사이의 소통을 이해하기 위해, 사람의 정보 처리 과정을 먼저 살펴볼 필요가 있는 것이다.

사람의 정보 처리(human information processing)는 자극(stimuli), 감지(sensing)/인식(perception), 작업 기억(working memory)/장기 기억(long term memory), 인지(cognition), 반응(response)으로 이어지는 일련의 순차적 순환 과정이다. 사람은 특정 상황 속 자극을 지각하고, 처리하고, 인지한다. 그리고 이를 바탕으로 상황을 파악하고 자신의 마음을 결정하고 최선의 행동을 함으로써 다시 상황에 영향을 준다. 자극은 사람의 지각/인식 통

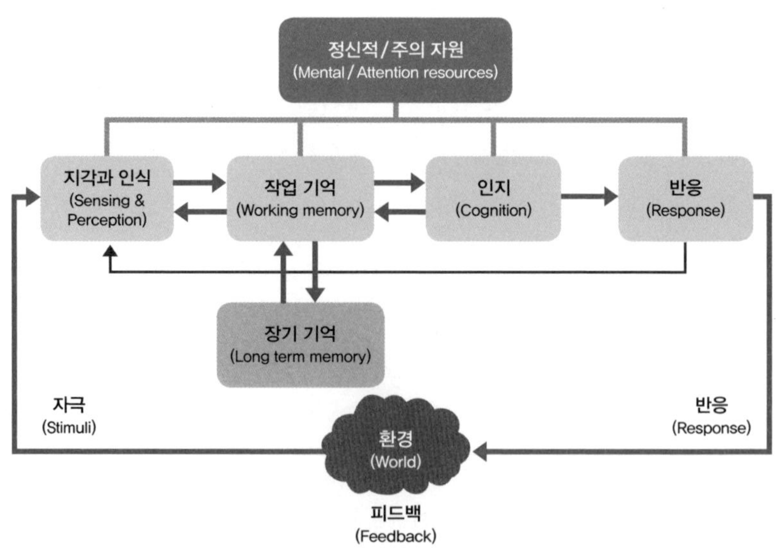

사람의 정보 처리 과정[34]

로와 기억 공간을 거치면서 유의미한 정보로 거듭난다. 정보가 된 이후에 비로소 사람의 결정과 행동에 영향을 줄 수 있다. 이것이 바로 정보화다.

어떤 단서를 선택하고 활용하는지, 어디에 주의를 집중해 상황을 인지하는지, 그 분석과 진단 과정이 얼마나 적절한지, 자신의 결정과 행동에 대한 대안을 얼마나 고려하고 그중 하나를 어떻게 선택하는지 등이 정보 처리 과정의 군데군데에서 개입한다. 사람은 정보 처리에 있어 불완전함을 갖고 있는데, 이 불완전함은 사람의 잘못된 사고 습관이나 인지적 편향에 따른 것일 때가 많다. 따라서 이를 보정해 주기 위한 환경적, 시스템적 디자인이 중요하다.

자극이 행동으로 이어지는 것이 비단 사람에게 국한된 것은 아니다. 본능적이거나 무지각적 반응이 있을 수도 있고(이는 특정 작업에 숙련된 지식을 가진 전문가들이 종종 보이는 자동화된 반응과는 다르다.) 사람과 비슷한 반응 과정이 동물에게서 발견되기도 한다. 파블로프(Ivan Petrovich Pavlov)의 조건 형성 개 실험에서, 개는 음식과 함께 종소리를 반복적으로 들음으로써 조건 형성 후 종소리만 들어도 침을 흘리는 반사 행동을 보인다. 이는 일종의 학습이다. 하지만 개가 자극을 정보화하는 과정을 거쳤다고 말하기는 매우 어렵다. 개가 인간 지능과 유사한 능력이 지녔다고 볼 수 없는 이유이기도 하다.

다시 말하면, 사람과 컴퓨터 간 소통은 정보와 필연적으로 연결되고 우선적으로 사람의 정보화 과정을 바탕으로 이해될 수 있다. 인공지능은 인간의 지능적 행동을 모방한다. 지능적 행동의 중심에 사람의 정보 처리가 있다. 인공지능은 컴퓨터 시스템을 더욱 스마트하게 만든다. 결국 컴퓨터는 더 사람다워질 테니, 강인공지능으로 가는 흐름 속에서 컴퓨터는 사람의 정보 처리를 더 흉내 낼 필요가 있다. 다음 장부터 사람의 정보 처리 단계들을 좀 더 자세히 살펴보자.

우리는 눈으로 자극을 받아들이고 처리하는 것에 익숙하다

자극(stimuli)은 지각 가능한 에너지다. 사람이 지각할 수 없다면 그건 자극으로서 의미가 전혀 없다. 자극을 감지해야 정보 처리 과정의 초입에 들어설 수 있다. 지각은 기본적으로 시각, 청각, 후각, 미각, 촉각 등의 감각 채널을 거치게 되고, 나아가 온도, 운동감, 균형감, 진동, 고통 등과 연결되기도 한다. 자극은 그 속성과 해당 감각 채널에 따라 시각적 기억, 청각적 기억, 후각적 기억 등으로 저장된다.

지각 가능한 범위 내의 자극이 디자인 측면에서 갖는 의미는 크다. 우선 지각 한계치(detection threshold)를 생각할 수 있는데, 이는 어떤 감각 채널의 지각 가능한 최고점과 최저점 사이의 범위를 형성한다. 디자인이 그 범위 안에서 이루어져야 함은 당연하다. 우리는 자외선과 적외선을 볼 수 없고 너무 작은 소리를 들을 수 없다. 일상생활 속 제품을 설계할 때 지각되

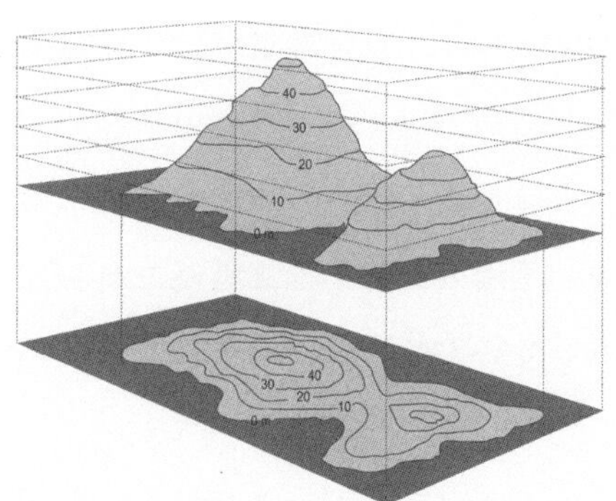

구분 한계치: 등고선

지 않는 자극을 활용할 이유는 없다. 고령자, 장애인 등 특정 사용자 그룹의 신체적, 인지적 능력에 따라서는 그 지각 범위가 좁아질 수도 있다. 이러한 의미에서, 사람들이 자극을 보다 쉽게 받아들일 수 있도록 하여 가능한 한 많은 사람들이 제품을 무리 없이 사용할 수 있게 하는 보편적 디자인(universal design)이 필요한 것이다.

다른 측면에서는 구분 한계치(discrimination threshold)가 있다. 이는 사람이 지각할 수 있는 최소한의 자극 차이를 말한다. 이를 고려한 디자인을 찾는 건 어렵지 않다. 지도에서 등고선은 몇 가지 색으로 표현된다. 하지만 산이 그 몇 안 되는 색에 따라 계단식으로 되어 있을 리 없지 않은가? 지도의 기본적 목적이 지형이나 위치의 정보를 전달하는 것이라고 할 때, 높이 구간별 색 표현의 차이가 분명히 지각될 수 있는 지금의 방식은 효과적일 수 있다. 워드 프로그램에서의 글자 크기 설정도 한 예가 된다. 우리는 글자 크기 10과 10.01 간의 차이를 지각하지 못한다. 워드 글자 크기 메뉴 설정값이 8, 9, 10, 11, 12, 14, 16, 18, 20, 22, 24, 26, 28, 36, 48, 72로 되어 있는 것은 구분 한계치와 사용 빈도 측면에서 그 값들이 크기 구간별 대표성을 갖기 때문이다.

하지만 지각 가능한 자극이 고통의 영역까지 넘어갈 필요는 없다. 너무 강한 불빛이나 소리, 매우 거친 표면이나 높은 온도 등은 감지가 가능하다 하더라도, 인간-컴퓨터 상호 작용의 측면에서 보면 그 의미가 매우 작다고 할 수 있다. 위급한 상황에서나 아주 중요한 정보에 대해 적절히 사용될 수는 있지만 이는 제한적이어야 한다. 고통을 불러오는 자극은 사람의 정보화 과정을 방해하고 지속적인 소통을 어렵게 만든다.

사람은 다른 어떤 감각보다도 시각에 의존적이다. 상호 작용과 인터페이스 설계가 주로 시각적 요소에 집중하는 이유이기도 하다. WYSIWYG(What You See Is What You Get, 보는 것이 결과물이다) 개념도 시각 채널을 통한 직관성을 추구한다. 물론 시각에만 기댄다는 이야기는 아니다. 이미 우리는 음성 사용자 인터페이스(VUI)에 익숙하지 않은가. 시각적 설계의 중요성은 유지한 채, 앞으로 다양한 감각 채널들이 상호 작용 방식에 활용될 것이다.

시각적 정보 처리와 관련하여, 전주의 처리(preattentive processing)에 대해 알아보자. 이는 주의를 기울이기도 전에 시각적 지각 및 인지 프로세스가 완료되는 것을 일컫는다. 무수히 나열된 숫자들 속에 '7'을 찾는 일을

385720939823728196837293825
382912358383492730122894839
909027102032893569273091428
938309562965817431869241024

385**7**20939823**7**2819683**7**293825
382912358383492**7**30122894839
90902**7**1020328935692**7**3091428
938309562965817431869241024

전주의 처리: 숫자 7 찾기

생각해 보자. 같은 크기, 같은 색깔, 같은 폰트로 일정한 배열에 배치된 숫자들 속에서 7만 골라내기 위해선 비교적 많은 시간이 필요하다. 7을 찾기 위해서 왼쪽에서 오른쪽으로 혹은 위에서 아래로, 그 나름의 탐색 전략을 세우기도 한다. 그런데 만일 7만 도드라지게 튀는 색깔에 크고 굵은 글씨체로 되어 있다면 어떻겠는가? 그저 스윽 한 번 쳐다보는 것만으로도 7이라는 숫자가 어디에 있는지 단박에 알아챌 것이다. 전주의 처리 과정에서는 그야말로 자극이 알아서 튀어나오듯 눈을 통해 머리에 박히게 된다. 이 모든 과정이 단 0.25초 이내에 이루어진다.

전주의적 요소에는 형태, 방향, 길이와 너비, 크기, 밀도, 색상, 강도, 깜빡임, 속도, 그림자 등이 있다. 우선은 1차원적으로 생각할 필요가 있는데, 이는 하나의 전주의적 요소만 관여됨을 말한다. 예를 들어 색상을 제외한 다른 시각적 속성은 동일한 자극들에 대해, 하나만 빨간색이고 다른 것들은 모두 파란색인 경우에 우리는 아주 쉽게 빨간색 자극을 인지하게 된다. 두 가지 이상의 전주의적 요소가 결합된 경우도 생각할 수 있다. 하지만 요소 간 결합 조건에 따라 인지 반응 시간은 현격히 증가할 수 있다. 가령 형태(사각형, 원)와 색상(파란색, 빨간색)이라는 두 요소가 결합되어 있는 경우, 우리는 파란색 사각형, 파란색 원, 빨간색 사각형, 빨간색 원을 생각할 수 있다. 빨간색 원은 하나이고 나머지 세 가지는 여러 개로, 이것들이 섞여 있을 때 빨간색 원 하나를 찾는 데는 1차원적 탐색보다 더 많은 시간이 필요하다.

일상생활에서 우리는 전주의 처리를 활용한 시각적 설계를 심심치 않게 보게 된다. 즉각적 지각을 요구하는 상황에서 이러한 활용은 더욱 두드러진다. 빠른 시간 내 정확한 인지가 중요한, 위험이나 비정상 상황을 나타내는 알람(alarm) 디스플레이가 여기에 해당한다. 굳이 이런 상황이 아니더라도 전주의 처리를 활용한 시각적 설계는 어떤 정보의 대략적 속성을 파

자동차 계기판 아날로그 방식

악할 때도 유용하다. 자동차 계기판에서의 속도계, 엔진 회전계, 연료계, 냉각수 온도계 등을 보면 거의 대부분 아날로그 방식의 바늘로 표시되어 있는데, 이는 대략 수직 혹은 수평 방향을 넘어서거나 내려가면 문제가 있음을 의미한다. 속도나 온도의 정확한 수치가 당장 중요하지는 않다. 과속인지, 엔진 회전이 과한지, 기름은 부족하지 않은지, 온도는 너무 높거나 낮지 않은지 등의 직접 행동과 관련된 정보가 중요하다. 숫자의 정확함이나 섬세함이 아니라 '맞다/아니다'라는 이분법적 정보의 빠른 판단이 필요한 것인데, 전주의 처리에 기반한 설계는 여기에 잘 적용될 수 있다.

이제는 먼 이야기가 되어 버렸지만, 90년대 중반에 에스페로(대우자동차)라는 세단이 있었다. 에스페로의 초기 모델에는 디지털 속도계가 장착되어 있었는데, 당시 유행을 타고 꽤나 신선한 느낌을 주었다. 하지만 속도를 나타내는 그 숫자가 운전자들에게 마냥 좋지만은 않았다. 시시각각 바뀌는 속도를 숫자로 표시하는 것도 문제였거니와, 대략적 정보만을 얻고자 하는 보통의 운전 상황에서 아주 정확한 수치는 오히려 피로감을 주었던 것이다. 디지털화가 한창 진행되던 그 시절, 사람을 깊이 고려하지 않은 기술 자랑의 해프닝은 아니었을까?

그런데 최근 출시되는 차들 중에서도 디지털 속도계를 기본으로 하는

90년대 중반에 출시된 대우자동차 에스페로의 디지털 속도계

모델이 종종 보인다. 계기판 자체가 디지털 스크린으로 되어 있는 것들도 흔하다. 그렇다고 기존 아날로그 방식을 완전히 대체하는 것은 아니다. 아날로그와 디지털 정보가 함께 제공되는 하이브리드 방식이거나, 정보 표시 형태를 운전자가 선택할 수 있는 방식이다. 이는 운전자에게 정확한 수치 정보를 제공해야 할 상황이 있음을 대변한다. 개인적 경험으로는, 크루즈 컨트롤(cruise control, 정속 주행 장치)을 사용할 때 아주 유용했던 것 같다. 속도 제한이 시속 100km일 때 정확하게 100 혹은 이를 살짝 넘는 수치로 속도를 설정해 두고, 과속 단속에 대한 걱정 없이 편하게 운전했던 기억이 있다. 자동차 내비게이션 화면 속 속도가 숫자로 표기되는 것도 비슷한 이치로 생각할 수 있다.

게슈탈트 심리학(Gestalt psychology)은 사람이 물체와 환경을 시각적으로 어떻게 인지하는지에 대한 이론으로 1900년대 초에 제안되었다. 이는 형태주의 심리학으로 불리기도 하는데, 인지적 측면에서 시각적 자극의 세세한 부분들보다는 전체적인 형태와 패턴에 집중한다. 게슈탈트 심리학 영향 요소로는 전경과 배경(figure and ground, 전경과 배경을 구분해 형태를 인지), 근접성(proximity, 가까운 것들끼리 묶어서 형태를 인지), 유사성(similarity, 유사한 외형을 띠는 것들끼리 묶어서 형태를 인지), 대칭(symmetry, 대칭 구조에 기반해 형태를 인지), 연결성(connectedness, 연결되어 있는 것들에 대해 형태를 인지), 연속성(continuity, 자연스럽게 이어지는 것으로 형태를 인지), 폐

폐쇄성(closure, 가상의 테두리를 인지해 형태를 인지), **공동 운명**(common fate, 같은 패턴에 기반해 형태를 인지), **단순성**(simplicity, 형태를 단순화해 인지), **투명성**(transparency, 보이지 않는 부분에 대해 형태를 인지) 등이 있다. 이러한 인지는 사람들이 그렇게 배웠기 때문이 아니다. 이것은 본능적인 영역이며, 눈이 기억하는 습관이다.

사용성을 중시하는 전통적 관점에서 보면, 게슈탈트 심리학은 최대한 활용되어야 한다. 즉, 정돈되어 있고, 규칙적이고, 체계적이고, 단순하고, 대칭적인 형태의 디자인을 추구해야 한다. 이는 상호 작용의 미적 설계에 있어 기본이다. 미학의 관점에서 사람의 인지를 배제한 객체의 본질적 아름다움에 대한 추구일 수도 있겠다. 하지만 오늘날에는 독특하고 튀는, 때로는 전혀 단정하지 않은 디자인도 소위 먹힐 수 있다. 게슈탈트 심리학을 벗어나는 디자인도 사람들에게 신선함과 재미를 제공할 수 있다는 뜻이다. 잘 의도된 삐딱함에 열광하는 시대 아니겠는가?

META EXPERIENCE 작업 기억

자극이 열일 중인
기억 공간을 거쳐 정보로 거듭나다

지각된 자극은 사람의 정보 처리 과정의 첫 단계이자 정보가 되기 위한 입력값이다. 이 입력값을 처리하고 이에 대한 기본적인 해석을 해야 하는데, 이런 일을 담당하는 것이 작업 기억(working memory)과 장기 기억(long term memory)이다. 컴퓨터로 보자면, 언제든 꺼내서 활용할 수 있는 저장 공간 같은 개념이다. 이 정보 처리 단계에서 사람은 지각된 자극을 각자의 기억과 경험에 기대어 기초 분석을 한다.

단기 기억(short term memory)이라고도 불리는 작업 기억은 그 순간에 활성화되어 처리되고 있는 정보를 말한다. 정보를 단기적으로 기억하고 능동적으로 이해하는 과정이라고 볼 수 있는데, 집중하고 있는 소량의 정보를 일시적이고 제한적으로 유지하는 특성을 지닌다. 이와 관련하여 1956년 조지 밀러(George A. Miller)는 'Magical number seven, plus or minus two(마법의 숫자 7, 플러스 혹은 마이너스 2)'[35]를 제안했다. 정보 처리에 대한 인간의 제한된 능력을 다룬 것으로, 작업 기억을 이야기할 때 빼놓지 않고 등장하는 법칙이기도 하다. 그는 기억의 범위를 실험을 통해 증명하고자 했는데, 젊은 사람들 기준으로 대략 7개 정도의 기억 '청크(chunk)'를 기억한다고 보았다. 여기서 청크란 기억의 덩어리로, 하나의 청크는 그 세부 요소가 여러 개로 이루어졌다 하더라도 하나의 기억 단위로 존재한다. 청크는 사람마다 다르게 형성되며 이는 각자의 학습이나 경험에 기인한다. 우리가 핸드폰 번호를 외울 때 시작 번호인 '010'을 0, 1, 0로 각각 따로 기억하지 않는 것이 여기에 해당한다고 할 수 있다. 010은 우리에게 너무 익숙한 하나의 기억, 청크인 것이다. 이는 뒤에서 이야기할 장기 기억과 아주 밀접한 관련이 있다.

이 법칙은 인간-컴퓨터 상호 작용이 학문으로서 막 정립되는 시기에 꽤나 유명세를 떨쳤다. '마법의 숫자'라는 표현에서 알 수 있듯, 밀러는 이 법

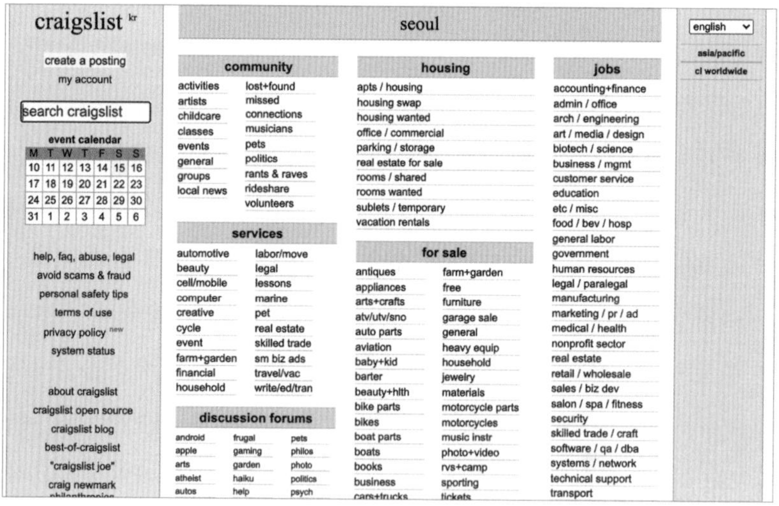

크레이그리스트 웹페이지

칙의 대표성과 일반성에 대단한 자신감을 가졌던 것 같다. 하지만 사람을 일반화하는 게 어디 쉽던가? 당장 청크는 사람의 특성뿐 아니라 지식의 종류, 작업의 속성, 환경적 요인 등에 따라 매우 다르게 형성될 수 있다. 이 숫자 7이 갖는 의미는 사람의 기억 한계에 대한 상징성으로 제한될 필요가 있다. 이 법칙에 기대어 한때 웹사이트의 메뉴는 일곱 개 이내로 해야 한다고 강요됐던 적도 있었다. 그러나 이를 벗어난 성공적인 웹사이트를 발견하기란 어렵지 않다. 미국에서 대중적으로 사용되는 중고 거래 웹사이트인 크레이그리스트(www.craiglist.org)에 한번 들어가 보라. 엄청난 메뉴를 목도하게 될 것이다. 메뉴의 수가 적으면 좋기야 하겠지만 꼭 그럴 필요는 없다. 사용자는 기억의 한계를 익숙해짐으로 대응한다.

이 전 챕터의 제목을 기억하는가? 혹시 잘 기억한다면 그 이유는 셋 중 하나다. 엄청 집중해서 읽었든지, 아니면 몇 번 반복해서 읽고 있든지, 그것도 아니면 작업 기억의 능력치가 남들보다 아주 높든지. 우리는 필연적으로 무언가를 잊는다. 잊지 않으려면 노력이 필요하다.(그런 노력 없이도 잊히지 않는 것이 있다면 그건 장기 기억이다.) 헤르만 에빙하우스(Hermann

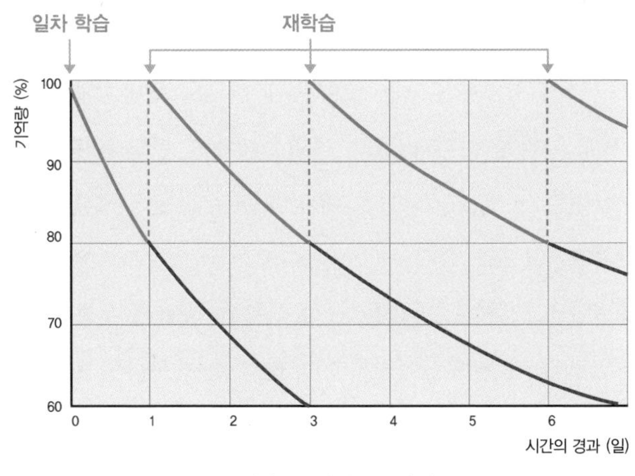

에빙하우스의 망각 곡선 예

Ebbinghaus)는 실험을 통해 망각 곡선(forgetting curve)을 찾아냈는데, 망각은 학습 직후 급격히 일어나며 시간이 지남에 따라 그 정도가 둔화된다. 또한 이를 방지하기 위해 특정 시간 간격을 고려한 반복 학습이 중요하다고 역설했다. 재학습이 반복될수록 망각의 속도는 저하된다. 작업 기억은 망각과, 그리고 망각은 학습과 짝을 이루어 고민되어야 한다.

영어 철자 10개로 이루어진 어떤 문자열이 있다고 하자. 예를 들어 'bfrpoxtqxa'를 반드시 외워야 한다면 어떤 암기 전략을 쓸 것인가? 영어 철자 하나하나에 연관 단어를 매칭시켜 스토리텔링을 할 수도 있고, 발음되는 대로 외우고 익숙한 것으로 대체할 수도 있을 것이다. 아니면 키보드 자판을 떠올리며 그 시각적 위치에 집중할 수도 있다. 무엇이 되었든 간에 우리는 더 쉽게 기억하기 위해 노력하고, 그 전략은 각자의 경험에 기반한다. 일종의 노하우(know-how)인 것이다. 그런데 'abcdefghij'를 외워야 한다면? 이건 그야말로 식은 죽 먹기다. 너무나도 익숙한 알파벳송에 나오는 첫 10개의 철자이기 때문이다. 10개라는 것만 기억하면 'abcdefghij'는 거의 자동으로 나온다.

사람들이 무언가를 더 쉽게 기억할 수 있게 해 주는 것은 그래서 의미가 있다. 개인적으로 남들이 더 잘 기억하도록 내 핸드폰 번호나 이메일 주소를 설정하는 것은 소소한 즐거움이었다. 내 핸드폰 뒷번호는 '7835' 이다. '칠판'을 '사모'한다는 뜻이다. 몇몇 사람들에게는 핀잔을, 몇몇 사람들에게는 웃음을 얻었다. 그리고 그들은 내 번호를 조금 덜 잊고 있다. 누군가는 아주 잘 기억할지도 모르겠다.

이메일 주소도 그렇다. 한번은 교직 생활을 하면서 새로 이메일을 만들 기회가 있었다. 대개 회사에서의 이메일 주소는 사람의 이름 혹은 이니셜과 관련이 있다. 나 또한 아주 진부한 선택을 하려고 했다. 그러나 'slee', 'swlee', 'sangwon', 'sangwonlee', 's_lee', 'sw_lee' 등을 전부 누군가

쓰고 있었다. 당장 성균관대학교에만 '이상원'이라는 이름을 쓰는 교수님이 세 분 더 계셨다. 이왕 이렇게 된 거, 사람들에게 적당히 재미도 주면서 잘 기억나는 이메일 주소를 만들기로 했다. 이름을 활용하자는 전략은 그대로다. 후보는 'idealcircle', 'strangecircle', 'twoupzero', 'upcircle'이었고, 최종적으로 선택된 것이 'upcircle'이다. '상원'이라는 이름에 충실하며 후보들 중 가장 짧고 쉬운 영어 단어로 만들어진 것이었다. 매 학기 초 강의 시간에 학생들에게 이 이메일 주소를 알려 주면 역시나 간간이 웃음이 터져 나온다. 많지는 않지만 그래도 몇몇은 학기 말까지 내 이메일 주소를 기억하기도 한다. 여담이지만, '영만'이라는 이름을 쓰시는 어떤 분의 이메일 주소는 '010000', '석천'이라는 이름을 쓰시는 분의 이메일 주소는 'stonesky'이다. 개인적으로 딱히 연락할 일이 없는 그분들의 이메일 주소가 아직 내 머릿속에 남아 있다.

때로는 기억해야 하는 것이 이미지이거나 특정 위치 정보이기도 하다. 이에 대한 기억 전략은 영어 철자를 외우는 것과는 다르다. 작업이나 정보의 속성에 따라서 암기 전략은 바뀐다. 또, 중간에 전혀 상관없는 일이 개입하면 기억의 성과는 떨어질 수밖에 없다. 처음 접하는 영어 단어를 열심히 외우는 중간에 복잡한 수학 계산 문제를 두어 개 풀어 보라고 한다면, 그 단어에 대한 기억 정도는 현저히 떨어질 것이다. 디자인은 사람들에게 익숙한 것들을 활용해 인지 부담을 낮추고 작업 기억의 한계를 보완해 주어야 한다. 기억해야 하는 부담이 낮아질수록, 그야말로 '생각나는 대로 했더니 되더라'의 직관성 있는 디자인이 만들어진다.

그러나 사람들의 기억 전략은 완벽하지 않다. "기록은 기억은 지배한다."라는 광고 카피처럼, 사람의 기억은 기록의 객관성을 온전히 확보하지 못한다. 사람들에게 별다른 정보 없이 집과 관련된 것들, 그 안에 있을 만한 공간 혹은 물건 등으로 구성된 단어들을 연속해서 하나씩만 보여 준 후(예를 들어 거실, 천장, 굴뚝, 부엌, 식탁 등) 특정 단어가 있었는지 물어보자. 몇몇 단어에 대해서는 답이 나뉠 것이다. 그들은 특별한 정보 없이도 단어들이 모두 집과 관련되어 있다는 것을 금방 알아차릴 것이고, 의식하든 의식하지 않든 이를 기억의 전략으로 활용한다. 이런 점 때문에 설령 '베란다'라는 단어가 리스트에 없었더라도, 사람들은 봤다고 기억할 가능성이 있다. 보여 준 단어가 많을수록, 그리고 유사한 단어가 리스트에 있을수록('테라스', '발코니'는 있지만 '베란다'는 없을 때처럼), 사람은 베란다의 유무 판단에 혼선을 겪는다.

또 다른 예로, 미국 대학에서 진행한 심리학 실험을 들 수 있다.[36] 워너브라더스(Warner Bros.)의 벅스버니(Bugs Bunny)가 등장하는, 조작된 디즈니(Disney) 광고를 본 사람들 중 상당수가 자신들은 실제로 디즈니 리조트에서 벅스버니를 보았다고 답했다. 이는 잘못된 지식이 잘못된 기억으로 연결될 수 있음을 보여 준다. 재미있기도 하지만 일면 무섭지 않은가? 기억은 조작될 수 있다. 이 또한 작업 기억의 한계에서 파생된 부작용이다.

무엇인가를 잊는다는 것은 한계이자 축복이다. 잊지 않으려고 노력해야 하는 것들이 있다. 동시에 그럴 필요가 없거나 잊고 싶은 것들도 있다. 시간이 지나면 많은 것들이 머릿속에서 사라진다. 세상은 만만치 않고 우리는 항상 걱정을 안고 살아간다. 그 걱정이 쓸데 있는 것이든 없는 것이든, 우리의 삶은 걱정과 고민의 연속이다. 그러나 한번 생각해 보자. 일주일 전 자신의 고민이 무엇인지 기억하는가? 3개월 전, 1년 전, 5년 전, 10년 전 걱정거리는? 분명 지금 기억하는 것보다 훨씬 더 깊고 세세한 걱정을 했을 것이다. 하지만 시간이 지나면 걱정을 했다는 기억만 어렴풋이 남을 뿐이다. 이 얼마나 축복인가! 그렇다면 앞으로는 어떨까? 따라서 너무 걱정에 사로잡히지 말자. 경험으로 미루어 봤을 때, 우리의 걱정과 고민은 대부분 쓸데없거나 일어나지 않거나 금방 기억에서 지워질 것들이다.

META EXPERIENCE 장기 기억

머릿속에 단단하게 자리 잡아 잊히지 않는 기억과 지식

우리 기억 중에는 단단히 자리 잡아 절대 잊히지 않는 것들이 있다. 이른바 장기 기억(long term memory)으로 불리는 이것은 머릿속에 잘 저장되고 보존되어 온전한 상태로 오래도록 유지되는 정보를 말한다. 길게는 평생 동안 말이다. 필요할 때 바로 활용할 수 있다는 점도 중요한 특징이다. 앞서 이야기한 작업 기억과는 서로 영향 관계에 있는데, 기본적으로 작업 기억이 반복적으로 노출되고 학습되면 장기 기억이 될 수 있다. 장기 기억은 일반적인 사실, 여러 작은 기억들이 모여 만들어진 하나의 개념, 자기 자신에 대한 정보, 현재 매우 집중해서 수행하고 있는 일에 대한 지식 등을 포함한다.

누군가 "대한민국의 수도는?" 하고 묻는다면 여러분의 대답은 무엇이겠는가? 일부러 답하지 않는 경우를 빼고는 거의 모든 사람들이 자신 있게

"서울!"이라고 말할 것이다. '대한민국의 수도는 서울'이라는 일반적 사실은 우리나라 초등학생 이상의 보통 사람들에게 장기 기억으로 존재한다. '서울'이라는 답을 하기 위해 머리를 쥐어짜거나 따로 공부해 외우지는 않는다. 하지만 유치원생 아이들에게 물어본다면 서울이라는 답에는 구멍이 뚫리기 시작한다. 아이들에게는 아직 이 지식이 장기 기억으로 자리 잡고 있지 않은 탓이다. 우리는 초등학교 입학 전후의 어느 시점부터 대한민국의 수도가 서울이라는 사실을 잊지 않고 있다. 어떤 식으로든 무수히 노출된 이 사실은 어느샌가 우리 기억 속에 박히게 된다. 지금 당장 페루의 수도를 물어보면 상대적으로 그 정답률은 많이 떨어질 것이다. 누군가에게 '페루의 수도가 리마'라는 것은 지금 알게 된 새로운 사실이거나, 잠시 잊고 있어 언뜻 떠오르지 않는 기억으로 존재하기 때문이다.

작은 기억들이 모여 하나의 개념으로 자리 잡는 경우도 장기 기억 중 하나다. 자전거 타는 것을 한번 생각해 보자. 두발자전거 타는 법을 누군가는 유년 시절 아빠로부터, 또 누군가는 성인이 되어서 여가를 즐기기 위해 스스로 배웠을 것이다. 한번 자전거 타는 법에 익숙해지면 어느 정도 시간이 지난 후에 다시 타도 약간의 어색함이 있을지언정 그 방법이 기억나지 않아서 새로 배워야 하는 일은 거의 없다. 배움의 과정을 거쳐 익숙함의 단계에 다다르면, 우리는 자전거를 타기 위한 세세한 행위들을 쪼개서 기억하지 않는다. 핸들을 잡고, 안장에 앉아서, 한 다리는 페달에 다른 한 다리는 바닥에 두고, 앞으로 조금 밀면서, 양발을 페달 양쪽에 올리면서 천천히 돌리고, 균형을 잡으며 앞으로 나아간다. 이를 하나하나를 되뇌며 자전거를 타지 않는다는 것, 이것은 일련의 연속된 행위들이 모여 '두발자전거 타기'라는 하나의 행동 개념으로 자리 잡았음을 뜻한다.

특정 분야에서 여러 기억 정보가 결합해 하나의 개념 덩어리를 존재하는 것은 숙련된 전문가들에게서 쉽게 발견된다. 그들은 자신의 전문 분야에서 일할 때, 세세한 관련 지식을 배우거나 활용하는 데에 큰 노력을 들이지 않고 거의 자동화된 결정과 행동 패턴을 보인다. 전문 분야라고 하기에는 무리가 있지만 이와 유사하게 우리가 일상생활에서 겪는 일들이 있다. 혹시 집을 나서고 얼마 되지 않아 문을 잘 잠갔는지, 물을 틀어 놓거나 가스레인지 불을 켜 두지는 않았는지 불안해했던 적은 없는가? 이럴 때 사람들은 대개 혹시나 하는 마음에 집으로 되돌아가서 확인하는 것을 선택한다. 그런데 확인 결과는 대부분의 경우, 문은 잘 잠겨 있고 물은 틀어져 있지 않으며 가스레인지 불도 꺼져 있는 상태일 것이다.

매일 반복적으로 하는 일들을 우리는 특별한 인지 노력 없이 아주 자연스럽게 행하고 있다. 이런 일들을 했는지 안 했는지 기억할 필요는 없다. 하는 것이 당연하게 여겨지고 매번 큰 의미를 두지 않고 반복해 왔으니까. 그래서 '했는지'는 잘 기억나지 않을 때가 많다. 그런데 거꾸로 '안 한' 것은 확실히 머릿속에 떠오른다. 안 한 것들은 일상생활의 자연스러움을 거스른다. 확실히 불편함이 느껴지는 것이다. 그러니까 '안 했다'라는 생각이 떠오를 때는 고민할 것도 없이 바로 집으로 달려가야 한다.

자신에 대한 인식도 장기 기억일 수 있다. 이는 '대한민국의 수도는 서울'과 같은 일반적 사실은 아니지만, 적어도 나에게만큼은 언제든지 꺼내 볼 수 있는 확실한 기억이다. 자신에 대한 기본 인적 정보는 따로 외울 필요가 없다. 누가 갑자기 생일과 출생지를 물어봐도 우리는 별 어려움 없이 답한다. 어두컴컴한 방에서도 내 얼굴에 점이 어디에 있는지 손가락으로 쉽고 정확히 가리킬 수 있다. 또 현재 집중해 수행 중인 일에 대한 정보도 장기 기억의 초입에 있다고 할 수 있다. 작업 기억은 얼마나 집중하는지, 그리고 얼마나 반복적으로 학습하는지 등에 따라 장기 기억으로 갈 가능성이 정해지는데, 현재 주의를 기울여 반복적으로 수행하는 일은 잊히지 않는 기억으로서의 기본 조건을 만족했다고 할 수 있다.

How are you? / I'm fine, thank you. And you?

다른 예를 살펴보자. "How are you?", 이 문장 다음에 나오는 표현은? "I'm fine, thank you. And you?"는 어떤 한국어 표현보다도 우리에게 익숙한 영어 표현이다. 적어도 이 영어 대화 흐름에 있어서만큼은 우리도 네이티브 스피커다. 이 표현들은 우리 머릿속에서 한국어에서 영어로의 번역 과정을 거치지 않았을 가능성이 매우 크다. "How are you?"라는 질문에 우리는 거의 즉각적인 대답 메커니즘을 보인다. 이게 어떻게 가능할까? 처음 이 영어 표현을 배울 때의 강렬함과 이후 발생한 반복 학습이 영향을 미쳤을 것이다. 그러면 영어를 미국 사람처럼 잘하려면 어떻게 해야겠는가? 위와 같이 자신에게 익숙한 표현과 대화를 많이 만들면 된다. 집중해서 반복적으로 외우고, 가급적 실제 환경에서 활용하면서 가능한 한 많은 영어 표현들을 작업 기억에서 장기 기억으로 이동시키는 것이다. 그렇게 여러분은 능숙한 영어 구사자가 된다. 물론 말처럼 쉽지는 않지만 말이다.

컴퓨터와 사람 간 소통 방식은 이 장기 기억에 기댈수록 직관적이다. 앞서 장기 기억은 인지 과정에 걸리는 부하가 거의 없다고 했다. 별생각 없이 했는데 그게 틀리지 않았다는 것, 이게 소통을 위한 인터페이스에 잘 녹아든다면 이보다 더 좋은 디자인은 없다. 만약 그게 어렵다면, 작업 기억이 장기 기억으로 보다 쉽게 이어질 수 있도록 해야 한다. 배움의 초기 진입 장벽을 낮추어서 쉽게 받아들이고 빨리 익숙해질 수 있게 하는 것이다. 장기 기억을 이야기하면서 다시금 사용성, 특히 '어떤 일에 익숙해지는 데에 얼마의 시간이 필요한지'를 고려하게 되는 이유다. 이는 사람 기억의 특징과 한계에서 출발한 디자인 사고이기도 하다.

나이가 들면 시간이 빨리 간다고들 한다. 어릴 적 우리는 모든 게 새로웠다. 신선한 자극 속에 (노력하지 않아도) 많은 것들을 기억했고 그것들을 느끼면서 행복한 잠자리에 들곤 했다. 생각나는 것들이 많은 만큼 하루는 길게 느껴졌다. 나이가 들면서 우리의 생활은 쳇바퀴 돌 듯 반복된다. 익숙함은 그다지 특별할 것 없는 자연스러운 행동으로 연결된다. 그리고 그런 행동은 머릿속에 굳이 오래 남아 있기를 거부한다. 어린 시절 엄마 손을 잡고 처음 타 본 지하철과, 매일 회사에 가기 위해 같은 시간 같은 역에서 타는 지하철이 같을 리 없지 않은가? 지하철 안에서 별사건이 없는 한, 통근하기 위해 지하철을 탄 것이 얼마의 시간이 흐른 뒤에도 여전히 기억나는 일은 거의 없다.

기억나는 일들이 많지 않은 하루가 반복되고, '오늘 뭐 했지?'에 대해 항상 비슷한 답을 하면서 우리의 하루하루가 쌓여 간다. 그리고 그 누적 속에 별일도 안 했는데 시간은 참 빨리도 흘러간다는 생각을 한다. 나이가 들어감에 기억 능력의 한계 또한 도드라지면서, 나이와 시간 체감 속도의 반비례는 더 심해진다. 흔히들 나이만큼 시간이 빨리 간다고 하지 않던가? 10대는 시속 10km, 30대는 시속 30km, 50대는 시속 50km로 간다고 말이다. 일상 속 반복이 가져다주는 장기 기억이 항상 좋은 것은 아니다. 하루를 반복하면서 살지 말자. 기억에 오래도록 남을 새롭고 즐거운 일들을 많이 하자. 그 기억의 각인 속에, 장기 기억으로부터의 의도적 일탈 속에, 하루가, 1년이, 인생이 의미 있게 길어지도록.

주어진 상황 속에서 최선을 다하는 비합리적인 결정

지각된 자극은 기억 공간을 통해 기본적 정보 처리 과정을 거치고, 이제 좀 더 깊은 인지와 해석의 단계로 넘어간다. 지각, 인식, 기억, 인지로 이어지면서 사람의 사고는 깊이를 더해 가는데, 인지 단계에 이르러 비로소 어떤 결정과 행동을 위한 기초 준비를 마치게 된다. 이 단계에서 사람들은 상황을 좀 더 면밀히 파악하고, 주의를 집중하고, 의사를 결정하고, 계획을 세운다. 앞선 정보 처리 단계에 비해 상대적으로 많은 시간이 소요되기도 한다.

의사 결정(decision making)은 인지 단계에서 가장 많이 논의되는 것이다. 자극과 상황에 대응하기 위해 여러 대안들을 고려하고, 유용한 가용 정보들을 활용해 그 나름대로 최선의 대안을 선택한다. 결정의 주체가 사람이기에, 이 선택의 과정은 필연적으로 불확실성과 불완전함을 내포한다.

컴퓨터와 달리, 사람들은 주어진 모든 정보를 고려하거나 활용하지는 못한다. 인지 세부 프로세스를 좀 더 살펴보면, 사람들은 지각, 인식, 기억에서 넘어온 단서를 취해 한데 버무리고, 이에 대한 종합적인 해석을 바탕으로 '~한다면 ~할 것이다'라는 가설들을 만들고, 그 나름의 기준을 가지고 그 가설들을 평가해 선택하고, 선택된 가설에 근거해 의사 결정 및 행동에 대한 계획을 세운다.

의사 결정은 여러 요인들의 영향을 받는다. 기본적으로 이는 세 가지 측면에서 볼 수 있는데, 정보로서의 단서, 환경적 요소, 그리고 결정자인 사람의 특성이 바로 그것이다. 주어진 단서가 정보로서 얼마나 가치 있는지, 그 양과 질은 어떠한지, 집중할 만한 것들이 얼마나 있는지(이상, 정보 단서 측면), 결정에 주어진 시간은 얼마인지, 결정해야 하는 일이 얼마나 복잡한지, 다른 방해 요소는 없는지(이상, 환경 요소 측면), 사람의 작업 기억 내 정보 처리의 한계가 얼마인지, 관련된 경험을 가지고 있는지, 해당 지식을 얼마나 잘 끄집어내 활용할 수 있는지(이상, 의사 결정자 특성 측면) 등 그 영향 요인들은 무수히 많다. 심지어 동일한 정보 단서와 환경 요소가 주어지더라도 사람들마다 그 결정이 달라지기도 한다. 의사 결정의 최종 관문이 결국에는 사람이기도 하거니와, 그 사람의 경험과 지식에 기댄 판단 기준이 천차만별이기 때문이다.

의사 결정과 관련해 결정 이론(decision theory)이 있다. 이는 전통적 관점에서 보자면, 규범적 결정 모델(normative decision model)과 기술적 결정 모델(descriptive decision model)로 나뉠 수 있다. 규범적 결정 이론은 '효용(utility)' 개념을 핵심으로 정립되었다. 효용은 결과가 가져다주는, 우리가 어떤 결정을 할 때 얻을 수 있는 주관적 만족과 관련한 가치다. 이와 관련한 가장 기본적인 개념이 기댓값(expected value)이다. 이는 결과가 어떻게 나올지 불확실한 상황에서, 예상 가능한 결과들을 고려하고, 각 결괏

값과 이것이 일어날 확률을 곱한 값들의 총합, 즉 객관적 효용 기대치에 근거한 판단을 설명한다. 쉬운 예로, 1부터 6까지 나올 확률이 동일한 주사위의 경우, 그 기댓값은 (1×1/6)+(2×1/6)+(3×1/6)+(4×1/6)+(5×1/6)+(6×1/6)=3.5이다. 하지만 현실에서 많은 일들은 그 결과들이 동일하게 일어나지 않을 가능성이 크고, 그 결괏값이 사람들에게 주는 의미도 저마다 다르게 나타날 수 있다. 그래서 언급되는 것이 주관적 가치 이론(subjective theory of value)[37]이다. 이는 나올 수 있는 결괏값에 대해 주관적 판단에 근거한 가중치를 부여함으로써 효용 기대치를 보정한다. 의사 결정의 주체가 사람이라는 점에서 훨씬 현실 반영적이라고 할 수 있다.

그런데 사람들의 실제 의사 결정 과정은 이러한 이론에 잘 맞지 않는 부분이 많다. 그 이유는 사람들이 그다지 합리적이지 않기 때문이다. 사실 기대 효용 이론(expected utility theory) 등은 전통적 경제학 이론의 뿌리가 되는데, 그 속에서 핵심으로 자리 잡고 있는 것이 바로 사람의 '합리성(rationality)'이다. 합리적 주체로서의 사람은 자신의 이익을 최대화하는 방향으로 결정을 내린다는 것이다. 전통적 경제학 관점에서 보면 기대 효용이 높은 것을 선택하는 것이 옳다. 하지만 현실이 어디 그렇던가? 우리는 전혀 합리적이지 않다.

다음의 질문에 한번 답해 보자. 정확히 반반의 확률로 앞면과 뒷면의 결과가 나오는 동전 던지기를 해서 앞면이 나오면 베팅한 돈의 2배를 받고(즉, 베팅한 돈만큼 벌고), 뒷면이 나오면 베팅한 돈을 잃는 게임이 있다. 10원을 베팅할 수 있다면 이 게임에 참여하겠는가? 100원의 베팅은 어떤가? 100만 원, 또는 더 과감하게 올려서 1억 원을 베팅하는 것은 어떤가? 눈치챘을 수도 있겠지만, 이 모든 베팅에 대한 기댓값은 '0'이다. 하지만 많은 사람들이 10원은 잃어도 그만이라며 10원을 버는 쪽에 의미를 더 두고 베팅에 참여한다. 1억 원 베팅은 반대의 사고 과정을 거칠 가능성이 크다. 1

억 원을 따면 당연히 좋겠지만, 1억 원을 잃는다는 건 생각조차 하기 싫다. 기댓값이 우리의 결정에 미치는 영향은 제한적이다.

이제 우리는 인간의 합리적 판단에 기댄 체계적이고 예쁘게 정리된 이론에서 벗어나야 한다. 그 지점에서 휴리스틱, 만족하기, 단순화 등으로 대변되는 기술적(descriptive) 결정 모델은 힘을 얻는다. 사람들은 최선의 결정을 하는 데 있어, 의식하든 그렇지 않든 간에 자신만의 방식을 가지고 있다. 이 각자의 방식을 휴리스틱(heuristic)이라고 말한다. 휴리스틱은 각자의 경험과 지식에 기대 일과 상황을 단순화하고, 의사 결정의 효율성을 추구한다. 흔히들 우리가 노하우라고 하는 것도 휴리스틱의 일종으로 볼 수 있다. 휴리스틱에는, '최고'의 해결책은 아닐 수 있지만 그에 준하고자 하는 '최선'의 결정이라는 의미가 있다. 성공했던 경험에 의존하기 때문에, 기본적으로 강력하고 효과적인 속성을 지니기도 한다. 그리고 여기서 만족하기(satisfying)라는 최종 결정을 위한 기준이 등장한다. 사람들에게 그들이 가지고 있는 핸드폰, 자동차, 가방을 왜 구매했는지 물어보면, 상당수의 대답이 그저 '좋아서'다. 이 단순화된 대답의 끝에 각자의 판단에 기댄 종합 버전의 자기 만족이 존재한다.

휴리스틱은 필연적으로 편향(bias)과 관련되어 있다. 편향은 휴리스틱을 통해 드러나는 자연스러운 결과다. 우리 스스로를 편견에 사로잡힌 사고 미숙자라고 표현하면 과한 것일까? 우리는 눈에 띄는 정보에 현혹되기도 하고, 가장 최근의 경험 혹은 가장 성공적인 경험에 과한 의미를 두기도 한다. 상대 가치에 현혹되어 절대 가치의 의미를 잃기도 한다. 상점에 디스플레이된 여러 제품들을 비교 평가해 구매하는 것을 벗어나, 최근에는 온라인이나 모바일 등을 통해 특정 제품으로의 직접적 접근과 평가가 가능해졌는데, 이는 상대 가치에서 절대 가치로의 패러다임 전환을 보여 준다.

대니얼 카너먼(Daniel Kahneman)은 사람들의 이러한 결정 과정 상

책 《Thinking, Fast and Slow》, 그 번역서 《생각에 관한 생각》

의 특징을 집대성해 행동경제학(behavioral economics)과 인지심리학(cognitive psychology)이라는 학문을 한층 더 공고히 자리 잡게 했다. 그의 책 《Thinking, Fast and Slow》(한국 번역서 제목은 《생각에 관한 생각》)은 인간의 두 사고 시스템, 'fast thinking(빠른 사고)'과 'slow thinking(느린 사고)'에 대해 다루고 있는데, 사람들이 이 둘 중 어느 한쪽을 편애하는 경우가 많다는 것을 반박할 수 없는 여러 사례들을 통해 보여 준다. 특히 그가 정립한 전망 이론(prospect theory)[38]은 위험 확률을 제대로 판단하지 못하고(비행기 사고 확률이 자동차 사고 확률보다 현저히 떨어지지만, 비행기 추락 사고가 더 위험하다고 판단하는 것처럼), 이득과 손실, 내가 가졌을 때와 남이 가졌을 때에 대해 다르게 평가하고(중고 거래 시장에서 내가 그 물건을 살 때와 팔 때, 손실을 보지 않기 위해 전혀 다른 전략을 구사하는 것처럼), 절대적 가치를 벗어나 상대적 가치에 과한 의미를 두는(나의 행복에 대한 판단 기준이 없기에 주변 사람과의 비교에 더 행복하거나 불행해지는 것처럼), 현실 속 사람들의 이상한(?) 사고와 결정에 대해 설명한다.

이 흐름과 함께하는 다른 책을 하나 더 소개해 본다. 바로 나심 니콜라스 탈레브(Nassim Nicholas Taleb)의 《블랙 스완(The Black Swan)》이다. 검은 백조는 없었다, 우리가 발견하기 전까지. 책은 관찰과 경험에 기댄 우리

책《블랙 스완》

의 예측과 판단이 얼마나 제한적일 수 있는지를 지적한다. 예기치 못한 극단 범주에서의 사건, 그것을 일이 벌어진 다음에 설명하는 것은 가능하나, 일어나기 전에 예측하는 것은 거의 불가능하다는 것이다. 경제학은 과거를 잘 설명해 미래를 제대로 바라보는 데에 의미를 둔다. 하지만 경제학이 예측의 학문은 아니다. 우리는 우리가 모른다는 것을 인정해야 한다. 그 인정이 극단 사건에 대한 예측과 이에 대한 유연한 대처의 출발점이 될 것이다. 검은 백조가 나쁜 것만을 의미하지는 않는다. 예상치 못한 극단 범주의 행복은 어디에 있을까?

머릿속 판단과 결정에 기댄
행동과 이에 따른 변화

지각된 자극에 대한 해석을 통해 정보로서의 의미를 확보하고 상황에 맞는 판단과 결정을 하게 되면, 이제 실제 행동으로 옮기는 단계에 들어선다. 차량을 운전 중인 상황을 생각해 보자. 저 앞에 보이는 교차로에서 우리는 직진을 하려고 하고 신호등은 현재 초록색이다. 이내 신호등이 노란색으로 바뀌면 우리는 신호등의 색을 감지하고 그것이 '정지' 신호라는 것을 인지한다. 곧 빨간색으로 바뀔 것 또한 경험적으로 알고 있다. 차는 계속 앞으로 가고 있고 이제 곧 교차로다. 자, 어떻게 행동할 것인가? 신호가 들어왔을 때 차가 어디에 있는지, 교차로에 진입했는지 안 했는지, 현재 속도는 얼마이며, 앞차와의 간격은 어떠한지 등의 상황 요소가 노란색 신호의 의미에 덧입혀진다. 고? 스톱? 물론 노란색 신호의 규범상 의미는 정지다. 하지만 무조건 멈추는 것이 좋은 것만은 아니다. 멈출지 지

나갈지 결정해 실제 행동으로 옮기는 것, 그것이 반응(response)이고 거기에 필요한 시간이 반응 시간(response time)이다.

반응 시간에 영향을 주는 요인은 너무나도 많다. 이는 자극, 일(과업), 사람의 측면에서 살펴볼 수 있다. 우선 자극의 측면에서 보면 자극의 불확실성, 복잡성, 강도, (다른 것들과의) 구분 정도, 반복 횟수, 위치, 감각 채널 등을 생각할 수 있다. 신호등 색이 햇빛에 반사되어 그것이 초록색인지 빨간색인지 확신이 서지 않는다면, 우리는 어떤 행동을 할지 결정 내리는 것이 쉽지 않고 반응 시간은 그만큼 늘어난다. 복잡한 체계로 되어 있거나 색이 흐릿해도, 그리고 주변 자극과 잘 구분되지 않거나 눈에 쉽게 띄지 않는 곳에 위치해도 문제다. 자극은 단순하고 강하고 주변과 잘 구분되고 쉽게 알아챌 수 있어야 한다. 반복적 자극도 이러한 측면에서 이해될 수 있고, (사람이 시각 정보 처리에 상대적으로 익숙하기 때문에) 이왕이면 시각 채널을 다른 채널보다 우선해 설계 시에 고려하면 좋다.

우리가 어떤 일을 하고 있고 무엇을 달성해야 하는지도 반응 시간에 영향을 준다. 세밀한 작업이 우리가 일상생활에서 집중하는 것 이상을 요구한다면? 이는 기본적으로 인지 부하와 관련이 있다. 아무래도 신경을 더 써야 하니까 인지에 부담으로 작용하고 그만큼 시간이 더 필요하다. 일의 양도 반응 시간에 대한 영향 요소일 수 있는데, 이는 처리해야 하는 인지의 양과 직접적인 관련이 있다. 이 밖에도 무수히 많은 환경, 상황 변수들이 있다. 예를 들어, 어디서 공부하고, 시험을 보느냐는 사람의 경험, 기억, 감정 형성과 연결되어 문제 해결 능력에 영향을 주기도 한다. '실전처럼 연습하라.'라고 하지 않던가? 또, 조용한 음악 덕분에 일에 대한 집중력이 높아질 수도 있고, 시끄러운 음악 소리 때문에 작업 수행이 방해받을 수도 있다. 누군가의 훼방 혹은 전혀 관련 없는 일의 예상치 못한 개입도 반응 시간에 부정적 영향을 미친다.

자극을 받아들이고 일을 수행하는 주체는 사람이다. 자극, 일, 환경 등의 변수들은 실제 반응 주체인 사람의 특성과 결부되어 전혀 다른 모습으로 나타날 수 있다. 특정 작업에 대한 익숙함, 숙련도, 전문성 등은 학습과 실행 측면에서 매우 중요하다. 인지 부하가 많이 걸리는 일이라 하더라도, 그 일에 전문가인 사람은 그렇지 않은 사람에 비해 반응 시간이 짧을 수 있다. 일에 대한 동기 또한 반응의 결과물과 연결된다. 목표를 꼭 달성하고자 하는 동기 부여가 확실할 땐, 그 집중도와 정보 처리 능력이 높아지게 마련이다. 사람의 신체적, 정신적 피로도도 반응 시간에 대한 영향 요소로 고려할 수 있다. 인지 부담이 큰 일에 반복적으로 노출되었을 때 그 피로감은 증가할 수밖에 없다. 심지어 아주 단순하고 쉬운 작업이라 하더라도 긴 시간 쉬지 않고 수행하게 되면, 또 다른 의미에서 정신적 피로감이 높아져서 때로는 머리가 멍해지기도 한다. 이 모든 것들의 귀결은 반응 시간의 증가다.

인간-컴퓨터 상호 작용이라는 학문이 태동해 자리 잡는 과정에서, 사람의 반응과 관련한 몇 안 되는 검증된 법칙들이 있는데 그중 하나가 바로 피츠의 법칙(Fitts' Law)[39]이다. 이 법칙은 1954년 폴 피츠(Paul Fitts)에 의해 처음 제안된 것으로, 특정 타깃에 도달하는 데 필요한 물리적 움직임과 그에 소요되는 시간을 다룬다. 일정 거리를 두고 놓인 두 개의 객체가 있다고

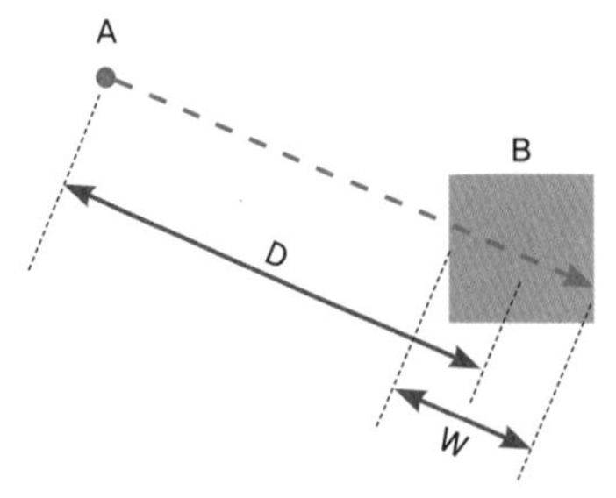

$$T = a + b\log_2\left(\frac{D}{W} + 1\right)$$

T : 동작을 완수하는 데 필요한 평균 시간
D : 대상 물체 중심까지의 거리
W : 움직이는 방향을 축으로 했을 때 측정되는 목표물의 폭
a, b : 상수 (실험을 통해 얻을 수 있음)

피츠의 법칙[39]

할 때, 한쪽에서 시작해 다른 한쪽에 다다르는 데에 걸리는 시간은 객체 간 거리가 멀수록, 그리고 목표물의 폭이 좁을수록(크기가 작을수록) 늘어난다. 이는 타기팅(targeting)과 관한 것으로 우리 행동의 속도와 정확도에 근거한다. 사람의 움직임은 정속이 아니다. 움직임을 시작할 때 가속하고 목표물에 다다라서는 감속해 멈추는 특성을 갖는다. 감속은 정확도와 좀 더 관련이 있는데, 목표물의 크기가 작을수록 감속이 더 일찍 일어나서 전체적인 평균 속도가 낮아지고 결과적으로 움직임 완료 시간이 증가하게 된다.

실험적으로 잘 검증된 이 법칙은 인간-컴퓨터 상호 작용과 인간공학 등 관련 학문 분야에서 그 유명세가 대단했었다. 원래 법칙이란 게 단순하고 당연한 이야기를 하기에, 진리에 가까워지는 것 아니겠는가. 인터넷의 출현과 무수히 많은 웹사이트의 등장, 여기에 필연적으로 마우스와 같은 포인팅 디바이스가 함께하면서 이 법칙의 활용도는 한층 커져 갔다. 메뉴 혹은 버튼의 크기와 배치를 디자인할 때 아주 유용했던 것이다. 제한된 영역에서 손가락을 이용하는 인터랙션 방식과 관련해, 피처폰 키패드 디자인에도 이 법칙은 곧잘 인용되었다.

하지만 사용 패러다임이 바뀌면 법칙에도 수정·보완이 요구되는 법이다. 스마트폰만 하더라도 그 전에는 잘 보지 못했던 사용 제스처가 있다. 대표적인 것이 손가락으로 슥 긋거나 휙 튕기는 행위, 즉 플릭(flick)이다. 스마트폰으로 긴 기사를 읽기 위해 아래로 스크롤할 때나 앨범 속 사진들을 하나하나 넘기며 볼 때, 우리는 손가락 움직임에 특정 목표 지점을 정해 두지 않는다. 그야말로 화면 어딘가를 손가락으로 살짝 튕겨 움직이는 정도다. 여기에 피츠의 법칙이 개입될 곳은 일단 없다. 또한 가상현실, 증강현실에서의 3차원 움직임을 설명하기에도 피츠의 법칙은 다소 제한적이다. 피츠의 법칙이 애초 2차원 환경에서 만들어진 것이기 때문이다. 메타버스와 같은 3차원 환경에서 가상 객체들을 선택하고 조작하는 방식에 대해, 피츠의 법칙은 보완과 검증의 시간이 필요하다.

하지만 법칙은 법칙일 뿐, 이를 꼭 활용해야 하는 것도 아니다. 특정 목표 지점이 없거나 그 목표물이 충분히 크다면 어떻겠는가? 유튜브 동영상을 보다가 잠시 정지(pause)한 후 다시 재생(play)할 때 어떻게 행동하는가? 키보드 스페이스바를 누르거나, 플레이되는 화면을 마우스로 클릭하거나, 대략 둘 중 하나일 것이다. 화면 왼쪽 아래에 있는 일시 정지·재생 버튼을 클릭하는 경우는 상대적으로 드물 것이다. 버튼이 아니라 화면 어딘가를 클릭한다는 것은, 정확도 측면에서 그 요구 수준이 현저히 낮아지는 효과가 있다. 또, 윈도10의 기본 화면 아래쪽에 위치한 메뉴·상태 바를 한 번 보자. 그 바의 제일 오른쪽으로 마우스 커서를 가져다 대고 클릭해 보면 바로 바탕 화면이 뜬다. 화면의 오른쪽 아래 구석으로 마우스 커서를 움직일 때, 딱히 속도를 줄일 필요가 없다. 그 공간은 실상 엄청나게 큰 크기를 의미하기 때문이다. 목표 지점의 물리적 크기 설정에 별 의미를 두지 않고 사용상 실수를 줄이는 이러한 설계는 확실히 사람들의 반응 시간을 줄여준다.

이를 역으로 잘 활용한(?) 예도 있다. 바로 팝업 광고다. 웹페이지에서 뉴스를 읽거나 유튜브로 동영상을 보는 와중에 마주하게 되는 작은 광고창, 생각만 해도 짜증나는 이 광고는 우리의 눈에 여간 거슬리는 게 아니다.

팝업 광고

스크롤을 따라오며 기사를 가리기도 하고, 동영상 아래를 잠식해 자막을 안 보이게 하기도 한다. 딱히 신경이 안 쓰이더라도 그냥 없애고 싶다! 그런데 이놈의 광고를 없애려면 잘 보이지도 않는 아주 작은 '×' 버튼을 클릭해야 한다. 스마트폰에서 손가락으로 그 버튼을 누르는 것은 훨씬 더 어렵다.(심지어 '×'가 잘 보이지도 않는다.) 꽤나 높은 집중력과 정확도가 요구되는 이 짓을 하고 있노라니, 시간은 지체 없이 흘러가고 광고 노출 시간은 늘어난다. '×' 대신 다른 곳을 눌러 광고 페이지로 넘어가는 일 또한 빈번하다. 광고주 입장에서는 반색할 만하다. 같은 법칙이라도 누가 어떤 상황에서 쓰느냐에 따라 그 의미는 달라진다.

사람들의 경험을
실험과 설문을 통해 이해하다

사람과 컴퓨터 사이에서 일어나는 현상을 이해하기 위해서는 그 상황에서의 사람들의 행동 및 응답 데이터가 반드시 필요하다. 특정 현상에 대해 이러한 데이터를 확보하고 분석하는 연구를 우리는 실증 연구(empirical study)라고 한다. 실증 연구에서 어떤 데이터를 얻을 것인지는 풀고자 하는 문제에 따라 달라진다. 그렇다면 사용자 관련 데이터는 어떻게 확보할 수 있을까? 우선 특정 상황에 대한 사람들의 반응을 '직접적으로' 측정할 수 있다. 이는 다시 실험적(experimental) 접근과 설문 기반(questionnaire-based) 접근으로 나뉜다.

컴퓨터와의 소통에 대한 실험적 접근은 사람들의 심리와 반응 측정에 초점을 두고 실험실에서 진행되는 통제 실험(controlled experiment)인 경우가 많다. 특정 조건에 따른 사용자 반응을 밝히기 위한 것이기 때문에 조건을 구분 짓는 요소 외 다른 것들은 최대한 같은 수준으로 통제한다. 기본적으로 실험은 우리가 기대하고 예상하는 것을 검증하는 데에 목적을 둔다. 이를 위해서는 정확한 반응 측정과 과학적이고 체계적인 실험 과정이 필수적이다. 통제된 환경에서 얻은 실험 결과는 여러 상황에 보편적으로 적용되기는 어려운 면이 있다. 실험에서 얻은 결과가 너무나도 당연한 것이라 할지라도 특정한 맥락이나 실험 조건, 분석 방법 속에서만 온전한 가치를 갖는다. 일반화할 수도 없고 당장 적용할 수 없을지도 모르는, 때로는 뻔한 이야기다. 하지만 그것이 하나하나 쌓이고 모이면 하나의 단단한 이론으로 발전할 수 있다. 그게 여러 실험 사례들에 기반한 상향식(bottom-up) 접근의 한 의미가 아니겠는가?

일반적으로 실험적 접근은 다음과 같은 순서를 따른다.

- 컴퓨터 기반 제품이나 시스템을 사용하면서 나타나는 현상에 대한 관찰
- 현실적인 문제 해결에 대한 고민과 이와 관련한 이론과 기존 연구 검토
- 문제 상황에 대한 정확한 이해와 (실험 가능한) 현상과 사용자 반응에 대한 예상(가설)
- 가설 내, 실험 조건을 형성하는 조작 가능한 요소, 그리고 사용자 반응과 관련해 측정하고자 하는 요소의 선택
- 합리적 기준에 근거한 실험 참가자 선별 및 특정 실험 조건에의 배정
- 실험의 주관심 요소가 아닌, 실험 결과에 영향을 줄 수 있는 요소들에 대한 통제(통제 불가능한 요소들은 가급적 무작위 선택 혹은 선별)
- 실험 조건에 따른 참가자들의 반응 측정
- 통계 기법을 활용한 실험 데이터 분석 및 가설 검증
- 분석 결과에 대한 해석과 이론적·실용적 측면에서의 논의

실험 데이터 분석의 기본 목적은 우리가 예상하는 것을 맞는지 알아보는 것, 즉 가설 검증이다. 이를 위해 통계 기법이 활용되는데, 가설 검증은 기본적으로 평균과 분산(혹은 표준편차)에 기대어 이루어진다. 분산(variance)은 평균을 중심으로 측정값들이 퍼져 있는 정도를 의미한

다. 통계 분석 방법은 측정 데이터의 속성에 따라 달라진다. 방법은 모수(parametric)와 비모수(nonparametric) 접근으로 나눌 수 있는데, 모수 접근을 하기 위해서는 두 가지 가정을 충족해야 한다. 측정 데이터가 정규 분포를 따르는지, 그리고 비교하고자 하는 실험 조건 간 측정 데이터의 분산이 동일한지이다.

정규 분포는 평균에 가까울수록 측정 빈도수가 높아지고 멀어질수록 낮아지는 종 모양의 대칭형 분포를 말한다. 예를 들어 어떤 사람의 키를 여러 번 측정한다고 했을 때, 일정 부분 측정 오류가 발생해 항상 같은 값이 관찰되지는 않는다. 실제 키가 정확히 175cm인 사람에 대한 측정 데이터는 175에서 크게 벗어나지 않는 값들로 채워진다. 175에서 멀어질수록 측정될 가능성은 현저히 낮아진다. 따라서 키와 같은 측정 데이터는 정규 분포를 따를 가능성이 크다. 여기에 실험 조건 간 분산이 동일하다는 것은 데이터의 퍼짐 정도가 같다는 것을 의미하고, 결과적으로 실험 조건에 따른 측정값들은 같은 형태의 종 모양 분포를 띤다는 것을 말한다. 우리가 통계 분석에서 먼저 배우게 되는 것은 대부분 모수 방법들이다. 정규 분포를 따르는지와 분산이 같은지 여부는 통계적으로 확인이 가능하다. 하지만 사람들의 행동 및 응답 데이터를 다루는 실험에서 이를 수치적으로 너무 엄격히 다룰 필요는 없다.

집단A와 집단B의 수학 시험 점수 평균을 비교한다고 가정해 보자. 각 집단의 시험 점수는 평균과 분산을 갖는다. 집단 간 평균의 차이가 유의미한지는 분산의 영향을 받는다. 집단A의 평균 점수가 80점, 집단B의 평균 점수가 75점이라고 해서 바로 '집단A의 수학 점수≠집단B의 수학 점수'로 결론 내릴 수는 없다. 집단의 분산이 작을수록 두 집단 간 평균 점수의 차이는 유의미해지고(그림 사례1, 집단별 점수들이 각각 80점과 75점을 중심으로 가깝게 모여 뾰족한 종 모양을 보일 때), 분산이 커질수록 차이의 의미가 약해진다

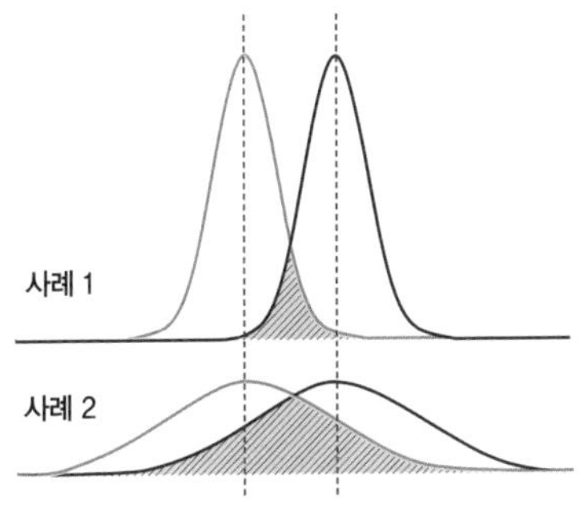

정규 분포 및 분산 정도에 따른 실험 조건 분포의 겹침

(그림 사례2, 집단별 점수들이 각각 80점과 75점에서 많이 벗어난 값으로도 측정되어 완만한 종 모양을 보일 때). 분산이 커질수록 두 종 모양의 분포가 겹쳐지는 부분이 커지는데, 얼마나 겹치는지에 따라 두 집단 간 평균 점수 차이가 통계적으로 유의미한지 그렇지 않은지 결정된다. 겹치는 부분이 작을수록 다름의 의미는 더 힘을 얻고, '집단A의 수학 점수≠집단B의 수학 점수'로 결론 내릴 가능성이 커진다.

하지만 위 가정들을 관대하게 적용한다 하더라도 모수 방법을 쓰기 어려울 때가 있다. 측정 데이터가 종 모양의 정규 분포를 따르지 않고 집단 간 동일 분산도 생각하기 힘든 경우다. 이때 우선적으로 시도해야 할 것이 측정 데이터의 변환이다. 데이터를 어떤 기준에 의해 변환해 정규성을 띠도록 하되 그 내재적 의미는 잃지 않게 해서 가설 검증을 진행하는 것이다. 하지만 이것마저 안 된다면? 그때서야 비로소 우리는 비모수 방법들에 눈을 돌려야 한다. 측정값들이 한쪽으로 지나치게 치우쳐서 분포하거나 혹은 측정값들의 범위가 너무 넓거나 빈도수가 낮은 경우가 산재한 경우에 고려할 수 있는 방법이다. 비모수 방법을 대략적으로 설명하자면 일종의 등수 매기기다. 데이터를 등수로 바꿈으로써 어느 정도 정돈을 꾀할 수 있다. 시험 점수를 한번 보자. 50명 중 1등이 100점이고 2등이 95점인 경우와, 1등이

100점이고 2등이 30점이 경우, 두 경우 모두 1등과 2등이지만 그 의미는 사뭇 다르다. 비모수 접근은 등수로 재편된 측정 데이터들을 분석한다. 하지만 '1'이라는 등수 차이는 실질적 점수 차이를 온전히 반영하지 못한다.

그게 뭐 어떠냐고 생각할 수도 있다. 하지만 이건 매우 맞는 말이면서 조심해야 할 부분이다. 세상에는 세 가지 거짓말이 있다고 한다. 착한 거짓말, 빌어먹을 나쁜 거짓말, 그리고 통계. 흔히들 통계를 낚시에 비유한다. 가지고 있는 데이터를 가지고 검증하고자 하는 가설에 '잘 맞는' 통계 기법을 적용하는 것이다. 가설이 검증될 수도 있고 그렇지 않을 수도 있는 미묘한 경계선에 서 있을 때, 우리는 최대한 자신에게 관대함을 베풀며 가설이 검증되는 쪽의 손을 들어 준다. 마치 원래 그랬던 양, 우리의 입맛에 맞게 분석하는 것이다. 통계가 원래 그러라고 있는 것인데 누가 비난할 수 있겠느냐고 항변하는 이도 있을지 모르겠다. 데이터를 얻은 '후'에 결과를 생각해 어떻게 분석할지 고민하는 것을 데이터 스누핑(data snooping)이라고 한다. 적어도 가설 검증을 위한 실험에서는 이 편향과 기웃거림이 연구자의 윤리적 양심의 허용 한도를 넘어서면 안 된다. 그 한도 또한 주관적인 것이므로 각별한 주의가 필요하다.

사람들의 반응을 직접적으로 얻는 다른 방법은 설문 기반 접근이다. 실험실에서의 통제된 환경이 아니라 조금은 덜 제한적인 환경에서 사용자의 대답을 설문을 통해 얻는 것이다. 자연스러운 상황에서 좀 더 다양하고 자유도가 있는 주관적 대답을 얻기에 좋다고 할 수 있다. 여러 요인들 간 원인과 결과, 흐름과 상호관계를 밝히고자 하는 연구에 적합하기도 하다. 따라서 설문 항목을 어떻게 구조화하고 어떤 내용으로 구성할 것인지는 매우 중요한 문제다. 설문 구조와 항목에 대한 탄탄한 근거가 없으면 분석 결과의 의미가 상당 부분 약해질 수 있다. 묻고자 하는 것에 따라 잘 정립된 설문 구성, 점수 척도에 근거한 응답, 주관식 문항과 답변 등 양적 분석과 질적 분석이 균형을 잘 이룰 필요가 있다. 실험적 접근과 함께한다면 제대로 된 방향을 가지고 더 큰 그림을 그릴 수도 있다.

실제 환경 속 데이터를 분석해 가치를 찾아내다

"길을 잃어도 좋을 만한 아름다운 곳을 찾아보자.(Let's find some beautiful place to get lost.)"

미국 체로키(Cherokee) 인디언 마을에서 우연히 본 문구다. 은은히 들려오는 종소리와 인디언 음악 속에서 알 듯 모를 듯한 이 문구의 매력에 빠졌던 기억이 난다.(나중에 찾아보니 꽤 유명한 말로 체로키만의 것은 아니었다.) 이 문구는 미지의 세상에서 여행하는 것의 참 의미를 되새기게 한다. 그리고 "이 산이 아닌가벼!"를 연발하며 연구의 실패를 거듭하던 나에게 또 다른 의미로 다가오기도 한다. 모든 여정에 목적지가 있어야 하는 것은 아니지 않는가? 정처 없이 떠돌아다녀도, 계획하지 않았던 일이어도 우리는 충분히 즐거울 수 있다. 예상하지 못했던 환경에서 보석 같은 경험이 가능하기 때문이다. 그 경험이 방향타가 되어 새로운 여행에 목적이 생길 수도 있다. 그 목적을 향해 가다 또다시 옆으로 샐지언정 우리의 여정은 계속된다.

바야흐로 빅데이터의 시대다. 빅데이터는 방대한 양의 정형·비정형 데이터 그 자체, 혹은 이러한 데이터를 분석하고 가치를 찾아내는 기술을 일컫는다. 우리는 끝없이 펼쳐진 데이터 세상을 여행한다. 그 여행에는 분명한 목적이 없을 수도 있다. 아니, 없는 경우가 훨씬 많다. 문제를 먼저 정의하고 이를 실증적으로 밝히려는 실험 연구와는 기본적으로 반대 흐름을 취한다. 여기서 데이터 스누핑은 꽤 의미 있게 다가온다. 흥미로운 무언가를 찾아 데이터 곳곳을 살피는 것이다. 어떤 가치가 숨어 있는지 잘 알지 못하기 때문에 그저 그 속에서 즐겁게 길을 잃어 본다. 그러다 찾아낸 보물에 그 나름의 가치와 의미를 덧입힌다. 미지의 데이터 세상에서 의미를 찾아내는 건 쉬운 일이 아니다. 하나 분명한 것은, 그 세상이 길을 잃어도 좋을 만한 멋진 곳이라는 것이다.

사용자 경험은 데이터 주도적(data-driven) 접근이 가능하다. 꼭 '빅'데이터일 필요는 없지만, 다양한 방법을 통해 누적된 데이터의 양이 방대해질수록 그 의미와 활용도는 더 커진다. 직관에 기대거나 일반화하기 힘든 전통적 관점의 정성적·정량적 사용자 조사 방식보다 실제 환경 속 다양한 경로를 통해 수집되고 축적된 데이터를 활용하는 방식이 더 효율적일 때가 많다. 이런 데이터는 상대적으로 객관적이고 신뢰할 수 있다는 장점을 지닌다. 사람들의 의식적·무의식적 반응 및 행동 데이터 속에서 새로운 가치와 요구가 발견되기도 한다. 데이터 기반 페르소나(persona, 가상 고객 프로필) 생성, 기존 페르소나 검증, 서비스 사용 시 자주 발생하는 사용자 오류 파악, 제품 사용 콘텍스트 분석 등 사용자 경험 설계에 있어 그 활용 범위는 매우 넓다.

사용자 경험과 곧잘 연결되는 마케팅 분야에서는 그로스 해킹(growth hacking)이라는 데이터 기반 기법이 당연시되는 추세다. 이 용어의 의미는

'성장을 위한 해킹'쯤 되겠다. 사람들의 행동 패턴과 관련한 데이터를 추출하고 분석해 제품과 서비스의 핵심 지표 개선에 활용하는 것이다. 스타트업 기업은 급성장을 추구하는 과정에서 짧은 시간 내 검증 가능하고 확장 가능한 비즈니스 전략을 수립하곤 하는데, 그로스 해킹은 이 흐름에 잘 들어맞는다. 해킹이라는 다소 공격적인 표현은 데이터 기반의 급진적 전략 수립의 의미를 나타내는 듯하다. 링크드인(Linkedin), 드롭박스(Dropbox) 등은 그로스 해킹을 통해 급속도로 성장한 것으로 알려져 있다. 이러한 접근은 목표 시장 구체화, 타깃 고객 설정 등 전통적 마케팅 기법과는 다소 거리가 있다.

구글 애널리틱스(Google Analytics)는 전 세계에서 많이 사용되는 웹 분석 도구 중 하나로, 홈페이지에 간단한 코드를 추가해 바로 웹의 정보를 분석할 수 있게 도와준다. 세션(방문) 수, 사용자 활동 추이, 페이퍼 뷰, 이탈률, 세부 이벤트 등 여러 종류의 데이터를 제공하고 이를 사용자 경험 특징과 연결시킨다. 또, 뷰저블(Beusable)은 국내 사용자 경험 분석 툴로서 사람들의 행동과 반응에 특화된 데이터를 수집하고 분석한다. 히트맵(heatmap) 분석, A/B 테스트, 게이즈 플롯(gaze plot) 시뮬레이션, 개별 사용자 데이터 분석 등의 기능들을 포함하고 있다. 최근에는 많은 기업들이 이러한 분석을 위한 자체 분석 시스템을 마련해 두고 있는데, 이는 사용자

구글 애널리틱스와 뷰저블

데이터가 잠재 가치가 큰 자산으로 인식되고 있음을 반증한다.

데이터 마이닝(data mining)은 대량의 데이터에 대해 규칙이나 패턴 등을 분석해 의미 있는 정보를 뽑아내는 과정을 일컫는다. 또, 데이터 크롤링(data crawling)은 데이터를 추출하는 행위를 말하는데 종종 웹 크롤링, 즉 웹페이지에서 필요한 데이터를 수집하는 것을 의미한다. 우리는 인터넷, 온라인 세상 속에 산다. 사람의 행동 데이터는 웹상에 기록되고 이는 크롤링의 한 대상이 된다. 페이스북에서 포스팅이나 코멘트에 누른 '좋아요(Like)', 쿠팡에서 물건을 구매하고 남긴 후기, 앱스토어에서 어플을 사용하고 평가한 별점 등은 크롤링되고 마이닝된다. 웹상의 행동 데이터를 긁어모아 놓고 보물찾기를 하는 것이다. 많은 경우, 오픈 API(Open Application Programming Interface, 기능이나 콘텐츠를 용이하게 개발할 수 있도록 공개한 프로그래밍 인터페이스)를 사용해 크롤링하는데, 최근에는 개인정보 보호 등과 관련해 이 크롤링 작업이 다소 주춤하는 듯 보인다. 데이터 활용 활성화를 위해 크롤링에 대한 사회적 합의와 법제 마련이 필요하다.

2020년 1월 9일, 일명 데이터 3법이 국회를 통과했다. 데이터 3법은 '개인 정보 보호법', '정보 통신망 이용 촉진 및 정보 보호 등에 관한 법률', '신용 정보의 이용 및 보호에 관한 법률'을 말한다. 데이터의 가치가 그 어느 때보다 중요해진 이때, 데이터를 활용한 신산업 육성을 목표로, 가명 정보 개념 도입, 개인 정보 보호 체계화와 기준 명확화, 개인 정보 당사자의 권리 보호와 처리자의 책임 강화 등을 핵심 내용으로 내세우고 있다. 개인 정보를 보호하면서도 데이터 활용을 제도화하고 장려했다는 데에 그 기본적 의의가 있다고 할 수 있다. 데이터 교류의 장 활성화를 위한 장치가 마련된 것이다. 물론 이 법률이 자리 잡기까지 시행착오는 불가피해 보인다. 개인, 기업, 국가 간 균형이 우리나라 실정에 맞게 적용되어야 한다는 지적이 여기저기서 나온다. 아직은 시간이 좀 필요한 모양새다.

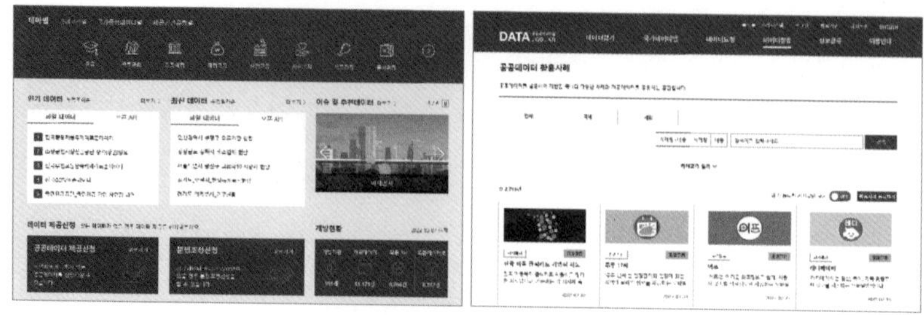

공공 데이터 포털(www.data.go.kr)

우리나라는 행정안전부의 주도하에 2011년 공공 데이터 포털(www.data.go.kr)을 구축, 2013년부터 본격적으로 다양한 공공 데이터를 제공하고 있다. 이는 교육, 국토 관리, 공공 행정, 재정 금융, 산업 고용, 사회 복지, 식품 건강, 문화 관광 등의 공공 데이터를 개방함으로써 많은 이들이 활용하도록 적극 장려하는 것을 목적으로 한다. 2022년 5월 기준 약 69,000건의 파일 데이터, 오픈 API, 표준 데이터 세트 등을 제공하고 이에 대한 활용 방법도 소개한다. 공공 데이터 활용 사례에 대한 정보도 확인할 수 있는데, 한동안 코로나19 팬데믹 상황과 맞물려 의료나 사회 복지와 관련한 모바일 앱이나 웹사이트 서비스들이 대거 등장하기도 했다. 지자체들도 자체적인 데이터 포털을 운영해 공공 데이터 활용에 나서고 있다.(서울열린데이터광장 data.seoul.go.kr, 경기데이터드림 data.gg.go.kr 등) 참고로 미국의 경우, 공공 데이터 개방과 활용에 매우 적극적이며 선도적 위치에 있다.(www.data.gov)

데이터 활용은 공공 데이터에만 국한되지 않는다. 2014년 3월 한 달 동안 자정부터 새벽 5시 사이의 케이티(KT)의 통화량 데이터를 활용해 서울 N버스(심야 버스) 노선을 구성한 일은 기업 데이터를 활용해 공공 서비스로 확장한 대표적인 사례다. 데이터의 활용은 이종 데이터 간 융합을 통해 그 의미가 더욱 커진다. 다른 분야에서 발생한 데이터들 사이의 유기적 결합

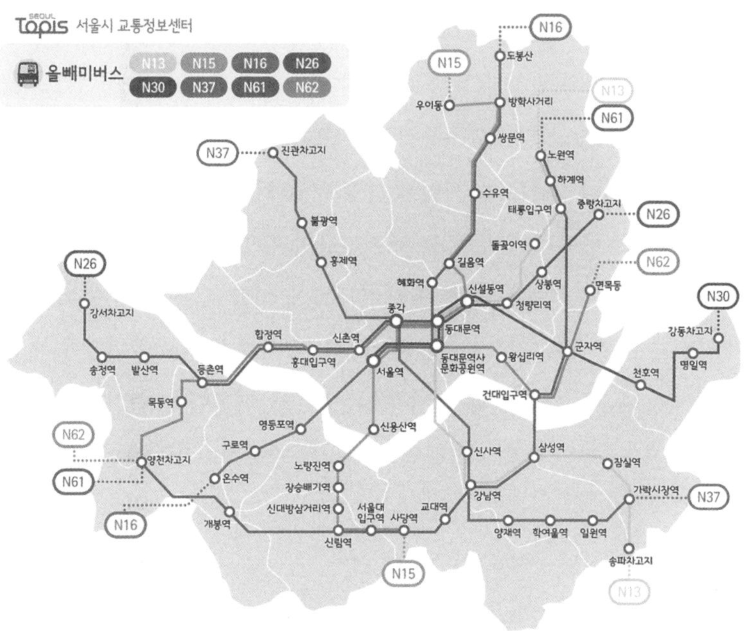

KT 통화량과 N버스 노선

을 추구해 새로운 가치를 찾는 것이다. 우리나라의 경우, 아직까지는 정부 주도형 데이터 개방 형식을 따른다. 기업의 데이터는 때로는 비밀이고 때로는 무기가 되어 내부적으로 관리되는 측면이 강하다. 기업 데이터 공개가 다소 제한적이기 때문에 기업 데이터 포털이 따로 존재하기 어려운 구조다. 하지만 활용이 내부로만 향할 수는 없는 법이다. 필요와 전략에 의해 기업 데이터들 사이에 '헤쳐 모이기'가 진행 중이다. 어디까지나 서로에게 이득이 될 것이란 믿음하에.

보다 최근에는 이 이종 데이터 간 융합이 더욱 활발해지는 추세다. 특히 금융과 관련된 분야에서 더 도드라지는 측면이 있다. SK텔레콤, 11번가, 현대캐피탈은 비금융 데이터를 활용해 새로운 신용 평가 방법을 제안하고 중소 셀러들에게 실질적 혜택이 돌아가는 금융 서비스를 기획했고, 농협은행 또한 11번가와 만나 금융과 유통 데이터 간 융합을 통해 혁신적인 금융 상품을 개발하고 있다. LG유플러스와 CJ올리브네트웍스는 금융, 통신, 쇼핑, 유통, 엔터테인먼트 등 개인 맞춤형 생활 서비스 개발에 초점을 맞추고 있다. 이러한 데이터 융합의 결과는 사용자 경험 설계의 차별화로 이어질 수 있다. 실제 환경에서 누적된 데이터를 분석함으로써 사람들에게 맞는 서비스가 무엇이고 어떻게 제공할 것인지를 고민한다. 하지만 아쉽게도 가시적인 성과물이 그리 눈에 띄지는 않는다. 자, 어울릴 것 같지 않은 것들을 이어 보자. 그 어느 때보다 현실적 창의력과 기발함이 요구되는 시점이다.

감정은 왜 측정하기 어렵고 활용하는 건 제한적인가

감정을 사람과 컴퓨터 간 소통에 활용하기 위해서는 여러 정형·비정형 데이터를 분석해 특정 감정 상태와 연결할 수 있어야 한다. 흔히들 어떤 일에 만감이 교차한다고 하지 않던가. 나도 내 마음을 모를 때가 많은데 컴퓨터나 인공지능이라고 더 잘 알 길이 있을까 싶기도 하다. 감정을 직접적으로 측정하기는 어렵고 모델링하기는 더욱 어렵다. 결과적으로 컴퓨터와의 소통 재료로 감정을 활용하는 데 아직은 한계가 존재한다.

개의 이미지를 판별한다고 해 보자. 우리는 개만이 가지고 있는 외형적 특징을 찾으려 할 것이다. 누군가에게 그것이 왜 개인지 설명해야 한다면 무엇을 이야기하겠는가? 설명만 듣고도 개를 떠올릴 수 있도록 설명은 특정 부위에 근거하고 구체적이어야 한다. 단순히 다리가 네 개이고 꼬리가

개의 여러 이미지

있다는 식의 두루뭉술한 설명은 도움이 되지 않는다. 고양이, 늑대와 구분되는 개만의 특성을 설명하는 것, 그것은 생각만큼 쉽지 않다. 그런데 우리는 대부분 경우 사진만 봐도 그것이 개인지 아닌지를 바로 알 수 있다. 직관적, 경험적으로 아는 것을 객관적으로 설명하는 것에는 어려움이 따른다. 더욱이 개를 판별하는 기준과 과정에 있어 사람과 현재의 인공지능은 차이가 있을 가능성이 높다. 아무리 자세히 설명한다 하더라도 한계는 있다. 일반화에서 벗어나는 경우도 있다. 다리를 다쳐 절단한 개의 이미지라면? 여전히 사람들은 개라고 바로 알아보지만, 컴퓨터는 다리가 세 개인 개가 있을 수 있음을 입력받거나 스스로 학습을 통해 알아내야 한다.

감정은 이보다 더하다고 보면 된다. 일단 뭘 설명해야 할지 정확하지 않다. 개의 머리, 다리, 귀 등과 같은 외형적 특징에 대응할 만한 기준을 찾기는 어렵다. 혹시 있다 하더라도 사람들 간 어떤 합의에 도달하기는 거의 불가능하다. 일반적으로 개의 다리는 네 개다. 하지만 감정에 그런 일반화된 합의가 존재할까? 감정에 대해 객관적·직접적·체계적 접근이 어려운 이유는 그것이 주관적·개별적·맥락적이기 때문이다.

그렇다면 우리가 감정을 측정하기 위해 선택하고 있는 방법은 무엇일까? 일단 사람에게 직접 묻는 방식을 생각할 수 있다. 질문과 답은 대개 '언어'를 통한다. "당신은 오늘 기분이 어떠세요?" 하고 묻고 답을 얻는 것이다. 언어는 우리의 감정을 표현하는 수단 중 하나다. "전 오늘 너무 행복해요!"라는 대답 속에는 '행복'이라는 단어가 있고, 그것은 현재 감정에 대한 대표성을 띤다. 물론 그 사람의 감정 속에 행복만 있지는 않을 것이다. 언어는 감정 표현 수단으로 적합하지만 우리의 마음을 전부 담아내지는 못한다.

언어는 우리가 사고하는 것을 가능하게 한다. 거기에는 감정에 대한 인지적 레이블링(cognitive labeling)도 포함된다. 내 감정을 스스로 인식하는 것, 이것은 언어가 있기에 가능한 부분이 많다. 여기서 궁금한 점이 있다. 우리의 감정 상태를 표현하는 형용사는 얼마나 있을까? 각자의 경험에 기대어 답해 보자. 혹시 쓰는 말이 정해져 있는지 않은가? 잘 쓰지 않는 표현들까지 포함해서 죽 나열한다 해도 50개 정도 될까? 언어로 감정을 표현하는 것에는 분명히 한계가 있다. 특히 우리가 느끼지 못하는, 그러나 몸은 무의식적으로 반응하는 감정 상태는 표현하기가 훨씬 어렵다.

앞서 핵심 감정은 독립적인 두 차원으로 설명된다고 했다. 감정 형용사들은 방향(valence)과 강도(arousal)로 이루어진 2차원 평면에 위치한다. 하지만 우리는 감정 상태를 말할 때 강도보다는 방향에 집중하는 경향이 있다. '기분이 세다', '잠잠하다'와 같은 표현보다는 '기분이 좋다', '나쁘다' 식의 표현이 훨씬 익숙하다. 적어도 한국어에 있어서 감정 강도는 형용사를 수식하는 부사의 역할인 듯하다. "기분이 아주(강도) 좋다(방향)."와 같은 표현에서처럼 말이다. 감정 형용사에 대한 연구가 상당 부분 영어 표현을 바탕으로 했다는 점도 한계점으로 지적할 만하다. 감정은 사회 문화적 영향을 받기 때문에 영어 표현에 기반한 연구 결과를 한국어를 사용하는 우리나라 상황에 직접적으로 적용하는 것은 조심할 필요가 있다.

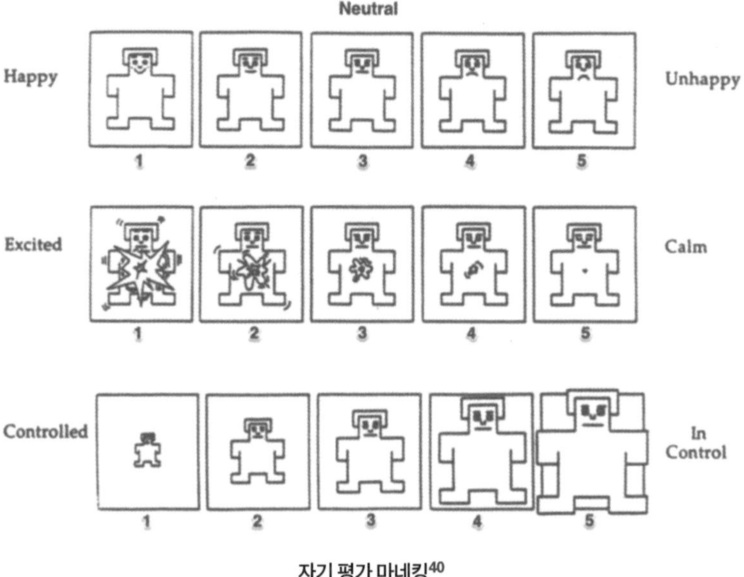

자기 평가 마네킹[40]

감정을 언어로 표현하는 것의 한계는 다른 방식으로 눈을 돌리게 한다. 자기 평가 마네킹(SAM, Self-Assessment Manikin)[40]은 간단한 사람 형상 그림을 활용해 감정을 묻는 방식이다. 방향(행복한(happy)-불행한(unhappy)), 강도(흥분한(excited)-차분한(calm)), 통제(통제된(controlled)-통제하는(in control)) 등 세 가지 측면에서 자신의 감정 상태에 맞는 그림(마네킹)을 선택한다. 이는 언어의 표현상 한계를 극복함과 동시에 추상적이고 개념적인 감정을 보다 직관적으로 표현할 수 있도록 도와준다.

사람에게 직접 묻는 방식 외에도 얼굴 표정과 음성 표현 등 밖으로 드러나는 특징을 감정과 연결하기도 한다. 이는 신경생리학적 측면에서 자율 반응(autonomic reactivity)과 관련이 있다. 어펙티바(Affectiva)와 아이모션즈(iMotions)는 이 분야의 선도적 회사들로, 전 세계의 방대한 데이터와 최신 딥러닝 기법을 활용해 사람의 감정, 인지 상태, 행동 등을 파악하고 이를

어펙티바와 아이모션즈

운전 상황과 같은 실제 환경에 적용하고 있다. 특히 얼굴 표정은 인류의 오랜 역사와 함께한, 감정 표출과 소통의 기본 통로다. 얼굴 표정은 문화마다 조금씩 다르게 형성되기 때문에 이에 대한 고민도 요구된다. 아무래도 아시아권 문화가 얼굴을 통한 감정 표출에 덜 적극적이긴 하다.

또 사람들이 남긴 글이나 문자 등을 통해 감정 상태를 유추하기도 한다. 어떤 물건을 구입한 후 리뷰를 남기는 상황을 생각해 보자. 누적된 여러 사람들의 리뷰를 자연어 처리(NLP, Natural Language Processing) 기술 기반 텍스트 마이닝(text mining)을 통해 분석한다. 감정과 연결되는 특정 표현들을 찾는 방식이다. 이 표현들을 구조화해 다시 다른 리뷰에 적용해 사람들의 감정 상태를 유추하기도 한다. 이런 분석은 개개인의 세세한 감정을 다룬다기보다는 특정 제품이나 상황에 대한 사람들의 긍정·부정 감정과 전반적인 반응을 살피는 것에 중점을 둔다.

마지막으로 살펴볼 것은 사람들의 말초 활성화(peripheral activation)에 따른 신체 반응 측정을 통해 감정 상태를 예측하는 것이다. 체온(body temperature), 심박수(heart rate), 근전도(EMG, electromyography), 뇌파(EEG, electroencephalogram), 피부 전도도(EDA, electrodermal activity) 등을 측정하고 이를 감정과 연결한다. 신체 반응과 생리학적 변화는 감정에 대한 인지에 영향을 준다. 예를 들어, 사람들은 자신의 체온이 오르고 심박수가 빨라지는 것을 인지하고 이를 '놀람'이라는 감정과 잇는다.

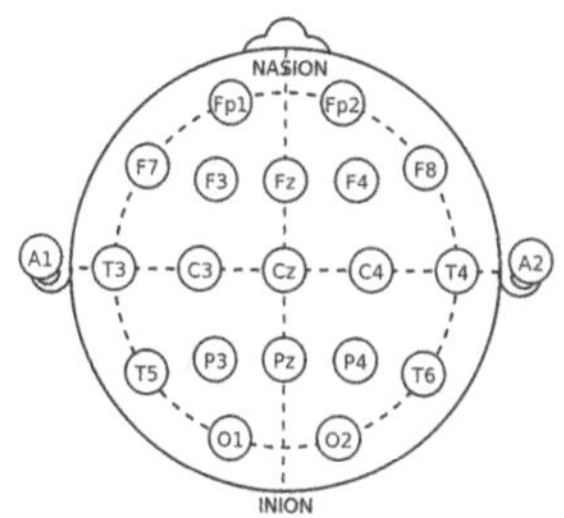

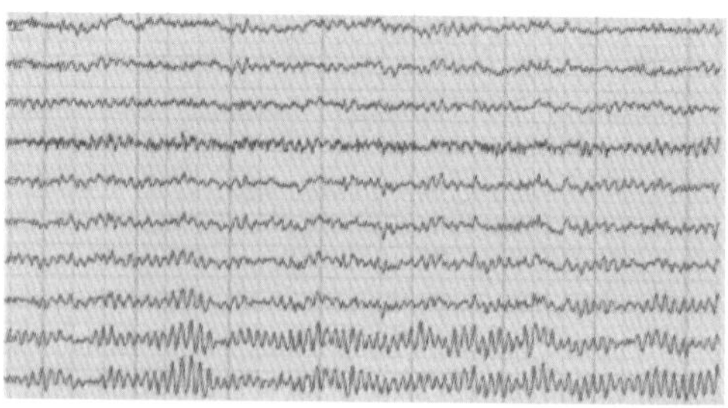

뇌파 측정과 신호

앞서 말했듯이 우리가 모든 생리학적 변화를 인지하는 것은 아니다. 뇌파의 경우, 채널(알파, 베타, 감마 등)과 주파수에 따라 여러 신호가 나오는데 우리가 일일이 그것을 느끼는 건 불가능하다. 찰나의 순간에도 오만 가지 생각이 든다고 한다. 이건 틀린 말이 아니다. 측정된 뇌파를 보노라면 뇌파를 통해 어떤 순간에 사람들이 무슨 생각을 하는지 콕 집어내는 게 거의 불가능하다는 것을 금세 알 수 있다. 사람이 집중하고 있는지 아닌지, 오른손을 쓰는지 왼손을 쓰는지 등 이분법적으로 판별하는 것조차 그리 쉽지 않다. 그래도 딥러닝, 머신러닝 기법의 발전으로 이 엄청난 데이터를 좀 더 잘 다룰 수 있을 거란 희망이 보인다. 뇌-컴퓨터 인터페이스(BCI, Brain-Computer Interface) 연구가 어느 때보다 주목받고 있는 이유다.

결과와 과정을 어떻게 보여 줄지 사람 입장에서 고민하다

자율주행 자동차(autonomous vehicle)는 현실화, 보편화되고 있다. 중장기적 관점에서 많은 자동차 회사들이 완성차 제조업 형태에서 자율주행, 차량 공유 등의 서비스업 형태로의 전환을 진행하고 있다. 자동차는 더 이상 소유 개념의 운송 수단에만 머물지 않는다. 운전자의 개념이 사라지면서 자동차 내부는 또 다른 삶의 공간으로 바뀐다. IT 업체의 참여와 협력은 필수적이다. 애플의 자율주행 전기차 개발 소식은 이러한 흐름을 대변한다. 협력의 헤게모니를 제조와 IT, 어느 쪽에서 잡게 될지는 그 나름의 관전 포인트다. 이미 기술적으로는 4단계 자율주행(고등 자동화, 운전자 개입 불필요)에 접어들었으며, 미국 등을 중심으로 2030년 이전에 5단계 완전 자율주행 자동차의 상용화를 목표로 하고 있다.(개인적으로는 사회적 이슈 해결과 합의 도달을 위해 좀 더 시간이 필요할 것이라고 생각한다.)

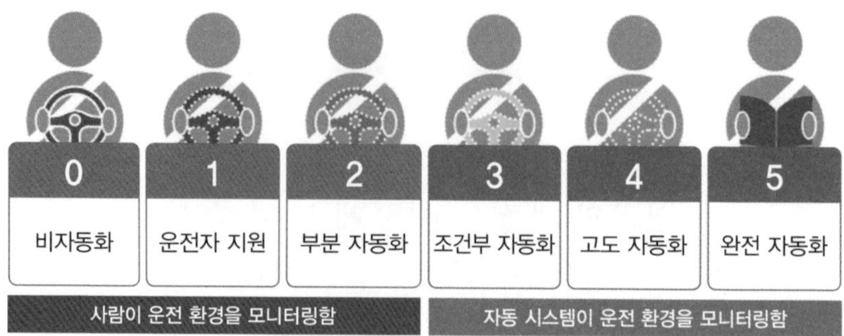

자율주행 기술 단계

이러한 흐름 속에서 미국 고속도로교통안전국(NHTSA, National Highway Traffic Safety Administration)은 자율주행 소프트웨어를 자동차 운전자로 공식 인정하기도 했다.

자율주행 기술이 높은 수준에 도달해 근미래에 상용화되는 것이 거의 확실시되지만, 사람들은 여전히 자율주행 자동차에 대해 불안감을 가지고 있다. 간간이 들려오는 자율주행 자동차 사고 소식과 사고 책임 소재에 대한 분분한 의견은 이 불안감을 증폭시킨다. 그 기저에는 제어권을 넘긴 상태에서 오작동이 일어날 수 있다는 불신이 깔려 있다. 불안감을 없애는 방법은 '완전한' 자동화의 달성이다. 기술적으로 완성도를 높여 가면서 사용 보편성을 확보해야 한다. 그리고 그것이 완벽히 이루어질 때까지(최소한 사람들이 받아들일 만한 수준이 될 때까지는) 사람의 입장에서 관련 이슈를 다루어야 한다.

한 연구[41]에 따르면, 사람들이 불안을 느끼는 원인인 지각된 위험(perceived risk)은 사건의 불확실성(uncertainty)과 심각성(severity)의 영향을 받는다. 예를 들어, 자율주행 상황에서 탑승자는 2차선이 교통량이 훨씬 적은데 1차선으로 이동하는 이유를 전혀 알지 못하고(불확실성, 자율주행 자동차의 의도와 대처를 파악할 수 없음), 1차선으로 이동하는 과정에서 중앙선을 넘어 반대편 차량과 충돌해 큰 사고로 이어질 수 있다고 생각하고(심각성, 사망 사고로까지 이어질 수 있는 생각이 듦) 자율주행 상황에 대해 불안해할 수 있다. 결과적으로 사람들의 불안감 해소를 위해 불확실성과 심각성을 낮추어야 한다.

앞서 동반자 인공지능과의 신뢰 구축과 설명 가능한 인공지능(XAI)의 역할에 대해 강조했다. 자율주행 자동차에 대한 신뢰는 인공지능 결과를 어떻게 설명할 것인지, 즉 설명 인터페이스를 어떻게 설계할 것인지와 연결된다. 사람들은 그저 높은 정확도의 예측 결과를 원하는 것이 아니라 과정과 결과에 대한 설명을 듣기를 원한다. 쿠(Koo)와 그의 동료들의 연구[42]에 따르면, 반자율주행 상황에서 특정 상황에 대해 어떻게(how) 작동하고 있는지 단순히 알려 줄 때보다 왜(why) 그렇게 작동하고 있는지 함께 알려 줄 때 사람들이 자동차를 더 선호하고 좋은 운전 퍼포먼스를 보이는 것으로 나타났다.

특히 실제 환경에서의 자율주행 단계가 현재 3단계와 4단계 사이라고 할 때 도로 시스템 여건에 따라 자율주행의 수준이 결정되기도 하는데, 이는 사람과 차량 시스템 간 제어권 이양 과정이 있어야 함을 의미한다. 자율주행이 가능한 상황이 되면 사람이 시스템에 제어권을 넘겨줄 수 있고, 불가능한 상황에서는 사람이 제어권을 유지하거나 시스템으로부터 넘겨받아야만 한다. 적절히 제어권을 넘겨주고 넘겨받을 수 있도록 하는 것 또한 인터페이스의 역할이다. 이 허들을 제대로 넘어야 사람들이 완전 자동화, 즉 5단계를 보다 자연스럽게 받아들이고 자율주행 시스템과 함께할 수 있다.

설명 인터페이스는 사람의 인지와 이해를 돕기 위해 정보 및 데이터를 시각적으로 표현하는 정보 시각화(information visualization)와 연결되기도 한다. 어떤 정보를 어떻게 배치하고 어떠한 형태로 디자인해서 강조할 것인지는 정보 전달에 있어 중요하다. 여기서 어떤 정보를 어떻게 제공할 것인지 하는 부분이 설명 방식 설계와 연관된다. 이와 관련한 연구는 아직 일관적 흐름이 있다기보다 기존 이론을 적절히 적용하는 방향으로 진행되고 있다. 이 중 몇 가지를 소개하면 다음과 같다.

- **반사실적 설명**(counterfactual explanation)
  특정 결과에 영향을 주는 요소들을 더하거나 빼는 등 조건을 변형해 '만약 ~한다면(what if)'이라는 가정 의문을 통해 인과적 관계를 설명하는 방식이다.

- **대조적 설명**(contrastive explanation)
  특정 결과 A에 대해 왜 대조적 결과 A′가 아니라 A가 나오게 되었는지 대비해 설명하는 방식이다.

- **예제 기반 설명**(example-based explanation)
  특정 결과 A가 도출되는 여러 샘플들을 보여 주는 규범적(normative) 설명, 그리고 다른 결과 B, C 등이 도출되는 샘플들을 보여 주는 비교(comparative) 설명을 통한 예시 기반의 설명 방식이다.

- **귀인**(歸因) **설명**(attributional explanation)
  특정 결과의 원인을 추론하는 사람들의 귀인(attribution) 과정을 반영해 설명하는 방식이다.

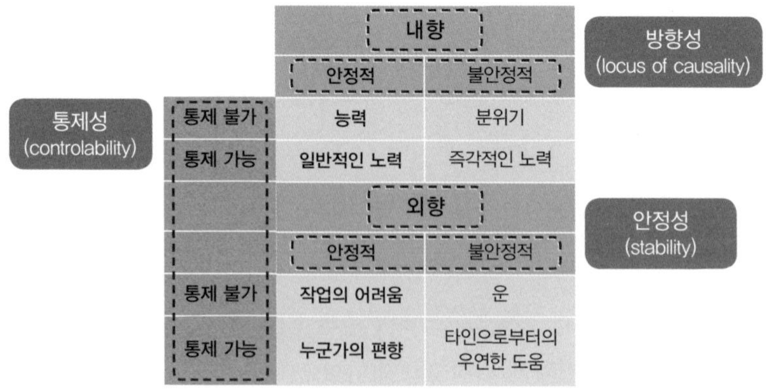

3차원 귀인 모델[43]

자율주행 상황은 귀인 설명 방식으로 설명하는 것이 적절하다. 버나드 바이너(Bernard Weiner)의 귀인 이론[43]에 따르면, 사람들은 원인의 방향성(locus of causality, 내향/외향), 원인의 안정성(stability, 안정적/불안정적), 원인의 통제성(controllability, 통제 불가/통제 가능)으로 이루어진 3차원에서(8가지 귀인) 특정 상황 속 결과에 대한 이유를 추론한다. 귀인 설명 방식에 따른 적절한 설명을 통해, 상황에 따른 자율주행 자동차의 판단과 대처가 잘 이루어졌음을 전달할 수 있고, 결과적으로 자율주행에 대한 신뢰 형성에 도움을 줄 수 있다. 자율주행 상황에 대한 설명은 기본적으로 '일반적인 노력' 혹은 '즉각적인 노력'으로 귀인시킬 필요가 있다. 만일 다른 원인, 예를 들어 '운'으로 귀인시킨다면 오히려 불안감은 커질 것이다. 설명 예시는 다음과 같다.

- **'일반적인 노력' 귀인 설명**
  자동차가(원인의 방향: 내향) 전방의 방지턱을 감지하고(원인의 안정성: 안정적) 감속합니다(원인의 통제성: 통제 가능).
- **'즉각적인 노력' 귀인 설명**
  자동차가(원인의 방향: 내향) 갑자기 출현한 사람을 감지하고(원인의 안정성: 불안정적) 급감속합니다(원인의 통제성: 통제 가능).
- **'운' 귀인 설명**
  사람이(원인의 방향: 외향) 갑자기 출현해(원인의 안정성: 불안정적) 급감속할 수밖에 없습니다(원인의 통제성: 통제 불가).

내향과 통제 가능에 초점을 맞춘 설명 양식은 자율주행 상황의 위험 수준과 상황에 따라 적절히 변형되어 제공되어야 한다. 예를 들어 맑고 건조한 날, 신호등이 제대로 작동하는 일반 도로에서 평지를 시속 15km 이하로 직선 주행하는 상황은 위험도가 낮고, 안개 낀 날, 신호등이 없는 고속국도에서 내리막 곡선길을 시속 70km 이상으로 주행하는 상황은 위험도가 높다. 두 상황에 대한 설명이 달라야 함은 일견 당연해 보인다. 앞차가 급정거하는 등 매우 긴박한 상황에서는 사람의 의사를 묻거나 차량의 대처를 설명하는 것이 사치일 수도 있다. 이런 경우는 선 대처, 후 설명이 보다 적절할 것이다. 또한 자율주행 상황에서 전방을 덜 주시하는 사람들의 행동을 생각해 볼 때, 설명은 음성으로 제공하는 것을 기본으로 하되 시각이나 촉각 등 다른 감각 채널을 함께 활용할 필요가 있다.

핀테크(fintech)에도 결과에 대한 설명이 종종 필요하다. 대출 가능 여부를 심사하는 인공지능 시스템을 생각해 보자. 결과는 대출 가능과 대출 불가로 나뉘고, 이를 위한 평가 기준으로 성별, 나이, 학력, 직업, 연간 소득, 신용 등급, 재직 기간 등의 정보가 활용될 수 있다. 시스템은 대출 불가 판정을 받은 사람들에게 그 이유를 친절히 설명해 주어야 한다. 대조적 설명, 예제 기반 설명, 반사실적 설명 방식들이 적용될 수 있다. 왜 대출이 불가한지 설명해 주고(why not), 어떻게 하면 대출이 가능할지 기본적인 설명과 예시를 통해 보여 주고(how), 실제 자신에게 맞는 전략을 적용할 경우 결과가 어떻게 달라질지 알려 주는(what if) 설명 인터페이스를 고려할 수 있다.[44] 이를 통해 사람들은 실제 대출이 가능하려면 실현 가능한(feasible, 보통은 성별이나 나이를 바꿀 수는 없다.) 영역에서 앞으로 어떤 준비를 하면 좋을지 이해할 수 있고 결과적으로 인공지능 시스템 결과를 좀 더 신뢰하게 된다.

넷플릭스(Netflix)의 경우, 추천 결과를 보여 주는 것 자체가 예제 기반 설명인 것처럼 보인다. 반사실적 설명이나 대조적 설명이 가능하다 하더라도 그것을 적용하는 것이 적절한지는 의문이다. 귀인 설명 또한 필요해 보이지 않는다. 사람들은 넷플릭스 서비스를 구독하고 거의 무제한으로 영화를 시청한다. 이 구독(subscription)이라는 장치는 넷플릭스 영화 소비 패턴에 영향을 준다. 넷플릭스를 사용하다 보면, 종종 예전 만화방에서처럼 너

넷플릭스 추천 인터페이스

무 볼 게 많아서 뭘 봐야 할지 모르는 상태에 놓인다. 그래서 추천 시스템이 더욱 중요하게 다가오지만, 추천받은 영화에 대한 확신은 없고 여전히 이것저것 클릭해 본다. 조금 보다가 아니다 싶으면 다른 영화로 옮겨 가기를 반복한다. 서비스 구독에 이 영화 저 영화 기웃거리기에 대한 제한은 없으니, 돈이 더 드는 것도 아니지 않는가?

결국에는 네이버로 넷플릭스 추천 영화를 검색하거나 넷플릭스 영화 덕후 친구 찬스를 활용한다. 영화는 입소문이 제일 믿을 만하다는 아날로그적 결론이다. 친구가 추천한 영화도 넷플릭스 추천 영화 리스트에 있었을 가능성이 크다. 이렇게 해서 본 영화는 넷플릭스 추천에 의한 영화 시청일까, 아닐까? 넷플릭스가 영화를 추천하는 방식과 우리가 어떤 영화를 선택하는 과정은 매우 직관적이다. 왜 그 영화를 추천해 주었는지 일일이 설명하는 것이 불필요할 수도 있다. 하지만 친절한 설명으로 사용자를 붙잡아 두는 것을 차별점으로 내세우는 날이 곧 다가올 것으로 예상한다. 넷플릭스 인터페이스에서 네이버 블로그와 지식인의 역할을, 영화 덕후 친구의 역할을 기대해 본다.

메타버스 시대 사람들 사이의 의견 형성 과정을 이해하다

우리는 살아가면서 무수히 많은 사람들을 만난다. 사람들과의 엮임은 온라인, 오프라인을 가리지 않고 이루어진다. 메타버스 시대, 컴퓨팅 기술이 발전할수록 사람들은 네트워크 세상 속에서 더 다양하고 강하게 연결된다. 그리고 그 중심에 소셜미디어(social media)가 있다. 한 조사[45]에 따르면, 2021년 1월 기준 우리나라의 소셜미디어 이용률은 약 89%로 세계 2위다. 페이스북(Facebook), 인스타그램(Instagram), 트위터(Twitter), 네이버밴드(Naver Band), 카카오스토리(KakaoStory) 등 국내외 서비스를 다양하게 사용하고 있으며, 젊은 세대일수록 인스타그램과 유튜브를, 상대적으로 연령이 있는 세대일수록 네이버밴드와 카카오스토리를 주로 이용하는 것으로 나타났다. 주로 이용하는 소셜미디어의 차이는 자신을 중심으로 남들과 가볍게 소통하는 것을 즐기는 10~30대, 관계와 소속감 그리고 그 속의 이야기를 중요하게 생각하는 40~50대의 특징에 따른 것으로 보인다.

온라인에서의 사람들 간 소통은 오프라인에서의 그것과 사뭇 다르다. 소셜미디어에서 개인 감정, 커뮤니티 내 공통 의견, 집단 내 개인 감정은 각기 다른 형태로 나타난다. 페이스북에서의 '좋아요(Like)'는 진정한 의미의 공감이 될 수 있을까? 다른 사람에 대한 공감은 자기 자신을 제대로 바라볼 때 그 힘을 온전히 발휘한다. 하지만 온라인 세상에서 어디 그렇던가? 오히려 자신을 숨기고 꾸민다. 오프라인을 온라인으로 바로 연결해 이해하는 데에는 한계가 있다.

페이스북은 2004년 이후 이용자 수와 사용량이 급격히 증가했고, 현재 가장 대중적인 소셜미디어로 인식되고 있다. 초기 페이스북은 친구들과 교류하는 것에 국한되었지만, 이제는 정보 교류와 주제 토론 등 다양한 목적으로 사용되고 있고, 결과적으로 대중 의견 표출의 장으로서 역할을 수행하고 있다. 이런 흐름 속에서 페이스북에 대한 학문적 접근도 다양한 측면에서 이루어졌는데, 그중 하나가 소셜미디어 내 사회적 교류와 오프라인의 면대면(face-to-face) 소통 간 관계와 차이에 대한 분석이다. 특히 사회적 자본(social capital, 사회 집단이 제대로 기능하게 하는 구성원들 사이에 공유되는 규범, 관습, 이해, 가치, 신뢰, 협력 등과 관련한 요소)이 어떻게 소셜미디어 이용자들의 정보 인지 체계와 의견 수렴 과정에 영향을 주는지 알아보았는데, 소셜미디어에서 사람들은 커뮤니티의 주 의견을 과대평가하고 종종 사실을 잘못 이해하는 것으로 나타났다.

추천 알고리즘은 페이스북 같은 소셜미디어에도 활용된다. 개인 취향이나 검색 이력 등에 근거해 뉴스, 정보, 광고 등을 필터링해 맞춤 제공한다. 걸러진 뉴스와 정보를 받아 보게 되는 것은 다른 영역으로의 접근이 점차 차단됨을 의미한다. 개인화된 추천에 기반해 단조롭고 반복적인 아이템들을 제안받음으로써 자신만의 세계에 갇히는 필터 버블(filter bubble) 현상이 나타나는 것이다. 필터 버블은 소셜미디어 내에서 에코 체임버(echo chamber)로 이어지고 이는 사용자들에게 확증 편향(confirmation bias, 자신의 생각이나 신념이 맞다고 생각하고 확인하려는 인지적 편향)을 일으켜 사실을 왜곡해 인지할 위험을 높인다. 여기서 에코 체임버는 반향실 효과라고도 하는데, 방송이나 녹음 시 인공적인 소리를 메아리치도록 해서 잔향감을 주는 것에서 유래했다. 현재는 비슷한 생각을 가진 사람들끼리 서로 동조해 어느 한 의견이 반복적으로 표출되고 남겨져 다른 의견을 불신하거나 무시하고, 자신들만의 의견이 진실이라고 믿는 잘못된 확신 속에 이러한 흐름이 더욱 단단해지는 현상을 말한다. 소셜미디어에서 필터 버블, 에코 체임버, 확증 편향으로 이어지면서 악순환 고리가 만들어지고 있는 것이다.

이러한 현상은 특히 뉴스나 정보가 정치와 관련된 것일 때 그 심각성이 가중된다. 불편하고 믿지 않는 정보를 무시하고 그 나름의 확신 속에 자신의 의견을 지지하는 정보만을 취하는 것이 심화되는데, 이는 정치 이데올로기(ideology)의 급진화(radicalization), 양극화(polarization)로 이어진다. 즉, 정치에 대한 사람들의 의견이 소셜미디어를 통해 양쪽으로 나뉘어 극단적으로 나타나는 것이다. 현대 사회에서 각 언론사는 자신만의 색깔을 갖게 마련이다. 사실(fact)은 글을 통해 정보화되고 여기에는 논조가 자연스럽게 녹아든다. 우리가 신경 써야 하는 것은 보수냐 진보냐 하는 양자택일의 문제가 아니라, 어느 한쪽이 과도한 주도권을 가지고 사회 전체를 휘두를 때 발생하는 사회적 문제다. 균형 잡힌 판의 가운데 지점에서 여러 생각들이 공유될 때 사회는 건전해진다. 하지만 온라인상에서 벌어지는 정치 이념의 양극화는 그 중간 지대를 무기력하게 만든다. 생각이 다르면 소통하지 않는다. 소셜미디어에서는 이게 더 심하다. 중간 지대 없이 양 끝 지점에서 서로 마주 보고 강한 긴장감으로 균형을 잡는 것은 그다지 의미가 없다. 심지어 그런 식의 균형조차 찾아보기 힘들 때가 많다.

소셜미디어 내 주된 의견의 형성 과정은 밴드왜건 효과(bandwagon effect, 편승 효과)로 설명된다. 밴드왜건 효과는 주로 정치나 경제에 쓰이는 용어로, 대중적으로 유행하거나 힘을 가진 정보에 기대어 어떤 선택을 하거나 의견을 나타내는 것을 말한다. 반대 의미를 가진 말로는, 스놉 효과(snob effect, 대중적 인기를 끄는 것에 오히려 사람들의 수요가 줄어드는 것)나 언더독 효과(underdog effect, 경쟁에 뒤처진 약자에게 동정이나 응원이 몰리는 것)가 있다. 하지만 소셜미디어에서 스놉 효과나 언더독 효과는 상대적으로 잘 드러나지 않는다.

소셜미디어 밴드왜건 효과의 밑바탕에는 침묵의 나선 이론(Spiral-of-Silence theory)[46]이 있다. 엘리자베스 노엘레-노이만(Elisabeth Noelle-Neumann)이 1974년 발표한 이 이론은, 사람들이 실패하는 것보다 혼자 남겨지는 것을 두려워하고 자신의 생각이 다수의 의견과 맞지 않을 때 침묵하는 것을 선택한다고 말한다. 나선 모양처럼, 많은 사람들이 동조하는 지배적 여론과 함께하며 점점 더 자신의 목소리를 내거나, 그렇지 못할 땐 점점 더 침묵하게 되는 흐름을 보인다. 문제는 소셜미디어에서 다수가 동조하는 주도적 의견이란 게 자신의 자발적 선택에 의해 진작에 재단되어 있다는 것이다. 사람들은 애써 침묵할 이유를 찾지 않고, 그저 나의 목소리에 귀를 기울여 주는 것에 열광하면 된다.

사회적 어포던스(social affordance, 사람들이 어떤 사회적 행동을 하도록 하는 물건이나 환경이 가지고 있는 속성)는 이에 대한 한 이유다. 소셜미디어에서 사람들의 행동은 그러한 행동을 기대케 하는 사회의 보이지 않는 힘에 의한 것일 수 있다. 소셜미디어에서 지배적 여론은 기본적으로 사회적 구조와 체계에 뿌리를 두는데, 이는 사람들로 하여금 자연스럽게 '사회적' 행동을 하도록 만든다. 사회적 어포던스에 따른 사람들의 행동은 특정 의견이 강해지거나, 유지되거나, 약해지는 현상을 모두 설명한다. 사회적 어포던스는 시대적 상황을 반영한다. 어떤 주제인지에 따라 사회적 어포던스의 영향은 달라지고 사람들의 의견 표출 형태도 바뀐다. 페이스북으로 국한해서 보면, 사회적 어포던스는 특정 포스팅에 대한 동조 정도인 코멘트 수나 '좋아요' 수로 나타나고, 이는 다시 사람들의 의견 형성과 수렴에 영향을 준다.

소셜미디어의 주도적 의견이 거짓 뉴스에 근거하면 심각한 문제로 이어질 수 있다. 2018년 MIT 연구진이 〈사이언스(Science)〉 저널에 발표한 트위터(Twitter)에서의 뉴스 확산에 대한 연구 결과[47]에 따르면 거짓 뉴스(false news)는 진실 뉴스(truth news)에 비해 더 멀리, 더 빠르게, 더 깊게, 더 넓게 퍼져 나간다. 트위터 사용자 1,500명에게 뉴스가 도달하는 시간을 기준으로, 거짓 뉴스가 진실 뉴스에 비해 평균 6배가 빨랐다. 특히 정치 뉴스에 대해 이러한 현상이 가장 두드러졌는데, 이는 정치적 소재가 사람들이 당장 퍼다 나르고 싶은 자극적 요소를 가지고 있음을 의미한다. 실제로 연구에서 사람들은 거짓 뉴스가 공포, 혐오, 놀람의 감정을 일으킨다고 했다. 뉴스나 정보를 교묘히 조작함으로써 사람들의 감정을 조장할 수도 있는 것이다.

거짓(false) 뉴스와 가짜(fake) 뉴스는 조금 다르다. 가짜 뉴스가 더 나쁜 의도를 내포하고 있다고 할까. 가짜 뉴스는 딥페이크 기술과 함께 더욱 정교하게 만들어진다. 자극적 성격의 정치 이슈가 가짜 뉴스로 재생산되어 소셜미디어를 타고 빠르게 퍼져 나간다. 자신만의 온라인 세계에서 사람들은 가짜 뉴스에 열광하게 되고 그 파급력은 폭발적일 수 있다. 사용자 경험을 이야기할 때 으레 하는 말이 있다. "사람이라서 그래." 그 말 속에는 사람을 있는 그대로 받아들이고 이를 제품이나 시스템 개발에 잘 반영해 잠재적 문제를 해결하자는 뜻이 있다. 하지만 소셜미디어 내 사람들의 의견 형성과 수렴 과정은 달리 볼 필요가 있다. 관련 문제 해결을 위해 인터페이스 측면에서 사람과 시스템 사이의 소통에 적극적으로 개입해 한쪽으로 치우치는 것을 어느 정도는 막아 줘야 한다. 자신들만의 가상 세계를 만드는 것이 가능한 메타버스 시대에 이러한 문제는 더욱 심각해질 것이다. 사회로 확산되고 파급되는 사용자 경험의 의미를 다시금 생각해 볼 때다.

우리의 마음을 이해해 주는 인공지능 시스템과 소통하다

음성 사용자 인터페이스(VUI)는 사용자가 음성(voice/speech)을 통해 컴퓨터 시스템과 상호 작용 할 수 있도록 한다. 여기에는 음성 명령어를 이해하고 질문에 답을 하기 위한 음성 인식 기술과 글을 음성으로 변환하는 TTS(text to speech) 기술 등이 관여된다. 구글 어시스턴트(Google Assistant), 애플 시리(Apple Siri), 아마존 알렉사(Amazon Alexa) 등은 음성 사용자 인터페이스의 대표적인 예다. 스마트 스피커(혹은 인공지능 스피커)는 가상 비서가 내장되어 음성 명령에 반응하고 상호 작용하는 VUI 기반 무선 스피커다. 현재 해외 스마트 스피커로는 구글 어시스턴트를 사용하는 구글 홈(Home), 시리를 사용하는 애플 홈팟(HomePod), 알렉사를 사용하는 아마존 에코(Echo) 등이 있으며 우리나라 것으로는 SK 텔레콤(SK Telecom)의 누구(NUGU), 케이티(KT)의 기가지니(GiGA Genie),

디스플레이가 탑재된 스마트 스피커: 에코쇼와 누구네모

네이버(Naver)의 클로바(Clova) 기반 제품들이 있다.

사람들의 의사소통은 음성 대화가 가장 자연스럽다. 스마트 스피커는 기본적으로 음성 기반 소통 방식을 취한다. 초기 제품들은 시각적 정보 제공 장치나 인터페이스를 탑재하고 있지 않다. 하지만 에코쇼(Echo Show)나 누구네모(NUGU nemo)에서 보는 것처럼 최근으로 올수록 스크린/디스플레이의 탑재가 눈에 띈다. 음성 대화가 가장 자연스럽기는 하지만, 사람들이 시각 채널을 통한 정보 처리에 익숙하다는 것을 간과할 수는 없다. 스크린을 통해 사람과 스피커 사이에 보다 풍부한 감정 교류를 할 수 있는 것은 덤이다.

음성 기반 상호 작용이 기본이라는 점은 비즈니스 측면에서 논할 거리를 만든다. 바로 광고다. 네이버에서든 유튜브에서든 우리는 광고를 접하게 된다. 구글의 검색 결과에도 광고가 살포시 자리 잡고 있다. 거의 대부분은 시각적 자극과 정보에 근거한다. 눈에는 밟히지만 안 보면 그만이다. 그런데 스마트 스피커는 이런 시각 정보 제공에 한계가 있다. 스크린이 있다고 한들 웹사이트나 스마트폰 화면에서 보는 그것과는 성격이 많이 다르다. 기업 입장에서 광고는 곧 수익이다. 음성 기반 상호 작용이 보다 보편화된다면 광고는 어떻게 제공될까? 라디오에서 방송 중간에 나오는 광고 같을까? 5초 후 스킵이 가능한 음성 광고 형태일까? 안 보면 그만인 시각 광고가 아닌 상황에서 중간 개입 형태의 광고는 그게 무엇이든 간에 사람들에게 불편함과 어색함을 가져다줄 것이다. 이에 대한 답을 찾아가는 과정이 꽤 흥미 있어 보인다.

사람들이 스마트 스피커를 사용하는 목적은 다소 제한적이다. 주 기능은 뉴스나 날씨 등 정보 제공, 음악 재생, 시간 및 알람 설정, 일정 관리, 메모 등이다. 아직은 비중이 낮지만 제품 구매, 게임 플레이, 교육 등의 분야에서 스마트 스피커를 활용하려는 시도도 이루어지고 있다. 클라우드(cloud) 플랫폼을 바탕으로 많은 사람들의 목소리에 대해 개별 인식도 가능해질 것이고, 일상생활 속 대화도 점차 현실화될 것이다. 당연히 사람의 말을 잘 알아듣는 것이 기본이 되어야 하는데, 못 알아들었을 때 어떻게 대응하는지도 중요한 이슈다. 라디오에서는 몇 초만 사운드가 비어도 방송사고라고 한다. 두어 번 되물어 보고 확인하는 과정이 반복되면 사람들은 이내 짜증을 낸다. 인식 오류에 대해 적절한 피드백을 제공함으로써 사람들의 마음을 달래 주는 것이 대화 속에 녹아 있어야 한다.

아이러니하게도 사람들이 스마트 스피커에 말을 거는 경우는 특별한 목적이 없을 때 가장 많다고 한다. 컴퓨터 시스템과 소통할 때 사람들의 행동 패턴은 두 가지로 나뉜다. 목적 모드(goal mode, 혹은 목적 지향(goal-oriented))와 행동 모드(action mode, 혹은 여가 관련(leisure-related))다. 머리를 식힐 겸 웹 서핑을 하거나 유튜브 동영상을 볼 때 우리는 특정 목적을 달성하려고 하지는 않는다. 행동 모드에 해당하는 이러한 현상은 스마트 스피커에서도 비슷하게 나타난다. 스마트 스피커를 가지고 있는 사람이라면 스마트 스피커에게 시답지 않은 농담을 하거나 짜증을 내거나 혹은 욕도 해 보았을 것이다. 이럴 땐 스피커가 어떻게 대응할지를 생각하며 장난을 쳐 보기도 했을 것이다. 하지만 이것도 제품을 사고 나서 잠시 동안 혹은 정말 생각날 때 가끔뿐이다. 그도 그럴 것이 아직은 "나 심심해."라고 하면 인터넷에 떠도는 옛날 유머 몇 개 읊어 주는 수준이니까.

챗봇(chatbot)도 비슷한 맥락에서 이해할 수 있다. 챗봇은 규칙과 인공지능에 기반해 사용자와 상호 작용 하는 대화형/채팅 인터페이스다. 음성 기반 소통만큼 텍스트 기반 소통도 사람들에게 아주 익숙하다. 메시지 송수신을 통한 실시간 소통이 가능하고, 자신만의 사적 공간이라는 의미도 부여된다. 챗봇은 인공지능, 클라우드와 함께하면서 더욱 발전이 기대되는데, 아직까지 스마트 스피커와 다르게 특별히 수렴되는 플랫폼이 존재하지는 않는다. 각 회사는 특정 목적에 맞춰 자신들만의 챗봇 서비스를 제공하고 있다. 예를 들어 은행에서 제공하는 챗봇 시스템은 일상적인 대화를 위한 것이 아니고, 자신들의 금융 정보 및 서비스 제공에 초점을 맞추어 설계된다.

챗봇과의 대화는 주로 텍스트로 이루어진다. 텍스트만으로 소통했을 때의 한계를 넘고자 폰트 스타일, 글자 크기, 문장 부호, 이모티콘, (영어의 경우) 대문자와 소문자 등이 활용된다. 대화 속에 행동적 신호(behavioral cue), 준언어적 신호(paralinguistic cue), 백채널링 신호(back-channeling)가 자연스럽게 포함되는 것이다. 감정을 동반하는 행동이나 의사 표현은 이모티콘을 통하기도 하고(행동적 신호), 톤이나 뉘앙스 등 미묘한 표현이 '!!!', '…!!', '~~~', '?!?!', '???', '……' 같은 것들로 나타나기도 한다(준언어적 신호). 사람이 쓴 텍스트를 잘 이해했다는 피드백은 '알았어', '오케이', '정말?', '아하!' 같은 표현이나 그 사람이 쓴 텍스트를 받아서 반복하는 방식으로(사람: "나 BTS 좋아해." / 챗봇: "오, 너 BTS 좋아하는구나!") 나타나기도 한다(백채널링 신호). 이러한 방식을 통해 사람들은 챗봇을 좀 더 사람처럼 대하게 되고 친밀감을 갖게 되는데, 친해진 둘 사이의 관계는 사용자 경험과 비즈니스 측면에서 활용할 만한 가치가 크다.

심심이와 이루다

개인 비서, 사내 업무, 특정 고객 서비스 등에 활용되는 챗봇의 사용은 주로 목적 모드다. 목적 지향적이다 보니 사람들이 원하는 것이 무엇인지를 빨리 파악하는 것이 중요하고, 이를 위해 사람들에게 대화 중간중간 객관식 질문을 던지기도 한다. 하지만 스마트 스피커와 비슷하게 사람들은 행동 모드로 챗봇을 많이 사용하기도 한다. 여전히 인기를 끌고 있는 '심심이'와, 큰 화제를 몰고 왔지만 딥러닝 알고리즘의 내재적 문제(차별, 혐오 등)와 개인 정보 보호 등의 이슈 때문에 서비스가 중단되었다가 재개한 '이루다'는 챗봇과 일상적 대화를 하고 싶은 사람들의 욕구를 잘 보여 준다. 인터넷에서 심심이와의 재미있는 대화들을 찾아보는 건 어렵지 않다. 20세의 여성으로 설정된 이루다의 페이스북 페이지에는 수많은 팔로워들이 있는데, 이는 챗봇의 정체성과 관련해 여러 생각할 거리를 던져 준다. 특히 메타버스 속 가상 세계와 가상 인물을 생각하면 더욱 그렇다.

사람과 스마트 스피커 및 챗봇과의 소통은 결국 사람과 사람 사이의 소통과 유사한 형태로 발전할 것이다. 면대면(face-to-face) 대화 속 서로의 공통 기반(common ground)과 관심사를 찾아가는 과정은 이 개발 방향의 근거가 된다. 사람과 컴퓨터 간 상호 작용 측면에서 비언어적·준언어적 요소들 속에 녹아 있는 사회적·문화적 요소가 기술적으로 구체화될 것이다. 이 요소들이 소통 속에 잘 녹아들면 사람들은 스마트 스피커와 챗봇이 맥락을 잘 이해하고, 스스로 생각할 줄 알고, 자유 의지를 가지고 행동한다고 생각하게 된다. 이러한 인식 속에 사람들은 그것들과 친밀한 사이라고 느끼게 된다. 그게 유능한 비서든, 정말 친한 친구든, 따뜻한 조언을 건네는 멘토든 말이다.

나만을 위한 추천의 정확함과 우연한 만남이 주는 반가움

유튜브로 동영상을 보고, 넷플릭스로 영화를 보고, 페이스북에서 뉴스를 접하는 요즘의 모습, 그 속에 추천 시스템(recommender system)이 있다. 사람들이 관심을 가질 만한 혹은 선호할 만한 정보와 콘텐츠를 제안하는 것이다. 전통적인 추천 알고리즘에는 사용자 기반 협업 필터링(user-based collaborative filtering), 아이템 기반 협업 필터링(item-based collaborative filtering), 내용 기반 필터링(content-based filtering)이 있다.

- **사용자 기반 협업 필터링**
  특정 사용자가 가진 아이템들과 유사한 아이템들을 가진 다른 사용자들을 찾고, 이를 참고해 무엇을 추천할지 결정하는 방식이다. 선호 성향이 비슷한 사용자 그룹을 찾고 선호 아이템을 추천한다.(사용자 간 유사도 기준)

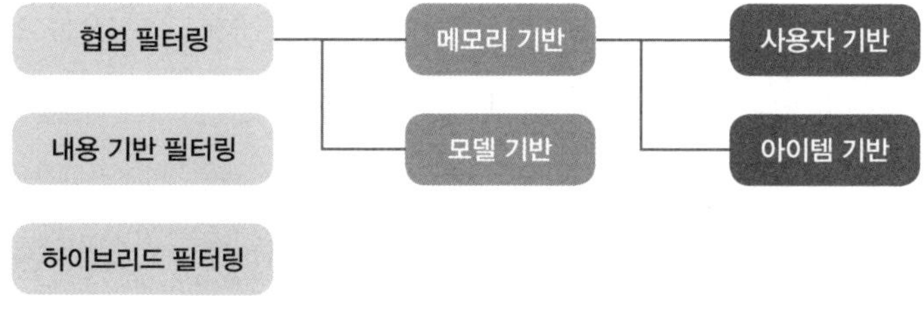

추천 알고리즘 유형

- **아이템 기반 협업 필터링**
  사용자들의 선호 아이템을 알아보고, 아이템들 간 유사도에 근거해 그들이 공통적으로 선호하는 다른 아이템을 찾는 방식이다. 특정 사용자의 선호 아이템과 연관성이 높은 아이템을 다른 사용자에게 추천한다.(아이템 간 유사도 기준)

- **내용 기반 필터링**
  아이템에 대한 표면적 선호도에 근거한 협업 필터링과 달리, 아이템이 가지고 있는 속성에 근거하는 방식이다. 특정 사용자의 아이템의 특징(음악의 경우, 장르 · 리듬 · 음색 등)을 파악하고 이와 유사한 아이템을 추천한다. 추천 아이템에 대한 사용자 피드백과 관련, 선호 · 비선호, 순위, 리뷰 등을 분석하고 활용한다.

협업 필터링은 기본적으로 몇 가지 문제를 내포한다. 첫째, 참고할 만한 기존 정보가 부족하면 새로운 항목(사용자 혹은 아이템)이 추가될 때 이에 대한 처리가 쉽지 않다(시작할 때의 어려움을 뜻하는 콜드 스타트(cold start) 문제). 둘째, 다수의 사용자 선호하는 소수의 아이템들에만 추천이 몰릴 수 있는데, 이는 다수의 아이템들이 주목을 받지 못하는 결과로 이어질 수 있다(추천의 쏠림 현상을 말하는 롱테일(long tail) 문제). 마지막으로, 사용자 집단의 규모가 커지고 평가 아이템 개수가 증가함에 따라 계산에 시간이 걸리고 추천의 비효율성으로 연결되기도 한다. 이에 반해 내용 기반 필터링은 아이템 속성 자체에 집중하기 때문에 협업 필터링의 콜드스타트 문제에서 어느 정도 자유롭다. 하지만 사용자 프로필과 아이템 프로필을 모두 고려해야 하고 여러 종류의 아이템들을 한꺼번에 다룰 때 아이템 속성들 간 차이가 있을 수 있기 때문에, 프로필과 알고리즘 구성에 어려움이 있을 수 있다.

후에 모델 기반 협업 필터링(model-based collaborative filtering)이 등장한다. 상대적 의미에서 사용자 기반 협업 필터링과 아이템 기반 협업 필터링은 기억 기반 협업 필터링(memory-based collaborative filtering)이라고 한다. 모델 기반 협업 필터링은 현재 넷플릭스가 사용하는 알고리즘의 전형으로, 2006년 넷플릭스에서 개최한 '넷플릭스 프라이즈(Netflix Prize)' 추천 성능 공모전에서 1등을 한 알고리즘에서 출발했다. 이 방식은 데이터에 내재된 패턴을 찾아내고 동일한 패턴을 보이는 군집 내에서 필터링을 적용한다. 이를 위해 해당 아이템의 본질적 특징과 관계에 집중하거나 주변 혹은 맥락적 요소들을 두루 고려해 잠재(latent) 모델을 찾아낸다. 당연히 내재적 패턴을 찾는 것이 핵심이라고 할 수 있는데, 알고리즘적으로 많은 계산량이 요구되기도 한다.

추천 알고리즘은 협업 필터링과 내용 기반 필터링을 기본으로 해서 여러 변형을 꾀하며 발전을 거듭하고 있다. 많은 하이브리드 필터링(hybrid filtering)이 기존 필터링 방식의 장점들을 융합해 더 나은 성능을 찾으려 하고 있다. 보다 최근에는 축적된 데이터에 집중해 딥러닝 기술을 적극 활용

NETFLIX

Netflix Prize

COMPLETED

Home Rules Leaderboard Update

Leaderboard

Showing Test Score. Click here to show quiz score

Rank	Team Name	Best Test Score	% Improvement	Best Submit Time
Grand Prize - RMSE = 0.8567 - Winning Team: BellKor's Pragmatic Chaos				
1	BellKor's Pragmatic Chaos	0.8567	10.06	2009-07-26 18:18:28
2	The Ensemble	0.8567	10.06	2009-07-26 18:38:22
3	Grand Prize Team	0.8582	9.90	2009-07-10 21:24:40
4	Opera Solutions and Vandelay United	0.8588	9.84	2009-07-10 01:12:31
5	Vandelay Industries !	0.8591	9.81	2009-07-10 00:32:20
6	PragmaticTheory	0.8594	9.77	2009-06-24 12:06:56
7	BellKor in BigChaos	0.8601	9.70	2009-05-13 08:14:09
8	Dace_	0.8612	9.59	2009-07-24 17:18:43
9	Feeds2	0.8622	9.48	2009-07-12 13:11:51
10	BigChaos	0.8623	9.47	2009-04-07 12:33:59
11	Opera Solutions	0.8623	9.47	2009-07-24 00:34:07
12	BellKor	0.8624	9.46	2009-07-26 17:19:11

넷플릭스 프라이즈 최종 순위

하는 추천 알고리즘이 개발되는 추세다.

추천 시스템은 어떤 사람에게 적합하다고 판단되는 아이템을 제안하는데, 여기에는 그 사람이 전에 본 적 없던 것들도 포함된다. 다소 의외의 아이템이 때로는 놀라움과 반가움을 가져다주기도 한다. 우연성(serendipity)의 긍정적 효과인 것이다. 우연성 요소는 추천 시스템이 기본적으로 고려하는 유사도 기반 적합도와는 차이를 보인다. 얼핏 생각해 보더라도 우연성은 예상하지 못한 시점에 다소 뜬금없는 무언가의 의미를 내포하고 있지 않은가?

기술 측면에서 추천 정확도는 계속 향상되고 있다. 2019년 유튜브의 최고 상품 담당자 닐 모한(Neal Mohan)은 유튜브 시청 시간의 70%가 추천에 의해 이루어졌다고 말했고, 넷플릭스 또한 영화 시청의 75%가 추천에 기대고 있음을 발표했다. 그렇다면 나머지 25~30%는 무엇을 의미하는가? 추천을 받았지만 그것을 취하지 않고 다른 새로운 아이템을 찾아 나섰다는 것은 아닐까? 사람들이 추천받은 것을 선택하는 비율은 앞으로 더 높아질 것이다. 하지만 100%가 가능할까? 설령 100% 달성이 가능하다 하더라도, 그것이 추천받은 것 외에 다른 것을 원하지 않는다는 의미는 아닐 것이다. 이것이 우연성에 신경 써야 하는 이유다.

알고리즘 관점에서 우연성 기반 추천 시스템(serendipity-based(or serendipitous) recommender system)은 기존 추천 시스템의 필터링이 정확도를 최우선 기준으로 삼은 탓에 너무 개인화된 추천을 한다는 문제에서 시작되었다. 앞서 이야기했듯이, 개인화된 추천은 자신만의 아이템 공간을 만드는 필터 버블(filter bubble)을 야기한다. 필터 버블은 새로운 곳으로 영역을 확장하는 것을 막는다. 주목할 점은 사용자의 니즈 파악에 데이터를 많이 사용하면 할수록 우연성이 발생할 가능성이 줄어든다는 것이다.

우연성은 필터 버블을 터뜨리고, 놀랍고 즐거운 그리고 새로운 취향을 발견할 수 있게 하는 신선한 경험을 제공한다. 하지만 우연성에 기댄 아이템은 사용자 특성과 맥락 요소의 영향을 많이 받기 때문에, 우연성 기반 추천 알고리즘을 일반화하는 데에는 적잖은 어려움이 따른다. 일단 우연성에 대한 합의된 정의가 없다. 그래도 몇몇 연구들에 의한 설명을 종합해 보면, 우연성 아이템은 참신한(novel) 아이템 중 대상 정보와의 관련성이 있고(relevant) 예상하지 못한(unexpected) 것을 말한다. 다시 말해서, 우연성 기반 추천은 예상하지 못한, 가치 있는 정보를 발견해 제안하는 것이다. 알고리즘적으로는 아이템의 추천 순위를 바꾸거나 해당 사용자와 다른 프로필의 사람들의 정보를 활용하는 방식을 취하기도 한다. 이와 관련해 유튜브, 트위터, 아마존 등은 소셜 태깅(social tagging, 사용자가 설정한 제품 레이블)이나 사회적으로 인정받는(socially endorsed) 다른 사람의 프로필을 활용한다.

우연성 기반 추천 아이템이 사람들의 실질적 만족으로 이어지려면 유사도 기반 접근 방식에서 벗어날 필요가 있다. 친구를 만나러 가는 길에 운전을 하다가 혹은 버스 안에서, 라디오에서 예전에 즐겨 들었지만 지금은 거의 듣지 않는 노래가 나온 적이 있을 것이다. 내 컴퓨터 저장 공간 어딘가에 있어서, 혹은 마음만 먹으면 유튜브를 검색해서라도 아주 쉽게 접할 수 있는 그 노래가 너무나도 반갑다. 최근에 즐겨 듣는 노래 리스트에 대해서도 우리는 무작위(random) 재생을 선택한다. 넷플릭스는 추천된 수많은 영화들에 대해 랜덤 재생이라는 기능을 제공한다. 우연성 기반 추천에 대한 힌트가 여기에 있다. 사람들은 완전히 새로운 것들보다는 익숙한 것들을 좋아하는 경향이 있으며, 새로운 것에 대한 선호 속에서도 익숙한 것에 대한 무의식적 선호 행동을 보인다. 라디오에서 나온 그 음악은 한때 좋아했던 그래서 익숙한 노래다. 그런 노래들은 추천 아이템 정보로서 가치가 있고 관련성도 있다. 생각지 못했던 상황에서 그 노래와의 만남은 우연성 기반 추천의 근거가 된다.

음악 아이템 재생 순서는 추천에 있어 중요한 분석 대상이 될 수 있다. 음악 재생 순서는 시간이라는 흐름 속에 중요한 맥락 정보를 갖는다. 개인의 음악 재생 히스토리에 집중하되, 일정 시간 프레임 간 구분을 두고(과거 vs. 최근), 각 시간대의 음악 재생 정보를 활용할 수 있다. 최근에 듣는 음악에 높은 가중치를 두지만 과거에 들었던 음악에도 의미를 두어 추천 아이템 리스트 중간중간에 위치시키는 것이다. 음악 아이템과 재생 순서가 존재하기 때문에 네트워크 형태로 구성도 가능하다. 아이템은 노드(node)가 되고 재생 순서는 아크(arc)로 표현된다. 이 노래 다음에 어떤 노래를 듣는지, 한 곡을 얼마나 반복적으로 듣는지, 시간에 따라 그 노래들의 재생 빈도가 어떻게 달라지는지에 대해 네트워크 분석이 가능하다. 과거와 현재 등 시간대를 나누어 네트워크 구성을 따로 할 수도 있고, 시간대에 따른 여러 네트워크들 간 결합을 시도할 수도 있다.

좋아하는 음악을 딱 한 번 듣는 경우는 없다. 한동안 듣지 않았더라도 다시 들었을 때 여전히 좋다. 음악은 아날로그 감성을 내포하고 있기 때문에 그 시절 그곳으로 우리를 데리고 가는 힘이 있다. 개인의 추억이 깃든 장소와 시간에 맞춰 음악을 추천하는 것은 기술적으로 충분히 가능하다. 운전 중에 라디오에서 좋아하는 노래가 나오면 볼륨을 키우고 핸들 위에서 손가락을 튕기면서 노래를 따라 부르기도 하는데, 이러한 행동을 추천에 활용하는 것도 재미있을 것이다. 또 인공지능 시스템이 일상 대화 속 특정 단어에 반응해 노래를 추천할 수도 있다. 어느 날 딸이 그랬다. "아빠는 왜 대화 중에 무슨 단어가 나오면 그거 들어간 노래를 불러?" 우리나라 사람은 흥이 있다. 머릿속에 각인된 노래 가사 몇 마디가 언제든 튀어나올 반자동적 신경을 가지고 있다.(슬프지만(?) 나는 아주 최신곡에는 이러한 반응 기제가 없다.) 예를 들어 "비 온다!"라는 말에는 "비가 내리고 음악이 흐르면……"이라는 노래가, "인생을 즐겨야지!"라는 말에는 "인생 즐기는 네가 챔피언……"이라는 노래가, "커피 마실래?"라는 말에는 "커피 한잔할래요……"라는 노래가 튀어나오는 식이다.

영화는 음악만큼 반복적으로 소비되지 않는다. 정말 재미있게 본 영화를 한 번 더 보거나, 아니면 오래전에 봤던 영화가 텔레비전에 방송될 때 다시 보는 정도일 것이다. 코미디 프로그램의 생명은 반전이 주는 웃음이라 기억에 잊힐 만해야 다시 볼 때 의미가 있다. 패션 아이템에 대해서는 돌고 도는 유행 속에 자신만의 취향이 크게 변하지 않지만, 상황에 따라서는 즐거운 일탈을 옷으로 표현하고 싶어지기도 한다. 추천 알고리즘 기술은 계속 발전할 것이고 선호 정확도는 더욱 높아질 것이다. 하지만 정확도가 높다고 해서 사람들이 그것만 소비하고 좋아한다는 뜻은 아닐 것이다. 추천 시스템은 개인의 특징과 맥락적 요소에 더 집중해야 한다.

시간과 공간을 초월한 경험의 무한한 확장을 꿈꾸다

처음부터 책을 쓰려고 한 것은 아니었다. 2020년 미국에서 연구년을 보내던 와중에 강의 자료를 업데이트하려고 한 게 시작이었다. 강의 내용의 특성상 연구 및 사례, 일상생활에서의 경험 등을 자주 언급했었는데, 시간이 좀 나던 차에 제대로 정리해 보려고 한 것이다. 잘못된 정보나 지식을 제공한 것은 아닌지, 학생들에게 다시금 찾아볼 수 있는 정확한 출처는 기입해 두었는지 예전부터 걱정스럽기도 했다.

하지만 정작 문제는 다른 곳에 있었다. 강의 자료를 다시 보는 것만으로는 수업 시간에 말했던 사례와 경험이 온전히 복기되지 않았다. 그래서 그 이야기를 왜 했는지 흐름과 맥락을 잘 기억해 내고자 강의 내용을 처음부터 글로 쓰기 시작했다. 학생들에게 편하게 말하듯 손 가는 대로 썼다. 이 책에 개인 경험에 대한 이야기가 많은 것은 이 때문이다. 시간이 지나고 원고 매수가 쌓이니 욕심이 생겼다. 수업 시간 학생들의 피드백이 나쁘지 않았고 이 책처럼 접근한 경쟁(?) 도서가 없다는 점을 '자체' 판단하고, 호기롭게 책을 내기로 마음먹었다. 그때까지만 해도, 아니 초고가 다 만들어질 때까지도 출판사를 찾아볼 생각을 하지 못했다. 누구든 내 줄 것만 같았다.

"몰라서 용감했고 그래서 여기까지 왔다."라는 말이 딱 맞는 것 같다. 초고가 완성(?)되고 넥서스 출판사를 소개받아 검토를 요청했다. 글은 나쁘지 않다는 처음의 립서비스가 잊혀져 갈 때쯤 많은 부분을 보완되어야 한다는 피드백이 날아왔다. 연구년도 끝나가고 복귀해서는 다른 일들을 신경 써야 했기에, 과연 이게 대중서로 세상에 나갈 수 있을까 하는 회의감이 들었지만 다시 무지한 용기를 내기로 했다. 책 콘셉트와 구성을 여러 번 바꾸었고 대중적 내용을 강조하면서 말하고자 하는 것들을 명확히 하려 노력했다. 글을 쓰기 시작하고 출판되기까지 약 1년 6개월이 걸렸다. 몰라서 시작할 수 있었고, 과정 속에 좌절과 희망이 공존했으며, 많은 사람의 조언과 격려 속에서 돌이키기에는 너무 멀리 왔다는 기분을 느끼며 이 책을 쓰고 마무리했다.

메타버스 시대, 시간과 공간을 초월해 컴퓨터와 소통하고 우리의 경험이 쌓인다. 인공지능의 발전과 메타버스라는 플랫폼이 가져오는 변화 속에 새로운 가치가 만들어지고 소통의 생태계는 무한히 확장한다. 사람과 인공지능의 공존은 가까운 미래 사회에 중요 이슈가 될 것이다. 사람을 중심으로 고민하는 것이 당연해지고, 사람 본연의 특성을 이해하는 것이 그 어느 때보다 중요해지고 있다. 사람의 사고와 추론을 닮고자 하는 인공지능과의 소통은 점점 자연스러워지고 있다. 투명하고 책임을 지는 인공지능이 강조되고, 소통의 생태계에서 사람과 인공지능 간 신뢰가 형성된다. 이미 사용성을 넘어 감성이 전면에 등장했고, 감정과 공감이 소통의 핵심으로 자리 잡고 있다. 다양해진 맥락적 요소는 작아 보였던 틈새를 벌리며 새로운 시스템의 출현을 기대케 한다.

메타버스가 꿈꾸는 가상과 초월에는 그 어떤 제한도 없다. 소통의 세상이 현실에만 머물지는 않는다. 지금은 메타버스가 현실 세계의 확장으로 이해되는 경우가 많지만 더 먼 미래에는 그 반대일 수 있다. 메타버스가 현실 세계로부터 완전히 독립된 세상으로 존재하며, 현실 세계와 여러 가상 세계가 공존하는 그야말로 멀티버스가 만들어질 수도 있다. 우리는 메타버스와 인공지능 발전이 일으킨 흐름의 방향과 파급의 내용을 읽어야 한다. 무엇을 상상하든 모든 것들이 가능할 것이다. 그 시작 단계에서 블록체인, 암호화폐, NFT가 우리의 경험을 조금씩 실체화하고 있다. 이제 새로운 소통의 세상 속에서 우리의 경험은 무한대로의 확장을 꿈꾼다.

PART 1 | 시간과 공간을 초월해 컴퓨터와 소통하고 경험이 쌓이다

1 Sharp, H., J. Preece, and Y. Rogers, Interaction Design: Beyond Human-Computer Interaction. 5th ed. 2019, Indianapolis, IN, USA: John Wiley & Sons, Inc.

2 Hassenzahl, M. and N. Tractinsky, User experience - a research agenda. Behaviour & Information Technology, 2006. 25(2): p. 91-97.

3 한국마케팅학회, 한국마케팅학회의 마케팅 정의. 마케팅연구, 2002. 17(2): p. 5-6.

4 Hassenzahl, M., The interplay of beauty, goodness, and usability in interactive products. Human-Computer Interaction, 2004. 19(4): p. 319-349.

5 Karapanos, E., et al. User experience over time: An initial framework. in 27th International Conference on Human Factors in Computing Systems. 2009. Boston, MA.

6 Merriam-Webster, Definition of artificial intelligence, https://www.merriam-webster.com/dictionary/artificial%20intelligence. 2021.

7 Merriam-Webster, Definition of intelligence, https://www.merriam-webster.com/dictionary/intelligence. 2021.

8 Oxford Reference, https://www.oxfordreference.com/view/10.1093/oi/authority.20110803095426960. 2021.

9 Walch, K. The seven patterns of AI, https://www.forbes.com/sites/cognitiveworld/2019/09/17/the-seven-patterns-of-ai/. 2019.

10 일본 SP센터 시니어마케팅 연구소, 시니어 시장의 세분화 및 수요 발견을 위한 전략적 프레임 워크. 2017.

11 www.youtube.com/watch?v=5YGc4zOqozo.

12 European Commission, Ethics guidelines for trustworthy AI, https://digital-strategy.ec.europa.eu/en/library/ethics-guidelines-trustworthy-ai. 2019.

13 Gunning, D., Explainable Artificial Intelligence (XAI). DARPA/I2O, 2017.

14 Ahn, S., S. Kim, and S. Lee, Effects of visual cues on distance perception in virtual environments based on object identification and visually guided action. International Journal of Human-Computer Interaction, 2021. 37(1): p. 36-46.

15 Kang, N., Y.J. Sah, and S. Lee, Effects of visual and auditory cues on haptic illusions for active and passive touches in mixed reality. International Journal of Human-Computer Studies, 2021. 150: p. Article 102613.

16 ISO, ISO 9241-11, Ergonomic requirements for office work with visual display terminals (VDTs) - Part 11: Guidance on usability 1998.

17 Norman, D.A., The design of everyday things. 2013, New York, NY, USA: Basic Books.

18 Davis, F.D., Perceived usefulness, perceived ease of use, and user acceptance of information technology. MIS Quarterly, 1989. 13(3): p. 319-340.

19 Oliver, R.L., Effect of expectation and disconfirmation on postexposure product evaluations - An alternative interpretation. Journal of Applied Psychology, 1977. 62(4): p. 480-486.

20 Oliver, R.L., A cognitive model of the antecedents and consequences of satisfaction decisions. Journal of Marketing Research, 1980. 17(4): p. 460-469.

21 Solomon, R.L., The opponent-process theory of acquired motivation: The costs of pleasure and the benefits of pain. American Psychologist, 1980. 35(8): p. 691-712.

22 Lee, S. and R.J. Koubek, Users' perceptions of usability and aesthetics as criteria of pre- and post-use preferences. European Journal of Industrial Engineering, 2012. 6(1): p. 87-117.

23 https://www.youtube.com/watch?v=ZAo_kM_z_38.

24 Lee, S. and R.J. Koubek, Understanding user preferences based on usability and aesthetics before and after actual use. Interacting with Computers, 2010. 22(6): p. 530-543.

25 Hassenzahl, M., Aesthetics in interactive products: correlates and consequences of beauty, in Product experience, H. Schifferstein and P. Hekkert, Editors. 2008, Elsevier: San Diego, CA. p. 287-302.

26 https://www.ted.com/talks/richard_seymour_how_beauty_feels#t-342639.

27 Jack, R.E., et al., Culturual confusions show that facial expressions are not universal. Current Biology, 2009. 19(18): p. 1543-1548.

28 Jack, R.E., et al., Facial expressions of emotion are not culturally universal. PNAS, 2012. 109(19): p. 7241-7244.

29 https://www.boredpanda.com/famous-brand-logos-drawn-from-memory/?utm_source=facebook&utm_medium=link&utm_campaign=BPFacebook&fbclid=IwAR1kwmWMgasw5fE_MiviyMy775seQmZz1FTZDpzzEzHBYIHMUB7BX8BPZEY.

30 Norman, D.A., Emotional design: Why we love (or hate) everyday things. 2004, New York, NY: Basic Books, Inc.

31 Nass, C.I., J.S. Steuer, and E. Tauber. Computers are social actors. in The Proceedings of the SIGCHI Conference on Human Factors in Computing Systems: Celebrating Interdependence. 1994. Boston, MA.

32 Mori, M., The uncanny valley. Energy, 1970. 7: p. 33-35.

33 Maslow, A.H., A theory of human motivation. Psychological Review, 1943. 50(4): p. 370-396.

PART 3 | 사람의 행동을 이해하고 맥락을 덧입혀 시스템을 바라보다

34 Lee, J.D., et al., Designing for people: An introduction to Human Factors Engineering. 3rd ed. 2017, Charleston, SC, USA: CreateSpace Independent Publishing Platform.

35 Miller, G.A., The magical number seven, plus or minus two: Some limits on our capacity for processing information. Psychological Review, 1956. 63(2): p. 81-97.

36 Braun, K.A., R. Ellis, and E.F. Loftus, Make my memory: How advertising can change our memories of the past. Psychology & Marketing, 2002. 19(1): p. 1-23.

37 Menger, C., Principles of Economics. 2011, Auburn, AL, USA: udwig von Mises Institute.

38 Kahneman, D. and A. Tversky, Prospect theory: An analysis of decision under risk. Econometrica, 1979. 47(2): p. 263-292.

39 Fitts, P.M., The information capacity of the human motor system in controlling the amplitude of movement. Journal of Experimental Psychology, 1954. 47(6): p. 381-391.

40 Bradley, M.M. and P.J. Lang, Measuring emotion: The self-assessment manikin and the semantic differential. Journal of Behavior Therapy and Experimental Psychiatry, 1994. 25(1): p. 49-59.

41 Ha, T., et al., Effects of explanation types and perceived risk on trust in autonomous vehicles. Transportation Research Part F: Traffic Psychology and Behaviour, 2020. 73: p. 271-280.

42 Koo, J., et al., Why did my car just do that? Explaining semi-autonomous driving actions to improve driver understanding, trust, and performance. International Journal on Interactive Design and Manufacturing, 2015. 9(4): p. 269-275.

43 Weiner, B., A theory of motivation for some classroom experiences. Journal of Educational Psychology, 1979. 71(1): p. 3-25.

44 신소연, 김상연, 이상원, 반 사실적 설명을 사용한 인공지능 시스템 설명 인터페이스 개발. 정보화연구, 2020. 17(1): p. 63-71.

45 DMC미디어, 2021 소셜미디어 시장 및 현황 분석 보고서. 2021.

46 Noelle-Neumann, E., The Spiral of Silence: A theory of public opinion. Journal of Communication, 1974. 24(2): p. 43-51.

47 Vosoughi, S., D. Roy, and S. Aral, The spread of true and false news online. Science, 2018. 359(6380): p. 1146-1151.